法之界·思无疆
黑骏马法学译丛

多情的正义

张宁 著

知识产权出版社
全国百佳图书出版单位

图书在版编目（CIP）数据

多情的正义/张宁著．--北京：知识产权出版社，2019.3

（黑骏马法学漫丛/张海斌主编）

ISBN 978-7-5130-5959-6

Ⅰ.①多… Ⅱ.①张… Ⅲ.①法律—通俗读物 Ⅳ.①D9-49

中国版本图书馆 CIP 数据核字（2018）第 270593 号

责任编辑：唐仲江　　　责任校对：潘凤越
装帧设计：黄慧君　　　责任印制：刘译文

多情的正义

张　宁　著

出版发行：	知识产权出版社 有限责任公司	网　址：	http://www.ipph.cn
社　址：	北京市海淀区气象路 50 号院	邮　编：	100081
责编电话：	010-82000860 转 8725	责编邮箱：	pangcongrong@163.com
发行电话：	010-82000860 转 8101/8102	发行传真：	010-82000893/82005070/82000270
印　刷：	三河市国英印务有限公司	经　销：	各大网上书店、新华书店及相关专业书店
开　本：	880mm×1230mm　1/32	印　张：	9.5
版　次：	2019 年 3 月第 1 版	印　次：	2019 年 3 月第 1 次印刷
字　数：	230 千字	定　价：	45.00 元
ISBN 978-7-5130-5959-6			

出版权专有　侵权必究

如有印装质量问题，本社负责调换。

谨以此书献给我的父亲母亲

序

自由、正义和诗性乃我所求

自由、正义和诗性乃我所求

本书由"自由·正义·诗性"系列主题文化随笔组成。

在这个主题之下,全书分为"法意与诗性""个案与叙事""理性与修辞""技术与考量""余音与回响"等五篇。内容涉及多个学科领域,诸如"西游"故事里的规训问题,畅销书《摆渡人》对自由的反思,聂隐娘与刺客政治,罗宾汉与法律文明,"道士下山"后的法律困境,苏格拉底、公孙鞅与李斯的死亡哲学,等等。

"法意与诗性"部分旨在探讨文学艺术作品中映射出的法律精神、法律事件和问题中体现的浪漫主义情怀。"个案与叙事"部分考察具体的司法案件、与正义有关的事件如何通过文艺的形式、方式得以传达。在"理性与修辞"中,关注点从司法正义扩展到更为广义的正义层面上,如政治的、哲学的、文学的等等,在更为丰富的意义上关注正义的思想表达。在"技术与考量"部分则回到与司法相关的诸多细节,剖析几个具体问题,审视距离我们现实生活较近的正义。"余音与回响"则回顾了一些过往的人物与事件,以求对今天的我们如何抵达正义有所启发。

需要说明的是,书中文章写于不同时期,这样的分辑只是为方便阅读而对这些文章所做的归纳,不是逻辑严谨的分类,互相有所交叉重叠在所难免。

自由、正义和诗性，是我对人类所追求的终极美好生活的理解与概括。自由，是每一个生命个体首要的需求，没有自由就不成其为独立而有尊严的生命个体，也就不成其为真正意义上的生命个体。正义，是我们对生命个体得以生存和充分发展所必备的外部环境的要求，广义上的正义既包括伦理、司法意义上的平等和公正，也包括社会经济文化生活诸多方面的公平和正义。诗性，则是在自由和正义基础之上我们可以期待的人类的理想生活状态：唯美、浪漫、通彻、澄明，它既是目的亦是手段，因为诗性所以美好。

在这三者之中，正义又具有桥梁和纽带的作用。它不仅连通了自由与诗性，而且蕴含于文学、艺术、法律、政治、历史、哲学、宗教等诸多人文领域的问题之中。正义是对自由的一种保障，并和自由一起构成诗意的条件。人类对自由的追求推动了正义的向前发展，进而不断迈向诗性的彼岸家园。

故此，这本书的名字确定为《多情的正义》。

是为序。

2018 年 7 月 31 日

目　录

序

自由、正义和诗性乃我所求　　iii

第一篇　法意与诗性

局外人，何安下？　003

钢锯岭悬崖上的耶稣　006

白骨精的规训与自由　010

伊拉克战火中的奎师那　014

谁来判定荒野中的罪与罚　019

多情的正义与虚伪的法治　022

如果肖申克的苏格拉底不越狱　026

掌管万物运行法则的"其他人"　030

当法律背离正义　033

乐极致幻背后的爱欲与文明　036

自杀者的喜剧与杀手的悲剧　040

一个自由主义者的英雄末路　044

灵魂必须召回它遗忘的单纯　048

第二篇　个案与叙事

从展昭能否成为执法者说起　055

让一位村支书愤怒的"民间"　060

迷失在过往与未来之间的李雪莲　064

秩序、罪恶与刑罚　068

怒汉与公民　071

银幕内外的湄公河大案　074

正义开出的恶之花　078

好人因何不受伤害　082

电影、个案与司法进步　086

并不久远的往事与未知的刑罚　089

门罗维尔的沃尔特　092

罪的逍遥与正义的救赎　096

个案与叙事　103

第三篇　理性与修辞

最难缠的灵魂与被破坏的规则　109

我们是否还能与狼共舞　113

是什么让我们感到如此恐惧　116

驯龙之道　不在高手　119

亚马孙丛林深处的爱情与文明　123

久违的风，来了　127

龙门往事：一场任侠与专权的生死博弈　133

画皮女的善与恶　137

大时代下的人生镜像　142

荒谬的行径，正义的化身　145

三十载风云激荡　七十年天桥梦回　151

曾经的法律人，曾经的故乡　154

降魔，伏妖，都不过是你我的戏梦人生　157

作为文化的法律　161

第四篇　技术与考量

"政法"与"法政"　169

警察是不是法律人　173

"袭警罪"离我们有多远　177

当警察未戴执法记录仪　181

那些必须承受的委屈　185

生死边缘的反思　189

时光盗影　193

旋律主题下的变奏　198

从亨宁森案的审理看法律的审美旨趣　205

因父之名，民间复仇的正当性与有效性　212

极端工具理性与人的身份确证　215

性审判视角下的禁忌与文明　218

法律阅读新时代或将到来　221

第五篇　余音与回想

　　传奇，刺客，聂隐娘　　227

　　用镜头再现武林的规矩和仪轨　　236

　　1916 年，袁世凯死了　　241

　　又一个罗宾汉，来自 2010　　244

　　不朽的立法者拿破仑　　248

　　不想当律师的马克思　　251

　　被遮蔽的历史与缺席的政治构想　　256

　　看一个国家如何与它的良知对话　　264

　　那个能诞生伟大法官与律师的时代　　268

　　为礼正名，还礼于礼　　271

　　重现人类正义天平的校准历程　　275

　　生的思考：《哥尔琴法典》《十二表法》与《法经》　　279

　　死的哲学：苏格拉底、公孙鞅与李斯　　283

后　记　　287

第一篇

法意与诗性

局外人，何安下？

话说民国初年，小道士何安下因道观闹饥荒被师父赶下山谋生，旋即卷入种种红尘旋涡。下山后的何安下身份既特殊又模糊：他不属于任何组织，因为他已被师父遗弃；他不属于江湖，因为他没有门派；他不属于俗世，因为他是道士。这个世界有他没他并无分别，于是他成了局外人。可是这个局外人偏偏稀里糊涂撞进一个又一个局，引发了电影《道士下山》中一系列的文化冲突。

何安下下了山就不必再遵循道观里的宗教法，他显然又不知道门外还有国家法，于是他以身试法，抢过，也杀过。因为肚子饿，他在街头抢了崔道宁的荷叶鸡。出于人道主义精神，崔大夫并未报官追究，他以民间正义准则评判何安下的行为，善良、宽容、同情心起了作用，于是原谅了他。何安下不仅没有因其不法行为受到惩罚，而且还被敦厚的崔大夫收为徒弟，这是极为危险的事情。何安下继续铤而走险，他为了给崔大夫报仇，潜到水底凿穿船板淹死了二叔崔道融以及与二叔偷情的师母玉珍。以国家法而论，这是没有争议的故意杀人行为。可是崔道融该不该死呢？该死啊！他丧心病狂，是毒死亲哥哥的主犯，在何安下看来不仅崔道融该死，从犯玉珍也该死。通过私力救济实现实质正义，这是比崔大夫对于他夺鸡行为的包容更为典型的民间正义思维。[1]

然而故事发生的那个晚近社会里，已经有了现代意义上的警察局这样的执法机构，影片中还有位警察局局长叫赵笠人。警察、警察局代表的就是国家法，只不过这位赵局长黑白两道通吃，暗地里还兼着黑帮青龙会会长，后来他还和彭乾吾合谋诛杀查老板。法制徒有其名，在这样的社会环境里，我们似乎也不必苛求何安下拿起法律的武器为崔大夫申冤，抑或杀人后投案自首。在政府腐败无能、国家法缺席的情况下，侠客替天行道符合民间法的正义精神。何安下是学武之人，从传统武侠文化角度看，他的行为又有匡扶正义、惩奸除恶的性质。在这一点上，后来查老板枪挑警察局局长的行为更加突出。查老板为周西宇报仇，导致彭乾吾和警察局局长的死亡，他应该接受法律的审判吗？显然，根据江湖规约、民间法及民间正义理论，答案是不需要。何安下杀崔道融、玉珍与查老板的行为是相同性质的，同理我们可以不为何安下立案。

接下来的问题是，如果何安下和查老板的涉嫌杀人行为都因具有正当性以及国家法缺席的背景而不必接受法律的审判和制裁，那么彭乾吾杀赵心川是否还不可饶恕呢？赵心川的确偷练了师父的九龙合璧，这在武林中也的确是个极其严重的问题，往大了说属于欺师灭祖一类，太极门自有门规，彭乾吾可不可以清理门户？这是一个关于正义的悖论，也是国家体制、民间社会与江湖世界的现实冲突。江湖世界并非只存在于文艺作品中，法学家徐忠明先生就认为，国家体制、民间社会与江湖世界是构成传统中国社会秩序结构的三大元素。[2]我们得出的悖论与冲突直接导致了何安下这个角色作为局外人犯了罪——所谓丢了心——之后的无从救赎，最后只能走向虚幻的玄学。从他杀人后佛家的如松长老给予棒喝,到最终跟随查老板再次上山去参悟"日月星辰",看似深不可测,实则是对现实的无力逃避。那些听似充满禅机的话其实根本解决不了何安下的实际问题——何安下到底何处安下?

江湖原本有自己的秩序规范与伦理追求,然而"道士下山"所处的既不是"水浒"时代,也不是"射雕"世界。时移世易,道义坍塌,但社会必然继续发展,国家正在浴火涅槃,侠客入山已然无法圆一个支离破碎的昨日残梦,更遑论正心度世。道士下山,豪情日远,江湖规约已经无人尊崇;道士下山,武林走向没落,周西宇们在枪炮面前功夫再高也会送命;道士下山,体制正处混沌,旧的瓦解了,新的未形成,法律只是空头文件;道士下山,礼崩乐坏,善恶难分,民间正义缺失了标准和尺度。何安下于是成了一个彻彻底底的局外人,正如他在影片后半部分的作用只是见证和记录而已,想让他承载"人心"与"日月星辰"这样的宏大主题显然太难。

由是,"日月星辰"的结局更像是导演的一厢情愿,让一个已经深陷世俗的人去当隐士毫无现实意义。加缪以芸芸众生中的局外人有力地嘲讽了一个时代的荒诞,何安下只能以自己的荒诞映现一个群体身在局外的尴尬与无奈。

[原载《检察风云》2015 年第 16 期]

【1】参见易军:《论民间正义观》,《社会科学评论》2010 年合辑,第 68—74 页。

【2】参见徐忠明:《明镜高悬:中国法律文化的多维观照》,广西师范大学出版社 2014 年版,第 363 页。

钢锯岭悬崖上的耶稣

据《摩西五经》，摩西受上帝旨意带领以色列人逃出埃及后，上帝耶和华对他的以色列子民布法放言，宣布十诫。[1]其中第六诫为"不可杀人"。犹太教、天主教、路德教、东正教和新教无不奉此圣诫。那么，战士在战争中杀人究竟算不算杀人，哪怕是身在正义一方？影片《血战钢锯岭》中的士兵戴斯蒙德·道斯认为，即便是在保卫国家的战争中，作为战士自己也不该去杀人。

故事取材于"二战"期间的真人真事。珍珠港事件之后，美对日宣战，挥军冲绳岛。此时小镇青年戴斯蒙德·道斯正在经历两件影响他一生的大事，其一是他爱上了一个姑娘，其二是他参军了。因为信仰问题，入伍后他拒绝拿枪。因此部队里从上到下全都排斥他，在如此空前的战争中有士兵宣称自己不拿枪，绝对是另类，更是对战友的不敬。他被战友鄙视，被视为懦夫和胆小鬼、假清高，他的各级长官想尽办法让他离开部队，他甚至被受他连累的战友们痛扁。长官说，你何必呢，回家吧，孩子！他说不。长官又说你认个错，脱下军装就不必上法庭，他说不。于是他以违抗命令罪被告上军事法庭。关键时刻曾为"一战"老兵的爸爸递上来一封有军方高层签字的信函，于是他被宣布无罪，可以留在前线当医务兵。这并不是因为老爸关系有多硬,而是美国宪法第一修正案规定美国是一个不确立国教的政教分离、宗教自由的国家,道斯因此享有因其信仰而拒绝持枪服兵役的公民权,军事法庭的裁决不能与宪法精神相悖,否则即违宪。

战斗打响后,美军必须攀爬钢锯岭悬崖攻占据点,但伤亡惨重,举步维艰。在大溃败的撤退中,道斯看着其他队友一个个撤下悬崖的时候,听到尸横遍野的战场上传来痛苦的求救声,他犹豫了。他可以听从命令,撤下悬崖,但他选择了留下来,拯救战友。从黑夜到凌晨,在扫荡战场的日军枪口下,他对一个个不同程度受伤甚至奄奄一息的小伙伴说:"我是医疗兵道斯,我在这里,相信我,不要怕,我会带你回家……"他用绳子把伤残的战友一个个送下悬崖,他不断地自言自语:"再救一个,再救一个……"最终这个不拿枪的士兵挽救了 75 个生命,还包括两个日本兵。彼时情景,让悬崖下的战友以为神在上面。曾经对他嫌弃和鄙夷的同伴及长官向他致敬,请求他的原谅。事实上道斯根本就没有恨过他们,当初在兵营被同伴揍到鼻青脸肿,长官问他是谁干的,他说是自己睡觉不老实。没有怨恨,何谈原谅?

再上战场,所有士兵要等道斯做完祈祷才肯出发。于是他们大概也已经相信,上帝已将这钢锯岭乃至冲绳岛交给了他们。冲绳岛战役可以称为人类战争史上最惨烈战役之一。该战役是"二战"中太平洋战场伤亡人数最多的战役。日军共有超过 10 万名士兵战死或被俘虏,盟军人员伤亡亦超过 8 万。钢锯岭终于被夺了下来,受伤的道斯被送下悬崖。镜头对准担架上的医疗兵道斯,由俯视转到仰视,天空之上那个手持《圣经》的伤兵,俨然忍辱负重、宽恕所有冒犯者、替人受难又拯救世人的耶稣基督。是的,他怀中始终揣着一本《圣经》,是他的未婚妻在他上战场前送他的礼物。当道斯初入军营表明不持枪立场的时候，他的战友重重一拳打在他的脸颊上，问道："如果有人打你左脸，你是不是会把右脸转过来？"其实，耶稣已经回答了这个问题："有人打你的右脸，连左脸也转过来由他打。"（《马太福音》第 5 章）只有当耶稣为我们受了难，我们才知道耶稣是耶稣。补充一句题外话，这部影片的导演梅尔·吉布森曾经导演过一部电影叫《耶稣受难记》。

的确，反对暴力杀戮的思想在《圣经》新旧约中都有体现。耶稣被捕时，他的一位追随者拔刀削掉了大祭司仆人的耳朵，耶稣说："收刀入鞘吧。凡动刀的，必死在刀下。"（《马太福音》第 26 章）即便发生战争，也最好是不流血的非暴力冲突。约书亚围攻耶里哥，七日围城，兵不血刃，呼喊声中城墙坍塌，因为上帝已将这城交给了他们。（《约书亚记》第 6 章）作为虔诚的信徒，战场上的道斯似乎有理由不拿枪。爱国无罪，斥枪有理。

虽然《圣经》不提倡杀戮，但一如冯象先生在《摩西五经》中对第六诫所作的注释，道斯的长官告诉他上帝所说的禁止杀人指的是"谋杀"，战争是个例外。有人说，道斯的坚持源于他信奉的是基督复临安息日会，我对这个宗教派别并不了解。那如果我们暂且放下信仰问题，还有没有其他理由让道斯如此固执呢？有，就是心理根源。童年时期在一次和哥哥的打斗中，失手用砖块砸了哥哥脑袋，尽管没有造成严重后果，但当时哥哥脑袋流血昏迷的情景在他记忆里留下了深刻印象，他呆立在《十诫》的图画前，目不转睛地盯着那第六诫。道斯的爸爸，大概是"一战"的经历给他留下了严重的心理创伤，他酗酒，经常在酒后暴打孩子和妻子。有一次老道斯竟然要向妻子开枪，小道斯夺过手枪，然后把枪口对准了自己的父亲。当然，他并没有开枪，然而他承认他在心里已经开枪了。既然连俄狄浦斯都无法承受杀死自己父亲所遭受的心灵谴责与痛苦,自毁双目,道斯从此发誓不再碰枪也就没什么不好理解的了。

  无论是信仰所系,还是心灵救赎,总之道斯在军法和命令面前选择了不服从,其实早在参军之前他已经有过拒服兵役的记录。道斯的不服从尽管因宪法的保护和战场的需要而得以成就高尚,但他的良心抗拒还是无法不让我多想——若非老爸"劫法场",他无疑要坐牢——行为的正当性与法律的有效性在何种程度上相互拒斥,又如何得以走向统一?用肯特·格里纳沃尔特的话说就是——"什么时候人民不服从法律是正当的?"[2] 只有当你是悬崖上的耶稣的时候吗?上法庭前未婚妻曾对道斯说:"你假装拿一下枪又如何?放下你的骄傲,妥协一下吧!"他当然拒绝了。

  ——吾爱吾妻,吾更爱自由。

[原载《检察风云》2017 年第 4 期]

【1】《摩西五经》之《出埃及记》第二十章,冯象译注,生活·读书·新知三联书店 2013 年版,第 149 页。

【2】[美] 肯特·格里纳沃尔特:《良心抗拒、公民不服从和反抗》,载小约翰·威特、弗兰克·S. 亚历山大主编:《基督教与法律》,周青风、杨二奎等译,中国民主法制出版社 2014 年版,第 86 页。

白骨精的规训与自由

　　与吴承恩《西游记》原著第二十七回"尸魔三戏唐三藏　圣僧恨逐美猴王"相比，郑保瑞的《西游记之孙悟空三打白骨精》最大的改编就是增加了白骨精"前世今生"的戏份。在影片中，白骨精不再仅仅是一堆白骨，而是有了 17 年的人生和千年的恨，有了自己的思想与情感。在这种变化中，我们看到的除了巩俐那久违的星光流韵外，还有关于规训与自由的哲学追问。

　　对于前世，白骨精念念不忘，因为她含冤客死他乡。白骨精还没有化作白骨之前，她是一位妙龄少女。16 岁那年，她被迫嫁到一大户人家。第二年闹饥荒死了好多人，村人认为是她把噩运带到那里，她是妖孽。于是全村人把她扔到绝岭峭壁，让秃鹫把她吃掉以祭天神。少女死后冤魂不散，怨念深重，白骨僵尸遂修成千年之妖。千年大限一到，白骨精的魂魄将化为乌有，灰飞烟灭。在这个结果出现之前，白骨精的命运还有两种可能的转机。唐僧欲以其慈悲之心和一己之命度化白骨精，帮她转世做人；白骨精却想吃了唐僧，进而得以永世为妖，她不想轮回，不要做人。

　　对两个人博弈胜负起到决定性作用的是孙悟空。孙悟空本是唐僧的徒弟，他要灭掉白骨精以保师父的安全。可是阻止孙悟空这么做的正是唐僧,唐僧认为孙悟空这是滥杀无辜,说:"你有毁天灭地之能,若就此放纵不加管教,真是天地之大不敬。"于是紧箍咒伺候,每每孙悟空疼痛倒地,白骨精就借机逃走,随后她打起了"受害者"孙悟空的主意。她对孙悟空说:"咱俩都是妖,是同类,同类就应该互相帮助。紧箍圈,你摘得下来吗?你要想自由只有我帮你,吃了小和尚,就没人念咒了。"没错,白骨精一语中的,尽管孙悟空有了官方承认的身份和编制,但也因此失去了我行我素的自由,而且他和白骨精原本确是同类。在《西游记》原著中,孙悟空对唐僧解释为何自己认定幻化人形的白骨精是妖精时说:"老孙在水帘洞内做妖魔时,若想人肉吃,便是这等变化迷人。"可见他们吃人套路完全一样。因此,当白骨精看着宴会大厅里被主人戏弄毒打的猴子时说"主人让它干什么它就得干什么,做错了还要受罚",孙悟空心如刀割。在他迟疑的当口,白骨精接着说:"坏人干的事就让我来做吧!"白骨精只需孙悟空暂且回避。

白骨精的计划听起来竟是那样合理,这样一来白骨精自己得以永远做一个快乐的妖精,而且顺带着"拯救"了孙悟空——他不用承担杀师的罪名就摆脱了金箍圈的束缚,再也不用跟这个肉眼凡胎的和尚废话。他们除了拥有"妖"这个共同属性外,还有一个同样的价值追求——自由。白骨精费了这么多心思要得到的无非是自由,诱惑孙悟空给白骨精让路的也是他梦寐以求的自由。而唐长老呢,是甘愿被白夫人吃掉的。他认为西去的路上不能跨过一叶苍生,如果就此离开,即便过得了千山万水,也过不了他自己。取经是为度世人,眼前一个孤魂都度不了还谈什么度世人?云海西国的国王已经犀利地指出了这一点,他质问唐僧:"每句都是妄言,每步都是杀孽,你取什么经,度什么人?"

孙悟空经过一番思想斗争,最终并没有与白骨精合作。观音菩萨告诉孙悟空，金蝉子，也就是唐僧的前世，等了他九世才等到今生和他一世的缘分，将他引入成佛的正道。孙悟空接受了规训，白骨精逃不过轮回，因为他和她都遇上了唐僧。唐僧愿意牺牲性命以自己的魂魄引领白骨精去投胎转世。他说："小僧原来以为，度化众生只是要教化他们。现在才知道，我若不入地狱，即便我到了大雷音寺，也取不到真经。小僧想好了，一世不消我度一世，十世不消我度十世。"为了强化唐僧救世度人的高大形象，观音菩萨又对孙悟空说："一直以来，你用自己的错与对去看别人的对与错，你火眼金睛看的是真相，但你师父看的是心相。"听起来，这似乎是观音的高明。的确，眼睛看到的未必是本质。然而，在出发点上这与吴氏原著所传达的思想截然相反——"肉眼视之，则月貌花容；而道眼观之，则骷髅白骨。人苟知其为骷髅白骨，亦何苦甘为所迷"[1]。原著是承认唐僧曾被白骨精的容貌所迷惑的，郑氏《三打》却用观音的话为唐僧的错误辩白。这就出现了孙悟空捉妖是对还是错的悖论——观音令他一路除妖以保护唐僧，于是他打了白骨精，唐僧认为他打得不对而驱逐他，他去找观音评理，观音说：嗯，你师父是对的。在规训权力之下，孙悟空无语了。

是的，无论是白骨精、孙悟空还是唐僧，他们都在冥冥中进入了一种规训的模式。做人、度人、保护取经人，都是规训。规训是教育、惩戒、纪律、训练、校正，规训也是一种操控。白骨精拒绝规训，她想避开轮回；唐僧主动接受规训，他认为修炼成佛方能抵达极乐，获得自由；孙悟空则在徘徊中由被动到主动进入规训模式，大闹天宫的孙悟空曾经拒绝规训，被取经人带出五行山的孙悟空注定要接受规训。人人追求自由，但无人不在规训之中。白骨精逃避规训，可能落入万劫不复，她宁愿灰飞烟灭的决绝距离自由之境又有多远呢？唐僧曾对沙悟净说："一念迷是众生，一念觉则是佛。你眼睛咣一下睁这么大，你也是看不见路的，路必须要靠自己一步一步走出来。"那么，在白骨精那怨念深重的漫长一千年中，谁又给她指过一条明路？不愿轮回是怕了人间的苦，别忘了她死得有多凄惨。她的路，不是也得靠她自己一步一步走出来吗？

影片的结局，看起来是非常圆满的。白骨精被成功规训与度化，赶着去投胎了，孙悟空坚定地背上唐僧的金身西去，而伟大的师父即将重生，皆大欢喜。但我仍然担心的是，白骨精在她的新一次轮回里，会有幸福与自由的人生吗？

[原载《现代世界警察》2016 年第 9 期]

【1】憺漪子语，见于黄周星点评本《西游记》，中华书局 2009 年版，第 129 页。

伊拉克战火中的奎师那

许多年前,听约翰·列侬唱"You may say I'm a dreamer, but I'm not the only one",那时候我觉得这很天真,因为他的梦想所指是一个没有战争、没有邪恶,也无所谓天堂和地狱的纯净世界,更要紧的是他说那个世界里没有国度之别——这怎么可能?如今再细细品味,似乎并非这位摇滚音乐家或者说诗人有什么天真,而是曾经的我有点幼稚。正如李安的《比利·林恩的中场战事》最大的颠覆性表达不在于画面是 120 帧还是 60 帧,而是影片以后现代手法对美国的国家主义、战争和英雄的解构。

在伊拉克战场上,技术兵比利·林恩营救前班长施鲁姆(Shroom,本义"迷幻蘑菇",战友们亲切地称他"蘑菇")的视频传到后方,举国沸腾,毫无疑问那就是人们向来标榜的美国英雄的样子——他在推翻暴君统治和保卫国家安全的一次战斗中挺身而出,手刃敌人拯救队友。于是比利以及他所在的 B 班战友应邀回国巡礼,妈妈成了英雄的母亲,嫂子也感到自己成了名人。英雄所到之处,人们无不夹道欢迎,鲜花和掌声自不必说。他们最光荣的时刻就是出现在全美橄榄球职业联盟大赛的中场秀上,全体成员站在舞台最高处,献唱的是所谓"真命天女"的乐坛巨星碧昂斯、凯莉和蜜雪儿。歌至高潮，全场的观众欢呼雀跃，礼花绽放，星光灿烂。

然而，所谓中场秀也是英雄们的境遇出现戏剧性变化的转折点。表演完毕，当B班战士还沉浸在久久不能平静的悲喜交加的情绪中时，工作人员开始不耐烦地驱赶他们离开，因为据说他们妨碍了现场的工作。工作人员的不客气和不礼貌导致双方两次打作一团，刚刚站在最高处接受人们顶礼膜拜的英雄被摁在地上群殴，直到军方有人鸣枪示警。实际上让英雄们无语的远不止这些。记者认为比利能和敌人肉搏简直是军人的一种"荣幸"，现场导演则让他们在舞台上按照指定位置走来走去还要保持"战斗状态"，橄榄球运动员关心的是战场上他们用什么枪杀人以及杀死一个人是什么感受，一位球迷则拿他们开起关于同性恋的低俗玩笑，石油大亨以成功人士的自信谈论石油和战争的关系，橄榄球俱乐部的大佬更是想利用他们的故事拍电影而把他们涮了一把——比利和他的伙伴拒绝了自己的生死经历被大佬低价收购并改编成俗套的"美国故事"，他说这不是故事而是真实的生活。

掌声与鲜花的背后就是这般荒诞。真正指出问题关键的是比利的姐姐，她质问比利，"你们有没有找到所谓的大规模杀伤性武器？""你宁愿去践踏别人的国家是吗？"比利的脑海里不断闪回的他们在伊拉克的种种遭遇似乎在回答着姐姐的质问——曾经，在他们搜查平民住宅并带走男主人的时候，那个伊拉克男孩的眼神里充满敌意和仇恨。比利对姐姐的回答是："我是一名军人，我只是一直都想让你感到骄傲罢了。"没错，军人以服从命令为天职，我们一直都以为军人为国家效命是天经地义的。可是，问题是如果姐姐是对的呢？如果这场战争是国家的错误，比利、B班乃至所有在伊拉克效命的美军还是英雄吗？在休谟看来，作为一种"人为的德",正义之所以"引起快乐和赞许,乃是由于应付人类的环境和需要所采用的人为措施或设计"。[1]那么更进一步说,那个被比利杀死的伊拉克士兵算不算为国捐躯?当鲜血从他的身体里汩汩流出,镜头给了他面部特写,那一刻我们看到了他瞪大的双眸,却不知他看见了什么。

比利的归国之行还有一个小插曲,那就是与啦啦队小美女菲姗一见钟情。她是那样美丽动人,她是那样温柔体贴,按比利自己的话说他甚至差一点带着她私奔。可是菲姗一句话就把他噎了回去:"跑去哪?你不回战场了吗?你可是授勋的英雄啊!"事实上,授勋英雄是可以申请不再回战场的,比利的姐姐就想用这一条说服比利留下来,还为他联系了进行精神障碍检查的医生。姐姐说家里就他一个像样的了,家人都需要他。然而班长戴姆也曾说,只有比利能在任何情况下保持冷静,他们需要他,B班战士需要技术兵比利·林恩的保护。英国学者、作家本森在给友人的信中说:"我的信仰无力解决的一件事情是:某种东西把羡慕和尊重战争,甚至把喜欢战争放入人们的脑子中。这种天性如此强烈,以至于虽然我们也珍惜文明,但是当我们把他奉献给战争时却毫不犹豫。"[2]本森先生没有言明那种东西是什么,但他相信上帝也要与之战斗。最终比利选择了返回战场,尽管他也曾有过犹豫。菲姗问过比利是否信仰上帝,比利回答说他还没有准备好。

在比利跟姐姐作别回到车上,战友们每人一句"我爱你"的时候,我差一点流下泪来,没有比那更能诠释生死与共了。是什么让年轻的比利·林恩心甘情愿抛下家人和爱欲而义无反顾地奔向死神?是国家荣誉吗?可是归国之行似乎已经告诉他所谓英雄只不过是秀场的一个角色。是军人使命吗?事实上比利当兵是因为教训了混蛋姐夫需要保释而同父亲所做的交易。是宗教信仰吗?

施鲁姆的确曾经对比利讲过奎师那——印度教三大神之一毗湿奴的第八个化身,旧译黑天,也是诸神之首,代表万源之源、至极真理,具有一切的吸引力,"任何情况下都能与宇宙精神同一"[3]。那么重返战场就能找到至极真理并与宇宙精神同一吗?至少,只有政治的"谎言"首先被揭去"真理"的外衣,个体生命才能泅渡到信仰的彼岸。所以我说约翰列侬并不天真,天真的是把谎言当作真理的人。

许多人认为李安此番北美票房遇冷应归因于 120 帧/4K/3D 的放映局限,但要我看这些技术问题不是关键,关键是李安和比利一样拒绝了"美国故事",抑或看惯了情节片的美国观众对这种带有自省式东方哲学色彩的影像表达还有隔膜吧。这一次,授勋英雄比利和他的小伙伴们拯救不了美国,更拯救不了人类,甚至拯救不了自己。能拯救自己的只有"蘑菇"施鲁姆——他就是伊拉克战场上的奎师那、B 班的守护神。他曾在一棵孤独的大树下与比利谈心,他说,"我们就应该属于这里","不要只为了上帝和国家,还要为了信仰","子弹该射来的时候就会射来的"。德国社会学家斐迪南·滕尼斯曾经对共同体和社会进行了明确区分,而在多元主义成为现实的今天,"如果想成就一个完整的社会,政治自由主义必须要和伦理多元共同体主义实现某种结合,前者确保个体在制度上不被羞辱乃至赢得自尊,而后者则承诺安全性、确定性、可靠性乃至幸福本身"[4]。如果文化意义上的上帝和政治概念上的国家暂且搁置一旁,"蘑菇"所谓的信仰,我想就是内心的安宁和灵魂的归处。如施鲁姆者早已看破生死,此心安处可作吾乡。120 帧的镜头定格的是人物细致入微的表情,也是他们复杂的内在世界。

记得在中场秀上,当国歌奏响时比利泪流满面,可是就在那一刻比利满脑子都是与菲姗的性爱幻想。一个 19 岁的大男孩对性有所幻想,这难道有什么不对吗?为发动了一场战争的祖国流泪,与之相比哪一个更真实呢?可吊诡的是,B班的战士们从秀场的台前走入幕后所经历的事情让他们巴不得马上回到战场,那是他们最荣光也是最糟糕的一天。与其说人们在致敬英雄,不如说是找个狂欢的理由。台下的观众有几人会在那一刻如比利一样想到,狂欢的背后,其实是老战士"蘑菇"的死,是战争中野蛮的杀戮。比利必须回到伊拉克,唯其如此才让这个故事有了更为深刻的反思性。国歌声中比利的眼泪到底因何而流呢?为死去的"蘑菇",为悲壮的B班,还是为可能到死都是处子之身的自己?他大概也被自己的舍生取义感动了吧,而这正是他的悲剧。

无论有没有神,能在悲剧中拯救自己的都是自己,神也会有各种化身不是吗?比利说"蘑菇"在他怀中死去的那一刻,他感到"蘑菇"的灵魂狠狠撞了他一下,然后穿透了他的身体。是的,比利·林恩,在迷失的战争与回不去的国之间,他将成为下一个奎师那。

[原载《现代世界警察》2017年第6期]

【1】[英]休谟:《人性论》,关文运译,商务印书馆1980年版,第517页。

【2】[英]亚瑟·克里斯托弗·本森:《我生永安》,郭惠斌译,黑龙江教育出版社2016年版,第27—28页。

【3】参见韩辉:《论印度神话中毗湿奴的化身》,《中州大学学报》2011年第4期。

【4】周濂:《政治社会、多元共同体与幸福生活》,《华东师范大学学报》2009年第5期。

谁来判定荒野中的罪与罚

2016 年度奥斯卡获奖影片《荒野猎人》讲的是一个关于复仇的故事。猎人格拉斯被熊重伤，捕猎队的队长出于人道主义精神，留下两个队友菲茨杰拉德和布里杰陪伴格拉斯走完生命最后一程。菲茨杰拉德愿意留下其实只是被 300 美元的酬金打动了。为了尽早甩掉累赘，他杀死了格拉斯的儿子，骗过年轻的布里杰，把格拉斯遗弃在白雪皑皑的荒野密林之中。出乎意料的是，格拉斯活了下来，并最终找到了杀子仇人菲茨杰拉德。

电影故事取材于真人真事，休·格拉斯确有其人，他的野外生存事迹发生在 19 世纪 20 年代，但诸多细节显然经过了一代又一代人的艺术加工。诸如，据说真实的休·格拉斯是顺水漂流直到找到同伴的；而文艺作品中的故事背景早已改成雪地荒野。这样改动的原因不难理解，相对于冰河而言，陆地上容易发生更多的故事。但无论怎样改变，这个故事之所以成为故事，并被不断复述和演绎，就是因为格拉斯活了下来——这是一个奇迹。也就是说，按常理，以格拉斯的严重伤势和当时的恶劣环境，他一定会死掉的。在影片中，菲茨杰拉德被队长委派的任务，或者说他与队长达成的协议，也只是陪格拉斯走完最后一段路。

那么问题来了，我们先放下菲茨杰拉德之前杀死格拉斯的儿子以及后来杀死队长不论,他抛弃格拉斯是否有罪?如果以普通观众的身份观影,我们对菲茨杰拉德的冷酷与狠毒绝对是恨到骨子里的;但若以法律视角观之,事情似乎没那么简单。笔者产生这个疑问的原因就是队长安德鲁·亨利曾经善意地把枪口对准格拉斯,意欲帮助他快点解脱——去见上帝。这么做一是为了帮助濒死的格拉斯减轻痛苦,类似合法的安乐死;二是继续拖下去会危及所有人的生命。但亨利终于没有下得去手,最后他以落基山皮革公司的名义,招募志愿者留下陪格拉斯度过最后时刻并安葬。也就是说,当初如果亨利以队长之名扣下扳机,大家尽管可能在情感上一时接受不了,但冷静下来也会觉得那似乎是理所应当的;可是菲茨杰拉德放任格拉斯自生自灭就不是未尽人道那么轻松,而是似乎犯了大罪——当格拉斯从死神处归来,队长咆哮着要把布里杰关进牢房,并追捕已经逃走的菲茨杰拉德。菲茨杰拉德认为自己和格拉斯还有眨眼之约——如果无法说话的格拉斯同意菲茨杰拉德帮他"上路"就眨一下眼睛,所以当格拉斯最终将他打倒在地上的时候,菲茨杰拉德反复强调:当初是我们说好的!

这个由猎人组成的临时团队,远离文明世界,深入荒野丛林,于是,队长不仅是头领、规则制定者,还是最高审判官和执法人。菲茨杰拉德只能听命于队长或者说信守他与队长的契约、遵从队长的裁决,否则他就是罪人。他无权像队长那样提前终止格拉斯的生命,即便是抛弃,因为在那样的情势下抛弃就等于间接故意。当然,菲茨杰拉德不仅抛弃了格拉斯,还杀死了格拉斯的儿子和队长亨利。如果抛弃行为是否有罪尚可商榷,那么屠杀两条人命的罪无疑是成立的。

哦,稍等,真的无疑吗?在你死我活的荒野生存博弈中,文明社会的法制规则与弱肉强食的丛林法则之间的距离究竟有多远?被菲茨杰拉德杀死的亨利不是也杀过人吗,他有没有罪?在亨利作为队长带领几十名猎手深入西部丛林掠夺动物毛皮的时候，与那里的印第安族群发生了无数次交火，死伤众多，电影开篇就是一场混战，作为入侵者他们没有罪吗？这又该由谁来审判？同样地，格拉斯也杀过人，他杀了一位白人军官，因为他的印第安妻子和女儿被那个白人军官杀害了。在美国当时的法律之下，犯罪的不是白人军官而是格拉斯。一位里族首领在与猎人们交易马匹的时候，也曾说他是要寻找被白人劫走的女儿，他对白人狩猎者说："你们偷了我们的一切，每一样东西，土地、动物……"这些罪与非罪又该由谁来判定？好吧，说到这里就不得不提及18世纪末即已开始并贯穿整个19世纪的"西进运动"——美国历史上以国家之名推行的最大规模"强迁"事件。根据1830年的《印第安人迁移法》，所有土著人口要被流放到密西西比河以西。再加上英法等国的售让，美利坚合众国的土地、资源迅速翻番，许多美国人认为这是"天定命运"和"神的授权"。可是，神会允许屠杀吗？

西方传统文化中有"蹒跚的复仇之神"或"跟踪而至的正义裁判"之说，在多次生命垂危的时刻，格拉斯都曾听到妻子对自己说："只要你还有一口气，就要战斗，呼吸，活下去……"格拉斯就是凭着这样的信念活了下来，并走出荒野。但是他最终却放弃了对菲茨杰拉德索命，不知那是不是因为他想起了上帝。如果不是格拉斯自己九死一生踏上复仇之路，在那个文明缺席的荒野之中，究竟谁来为他伸张正义，谁又来判定所有人的罪与罚？是文明世界的法官，还是无所不能的上帝，抑或是人类作为一个整体的省察与良知？思考这一问题的意义在于，这样的荒野或许在今天这个我们以为文明的世界里，可能还会出现，甚或依然存在。

[原载《检察风云》2016年第13期，发表时题为《荒野世界的罪与罚》]

多情的正义与虚伪的法治

电影《四大名捕》系列讲的是某朝神侯府与六扇门两大侦查机构的探案故事，神侯府全力以赴，破获轰动朝野的假钞案、捕神被杀案及安老爷叛乱案等重特大案件。这是与侠义和法治都有关的故事，正义是法治精神与任侠文化都涵涉的要素，是两者的交集。然而影片中，在司法并不独立的时代背景下，正义最终似乎得以实现，但法治的面目却看起来愈加模糊。

剧本改编自新派武侠小说大师温瑞安的同名代表作《四大名捕》系列，这首先属于武侠故事。温瑞安谈到写作四大名捕故事动因时曾说，因发现武侠小说多写大侠、强梁、盗匪、帮派、僧尼、怪杰、娼丐，但少写主持当时社会法治的捕快、差役，以"人弃我取"的态度，创作了《四大名捕》系列作品。其笔下的无情、铁手、追命、冷血四大捕头，已经成为当代武侠文学的经典形象，在华语世界广为人知。"正义"是《四大名捕》故事里主人公的鲜明标签，他们捍卫正义，并且有时也会在无奈之下冲撞体制，具有侠客的主要特征，加之他们个个具有超凡的武功，广义上可以归入武侠作品范畴。司马迁在《史记·游侠列传》开篇就引用了韩非子"侠以武犯禁"的观点，随后指出"其言必信，其行必果，已诺必诚，不爱其躯，赴士之厄困"的精神特质。传统意义上的侠通常是不与腐朽体制合作的，甚至可能为了匡扶正义反抗体制。与之略有不同，"四大名捕"显然属于体制内的人。因此，他们常常豪气冲天但却束手无策，他们终究不能和体制完全决裂。

从影片情节看，六扇门应该是官方常设的正式办案机构，有编制，有明确的职能和职责。而神侯府是"直接受命于皇上"，其负责人诸葛正我有皇帝御赐金牌，见金牌如见圣上。本质上，神侯府既像一个皇帝私设的特务组织，又具有游侠的某些特征：没有正式编制，说解散就解散；除了四大名捕外没有其他兵卒，只有厨子和仆人；行事随意性较强，办公区域可以涮火锅；皇帝御笔题写的牌子也是挂在室内，不对外示人。这种散兵游勇、不被世人尊崇的状态倒也与中国古代历史上"捕快"们的真实生活状况有几分相似之处。自有律法诞生以来，就有类似"捕快"一职存在，他们的工作主要是缉捕盗匪，有些朝代的捕快还肩负审讯犯人的工作，但他们属于吏役序列，没有官职，地位很低。清朝时甚至规定衙役不得与良民结婚，子孙三代亦不得应试出仕，被视为贱民。影片中，捕头们很威风，而且六扇门和神侯府两大办案机构分庭抗礼，力量不相上下。两个部门承担同样职责，好处是互相监督，彼此牵制，弊端更是显而易见，那就是互相推诿和争权夺利，重复"建设"造成内耗。

那么，为什么出现这样弊大于利的重复设置现象呢？这背后其实是皇权与相权的斗争。剧中有这样的情节，被称为财神爷的巨商安世耿宴客，没有邀请神侯府，却请了六扇门的柳大人，更有行贿之举，而王爷曾经不无忌惮地说出安世耿是蔡相的红人。那么不难得出结论，六扇门与蔡相存在千丝万缕的联系，至少是蔡相争取和笼络的对象。皇帝指挥不灵，并且对宰相不放心，于是亲自安排自己的人分掌刑狱大权。这样问题就来了，如此严肃的一国之法制大事，实际则沦为了皇权与相权博弈的筹码和工具，极大增加了司法的随意性，使法治徒有虚伪的外壳。

到了《四大名捕Ⅱ》里面，法治的随意性体现得更为明显。八位忠良谋划扳倒贪腐的蔡相，结果走漏风声，七位忠良的家族共183口被残杀，只有剩下的盛鼎天一家平安无事，遂被怀疑是他泄密，于是王爷带着杀手血洗盛家，包括盛鼎天本人在内的32口毙命，此次行动的最高指挥者一国之君中途后悔又差诸葛正我前去阻止，于是只留下盛崖余一人活命。当朝八位高官及其家族两百余人送命竟与司法无半点关系，皇帝、王爷和宰相一律参与其中，可称法治之辱。更加荒唐的是，法治的尊严被安老爷这位商人阴谋家肆意侵犯。安老爷没有官职，但却可以将蔡相玩弄于股掌之上，遑论法制。当此时，法治连虚伪的外壳都不完整了。更有讽刺意味的是在《四大名捕Ⅲ》中，安老爷发动叛乱，皇上狼狈逃命，冷血面斥皇上姑息养奸，皇上则理直气壮回答："朕是在找证据！"——呵呵，还是一位颇具法律意识的皇帝。

从结果看，电影里无论哪一起案件，最终都实现了正义。然而表面的正义之下问题重重，危机四伏。故事的情节设置与法治有密切关联，甚至看起来就是法律故事，因为主人公就是执法者，他们侦查办案就是最基本的法治活动。侠以匡扶正义为核心精神寄托，正义在通常状况下又需要法治来实现，因此"以武犯禁"的侠客与法治之间呈现出看似不可能的和谐关系。其实这也是古代公案侠义小说里经常出现的情节模式，由"武侠"到"侠义"的变化恰恰说明在文学想象中侠与体制的融通，因为"义"难免和主流道德规范相关。可侠与体制存在先天性矛盾的一面，于是就出现了这样的结果：权力（蔡相）滥用，司法（六扇门）无力，侠客（神侯府）出手；然而以执法者身份出场的侠又受制于皇权，因此无论侠客怎样努力，哪怕结果实现了实质正义，其整个过程也是将法治架空的。正义自顾多情，法制成了虚伪的摆设，更谈不上法治了。《四大名捕Ⅱ》的结尾处，谜底揭开，王爷一脸凛然地对无情盛崖余说："圣上宽恕了铁手，也宽恕了你！"盛崖余头也没抬，只是淡淡地道："圣上好大的恩德啊！"这一句话说破了所有真相。

行政权力对司法的干预在中国古代法制史上是一个漫长而痛苦的过程。因为，一方面，君权至高无上，皇帝常常是事实上的最高立法者，同时拥有最高司法权，可以凌驾于与法治之上；另一方面，大量的审判任务由地方司法官来完成，而地方司法官又往往由地方行政官来兼任。因此两者胶着缠绕，法制时常成为虚设。诚然，即便在中国古代，英明统治者也会通过各种措施促进司法公正，有时皇帝也会在一定限度内受到监督和制约。如唐朝建立的御史监察制度，通过巡察、弹劾、鞫狱等手段纠察官吏的贪污、徇私、违法特别是破坏法制等行为，在廉政建设和法制建设中都发挥了重要作用。客观地说，古代中华法系依然有许多精华之处值得今天的我们学习和继承。也许法治是有限的，但人类对正义的追求是永无止境的。

[原载《现代世界警察》2015 年第 3 期]

如果肖申克的苏格拉底不越狱

美国电影《肖申克的救赎》从未在中国公映,却成了许多人心头的经典之作。其实二十年来肖申克的故事始终风靡全球,影片在各种榜单上名列前茅,至今仍在知名的 IMDb(互联网电影资料库)榜单独占鳌头。这个打动了无数人的故事是根据斯蒂芬·金《四季奇谭》中收录的《丽塔·海华丝和肖申克的救赎》改编而成的。当初看电影总觉得主演蒂姆·罗宾斯在开始一段的表演太过随意,看不到什么演技。最近阅读该电影剧本,反复揣摩文字背后的无限意味,愈发觉得蒂姆·罗宾斯其实是一流表演大师,那种带有浓重的艺术气质的从容并不是能轻松演绎的。

罗宾斯先生最初看似无演技状态恰恰真实表现出这样复杂的内心世界:爱人背叛又突然殒命的离奇变故给他带来的无情打击,以及一个年轻有为的银行家突然遭到冤屈被判无期后的蒙头转向。如此的情感是无法用通常意义的歇斯底里和声嘶力竭来表达的。直到渐渐熟悉监狱的生活,安迪才渐渐生出了斗志。他找到了他得以在那个恐怖的监狱活下去的理由和信念,他开始了他的艺术创作——关于灵魂与肉体的救赎、关于囚禁与自由的博弈。监狱、《圣经》、锤子、地道,这些俨然是行为艺术的极佳场景和道具。

安迪自认对妻子的死负有不可推卸的责任，尽管不是他开的枪。因此他用近二十年的监狱生活赎抵自己犯下的罪过，然后从容离去，在芝华塔尼欧开始他新的人生。

重读《肖申克的救赎》剧本，我忽然想起了苏格拉底。从艺术的角度看，安迪是伟大的，因为他完成了一次个体生命最伟大的行为艺术。然而，从法哲学角度看，安迪的形象是否还是那么熠熠生辉呢？

正如安迪没有杀人，苏格拉底也罪不至死，可是苏格拉底拒绝了学生和追随者们为他设计的越狱计划。当克力同等人以法律并不公正为由劝他越狱时，苏格拉底反诘：难道越狱就符合公平正义吗？被判有罪的人都可以因法律不公正而毁坏法律秩序吗？随后苏格拉底饮下毒酒死去。临死前苏格拉底还留下一句话："分手的时候到了，我去死，你们去活，谁的去路好，唯有神知道。"[1]两千多年后，我们都知道苏格拉底赢了。如克尔凯郭尔在《反讽的概念》中所说："一个人可以被世界历史证明是对的，但他仍然得不到他那个时代的认可。因为他得不到认可，他就只能成为一个牺牲品；又因为他后来可以得到世界历史发展的认可，所以他又一定会获胜，也就是说他必须通过成为一个牺牲品来取胜。"[2]

苏格拉底用他的死捍卫了以保障公平正义为旨归的法度，证明了他的胜利，这是否说明安迪的越狱是没有意义的？一个是智者的舍生取义，一个是凡人的自我拯救，苏格拉底之死与安迪的救赎何者更值得我们崇敬？如果关在肖申克的是苏格拉底，他会越狱吗？如果肖申克的苏格拉底不越狱，这个故事还那么动人吗？

那我们首先来看看越狱在一个法制社会究竟属于什么行为。监狱是国家机器的重要组成部分，是司法体系的重要一环，在司法实践中依照刑法和刑事诉讼法的规定，对符合法律规定的罪犯在监狱内执行刑罚，进而实现捍卫正义的法律宗旨。那么越狱行为就是对监狱管理秩序法益的侵犯，实施越狱行为的服刑人员就会被定为脱逃罪。然而在《肖申克的救赎》中，没有人会指责安迪的越狱行为，因为安迪是被冤枉的，监狱是黑暗的。刑法的首要目的并不是打击犯罪，而是保护法益，打击犯罪、惩罚罪犯是保护法益的手段。背离了这个立足点和出发点，背离了基本的人性和正义，刑法必然沦落为压制、践踏和剥夺权利、利益的暴力工具。而当汤米被典狱长诱骗到铁丝网旁开枪打死之后，我们更加有理由认定，这样的冤狱可以不蹲，越狱行为因此得到了合理合法的解释，在刑法保障人权的法理上说，安迪无罪。

安迪通过自身的力量实现了正义，苏格拉底借司法程序捍卫的也是正义，因此两者的行为在正义名下并不矛盾，正如法律实证主义与自然法学派尽管所走道路有异，但他们从未相背而行，它们头顶的都是正义之名。甚至，安迪在一定意义上已经是位哲学家，在某些瞬间他似乎有了苏格拉底式的哲悟。他对瑞德说，"是我杀了她"——"虽然我没有开枪，但是我把她赶走的"，"所以她才会死"。尽管越狱成功，安迪也并非具有超能力者，他已经付出了二十年的自由。尽管他不是自愿走进肖申克赎罪，但从哲学意义上说他服刑二十年与苏格拉底饮鸩是同义的。

如果把《肖申克的救赎》仅仅看作一部揭露美国司法腐败的作品，显然配不上那持续二十年风靡全球的辉煌，甚至提升到捍卫正义、战胜磨难、自由永存的高度似乎还依然不够。监狱实际是一个象征，正如在肖申克的图书管理员布鲁克斯看来，如果以肖申克为原点，这里就是他的家，此时外面的世界何尝不是一座监狱？福柯在《规训与惩罚》中论证了"全景敞视主义"由监狱到社会的渗透，指出人性中这种足以令人警醒的厮杀场景，应当成为一种研究知识与权力的历史背景。他说："这种处于中心位置的并被统一起来的人性是复杂的权力关系的效果和工具，是受制于多种'监禁'机制的肉体和力量，是本身就包含着这种战略的诸种因素的话语的对象。在这种人性中，我们应该能听到隐约传来的战斗厮杀声。"[3] 如果说"福柯的论断使关于主体解放的哲学思考和如何建设自由的法律制度成为了一个永恒的话题"[4]，那么笔者觉得，能配得上这样的"解放"与"自由"的，正是《肖申克的救赎》中安迪的芝华塔尼欧，"一个温暖的没有回忆的地方"，那里没有犯罪，也没有监狱，那个被安迪虚构的正义之士永远不会受到法律的制裁，那里其实是人类永远魂牵梦系的乌托邦。

[本文首发正义网"法律博客"，2015 年 6 月 13 日]

【1】［古希腊］柏拉图：《游叙弗伦 苏格拉底的申辩 克力同》，商务印书馆 1983 年版，第 80 页。

【2】转引自［英］泰勒：《解读苏格拉底》，欧阳谦译，外语教学与研究出版社 2013 年版，第 151 页。

【3】［法］福柯：《规训与惩罚》，刘北成、杨远婴译，生活·读书·新知三联书店 1999 年版，第 354 页。

【4】张海斌：《福柯〈规训与惩罚〉解读》，《青少年犯罪问题》2004 年第 6 期。

掌管万物运行法则的"其他人"

《大鱼海棠》电影开篇，有句话让我心头为之一振——"我们掌管着人类的灵魂，也掌管着世间万物的运行规律。我们既不是人，也不是神，我们是其他人。"这是主人公椿的旁白说。从前我们所知道的人类现实世界之外可能存在的掌管人类灵魂和世间万物的运行法则的是佛，是道，是上帝，或者是理念之神、隐得来希。这部影片则试图描述在人和神之间还有"其他人"，"其他人"有人的情感和神的超自然能力，他们的身份更像是半人半神。这些"其他人"代神行使职责，沟通人神两界。

影片中椿、鲲、赤松子、祝融、嫘祖、句芒、后土这些角色的名字和形象来源于上古神话，出自民间传说和《诗经》《庄子》《楚辞》《山海经》《列仙传》《搜神记》等古籍（当然编剧上有一些角色辈分和时空错乱）。事实上，一个国家或民族的历史叙事往往是从神话传说开始的。那么，如果我们以文学的想象思维探究下去，就会出现这样一个问题：后来，那些造物主统领的诸神和精灵或者说他们的后代去了哪里？依神话传说所言，我们的诸神有许多著名子孙发明了各种各样的劳动工具，制造了车船、武器，教会人们驯养家畜，甚至创作出美妙的音乐和歌舞。接下来——我们不妨进入《大鱼海棠》的叙事时空——他们发轫了人类文明之后就悄悄隐去了踪迹,生活在人类的平行时空里,他们的天空连接着人类的海洋。或许经过漫长的繁衍进化,与他们的远祖相比已经不再拥有那么显著的神性,但他们始终肩负神职,掌管着人类的灵魂和万物运行的法则。

在那片与人类海洋相连的天空下,每一个"其他人"年满 16 岁都要举行成年礼——化成鱼到人间巡游七日,观察他们所掌管的人类自然规律。椿在巡游期间被后来成为鲲的人类男孩救了一命,男孩为她而死,因此巡游归来找到看管人类灵魂的灵婆,用一半寿命为鲲赎回性命。于是,"其他人世界"的一场灾难不久降临。表面看,吸引观众眼球的是一场爱之殇,但认真揣摩一些细节则会发现,在感情故事的背后隐藏着权力的博弈、自由的追求和规制的建构等诸多惊心动魄的大事件。在这个掌管着人类的灵魂和万物运行法则的"其他人世界"里,他们自己的灵魂正等待着拯救,他们自己的法则正面临着挑战与维系——或者说瓦解与重建。

尽管依椿所说,他们所谓"其他人"并不是神,但是,既然可以掌管人类灵魂和万物运行法则,显然是具备一定神性的准神类;理论上说这个"其他人世界"也很像先前儒家所讲的"理"的世界——天理出乎此。然而,令人失望的是,在这个出乎天理的世界里发生的事情似乎并不那么合乎天理。最能说明这一点的就是看管人类灵魂的灵婆竟然自称"生意人",明知"天行有道"却教唆并答应椿用她一半的寿命换回鲲的重生。用灵婆自己的话说这是他们之间的"交易","只要付出足够的代价,这个世界一切都可以交换"。此话隐隐道出尽管这些"其他人"管着别人的规律、法则,自身世界却并非天理昭昭,他们自己在不断破坏规则。规则被破坏的代价是天洪暴发,差点淹没了他们的家园,引发这场大灾难的不是他们视为不祥之物而不断追杀的鲲,而是"其他人"自己。

的确，罩着神性光环的"其他人世界"远非我们想象的那样尽善尽美。除了监守自盗、阴声怪气的灵婆外，还有被施了封印极不着调的鼠婆。比较具有讽刺意味的是，看管坏人灵魂的鼠婆，是被迫做这个工作的，而她的梦想所在是自由，是人间。她与"其他人世界"的领袖后土的交易就是说出鲲的藏身之处以换取自由，而后回到人间。这个宣称"明明上天，照临下土，神之听之，介尔景福"的世界用灵婆的话说实则是"脏东西不少，该好好洗洗了"。最终湫成了灵婆的接班人，那么灵婆去了哪里呢？影片没有交代，但有一点是肯定的，灵婆并不热爱自己那份看起来很神圣的工作，他一定会有更好的差事。他在如升楼修行了八百年，只是迫不得已的还债行为。那么我们发现，在这场灾难中受益的其实只有两个人——鼠婆和灵婆，而破坏规则的灵婆正是这场灾难真正的始作俑者。

影片还有一个只在开头和尾声都提到的嫘祖，嫘祖在上古神话中的真正身份是黄帝的元妃。在影片中椿重生之后，灵婆带来了嫘祖为她缝制的衣服，可见灵婆与嫘祖有着密切的关系。而依《山海经》，"其他人世界"的领袖后土又是炎帝的玄孙共工之子……这样联系起来，无法不让人怀疑这是一次重新整合秩序的运动，幕后有着神界高层之间的权力斗争。也许是我想多了，但至少如此的天理世界终究没有逃脱人间伦理纲常的社会逻辑，这个世界里所有的"其他人"无不生活在一个人类社会所投射出来的关系网中。他们尽管掌握着别人的灵魂，却无处安放自己的灵魂——无论是大反派鼠婆还是主角椿最终的归宿都是人间；而所谓掌管世间万物运行规律，也并不那么名正言顺，因为他们自己的法度尚待完善。远眺神性诸峰，"其他人"还在路上。

[原载《现代世界警察》2017年第1期]

当法律背离正义

美国电影《侠探杰克》是根据"英国惊悚小说天王"李查德的小说《完美嫌犯》改编而成。一个匿名枪手在闹市区制造了连续狙杀五人的血案,所有证据都指向了前狙击手詹姆斯·巴尔。甚至从来没有输过官司的当地著名检察官都对本案没有任何疑问,但就在这样的前提下,检察官的女儿、律师海伦却仍积极寻找证据为嫌疑人辩护。事实上,詹姆斯·巴尔的确是被陷害的,但被捕后的他三缄其口,只要求见杰克·雷彻。杰克·雷彻就是我们故事的主人公,已经退役的前军事调查员、汤姆·克鲁斯饰演的侠探。侠探最后当然不出意料地完成了看似不可能的任务,还詹姆斯·巴尔以清白。

毫无疑问,影片关涉无罪推定原则。无罪推定是现代法治国家刑事司法通行的一项重要原则,也属于国际公约确认和保护的基本人权范畴。在《侠探杰克》中,无罪推定原则与美国式个人英雄主义巧妙地融合在一起,以一己之力运用该原则对抗国家司法机器与黑恶犯罪组织正反两路人马,既彰显了至高法意,又宣扬了独立思考和敢于质疑的精神。而更为重要的是,在这一表象的背后还隐含着一个深层法理逻辑——关于自然法学派与法律实证主义的矛盾问题，即正当性与合法性的对弈。法律实证主义主张法律即人定规则，法律的有效性和道德无关，"法是什么"基于"什么已经被制定"和"什么具有社会实效"。自然法学派认为在法律和道德之间存在着本质的关联性，法制必须具有正当性，"恶法非法"。

　　影片中杰克·雷彻所做的事情就是帮助詹姆斯·巴尔洗脱罪名，惩治那些幕后恶人，而这些在既定情节前提下如果按照法律程序去做，基本实现不了。尽管女主角罗莎蒙德·派克饰演的律师是要为詹姆斯·巴尔做辩护，但作为优秀律师，她只会按照法定程序去做，其结果是无法令詹姆斯·巴尔脱罪。她眼里的法律就是人定规则，她必须按照规则去做。当然，我们在观影时就多少倾向于法制之上应当还有自然正义，不仅因为阿汤哥的偶像气质赚到了观众的感情分，更因为当我们已经知道凶手另有其人，而法律制度和程序此时保证不了正义的真正实现时，善良的人们此时发自内心地需要"侠"。片名里的"侠探"二字当然是国内电影公司引进影片的时候加上的，但这个"侠"字用得好。韩非子在《五蠹》中说："儒以文乱法，侠以武犯禁。"太史公则在《史记》中高度赞扬侠的"言必信""行必果""诺必诚"，以及急人所难、匡扶正义的高贵品德。结合二者，中国文化中的"侠"是正义的化身，当法律背叛正义，侠为了捍卫正义不惜触犯法律。这和《侠探杰克》电影海报上宣传的"法律尚有限制，他只在乎正义"恰恰有理念相通之处。

　　更值得玩味的是，女律师最后自身难保，法律与正义渐行渐远，于是她不得不和侠探杰克站到了一起，协同侠探以"非法"的手段和方式实现了实质正义。甚至，她还貌似对杰克萌生了情愫。最关键之处，女律师会用"合法性"的方式收拾侠探"正当性"的残局——她会让侠探在司法程序中从刚刚发生的场景里人间蒸发。美女喜欢帅哥的电影惯常桥段在这里被赋予超乎寻常的意义,两人殊途同归隐约说明,在法治这个大前提上,自然法学派与法律实证主义其实是统一的。分歧只是如何实现最高法治——当然这里的法治不是简单地用法制去治理,而是我们——无论是自然法学派还是法律实证主义——永远都追求的公平与正义。美女律师最后对侠探恋恋不舍,这样的桥段从法学视角我们看到的是学派之辩,在普通观众看来无疑是相当浪漫的。其实浪漫不应该仅仅是普通观众的感受,也应该是法律所要追求的至高境界,法意与诗性本该相通。

末了,有一点必须指出,杰克·雷彻在影片中是一个没有任何档案的神秘人物。也就是说,尽管法制会有种种不完善,但侠探这档子事,在现实的法治社会里属于"专业表演,切勿模仿",除非你也可以来无影去无踪。

[原载《电影画刊》(上半月刊)2013 年第 5 期,发表时题为《法律尚有限制　他只在乎正义》]

乐极致幻背后的爱欲与文明

影片《妖猫传》的故事讲得有点乱。梳理起来可以找出两条线索：一条是对杨玉环之死的真相调查，探讨什么是人间至爱；另一条是大唐的由盛转衰，表现物质极度繁荣带来精神上的乐极致幻。两条线交会于杨玉环这个人物上，她是大唐繁荣的象征，又是集万众之爱于一身的载体，还是安史之乱这个历史节点的核心人物。

不得不说，这个构思与设计非常新颖与巧妙。第一条线索以悬疑推理的探案情节展开，主角是白居易与倭国沙门空海，两人联手探案，苦心孤诣搜寻各种人证物证，奇遇不断，惊惧连连，是很吸引眼球的。如果说第一条线索主要是解密，是形下之究，那么第二条线索则进入了破题的形上之思。这是对一段历史、一个群体的反思，也是对人类社会的一种反思。

大唐之繁荣世所共知。同时，其对待外来事物又采取极其开放的态度，不管是文化还是经济，域外使节、访问者络绎不绝，甚至出现了大量外来移民，外国人在政府机构供职也不足为怪。于是万邦来朝成为盛唐文明一大浮世奇景。在这种人类史上近乎空前的繁荣之下，那一群人是怎样一种生活状态和精神状态呢？影片《妖猫传》展现给我们的是物质极大丰富和自我中心满足感所带来的精神上或沉醉或空虚的迷幻。

影片通过两种方式表现这种迷幻：一是情节的奇幻与人物的疯癫，二是通过镜头语言制造视觉奇观。前者如玄秘幻术元素贯穿影片始终，核心人物杨玉环亦死于"幻术"，主角白居易的癫狂和空海的执念自不必言。后者则体现在美轮美奂的场地布景和梦幻般的映象当中。极乐之宴是影片迷幻表达的高潮。在流光溢彩、极尽奢华的天朝宫殿花萼相辉楼里，君臣同乐尽情狂欢，各色人等举杯痛饮，诸般幻术争相斗法，安禄山挥刀起舞，唐玄宗散发击鼓，诗仙李白在"酒神的赞歌"里浑然忘我……好一场醉生梦死的极乐之宴！

日本志怪小说家梦枕貘对大唐的异邦想象与我们印象中的大唐是有差别的。不知影片是不是受了原著的影响，颇具后现代风格的布景与言行举止都不太中国化的人物隐隐透着荒诞和诡异。细心的观众还可以在影片中发现卢浮宫金字塔、巴伐利亚国王宫殿的影子，而个别场景说是 21 世纪现代化都市的娱乐会所也并无违和感。花萼相辉楼的那个夜晚与其说是一场宴会，不如说是迷幻中的人们在另类异度空间里放浪形骸的大夜场。如果回到当下稍作体会，想象这种迷幻并不困难。在后工业文明中被消费主义怪兽吞噬的现代人，不惜借助尼古丁、酒精、药物甚至毒品来寻求和强化这种迷幻。就生产力的相对水平而言，大唐社会的繁荣程度可以使影片所呈现的迷幻成为可能。

唐玄宗说贵妃就是大唐之魂，杨玉环的美于是成为大唐的象征。他令贵妃在城楼下荡起秋千以供臣民观瞻；万邦来朝，看的是圣大唐气象,也是贵妃的盛世容颜。然而,狂欢之后,竟是国殇。马嵬坡之变中贵妃究竟是自缢而死,还是被仓促活埋,抑或是巧妙脱身?在探寻真相的过程中,引出玄宗、阿倍仲麻吕、安禄山、白龙等众人与贵妃的情感纠葛。影片中舞刀时便眼露杀机的安禄山以得到贵妃为起兵的口号,史学家会认为藩镇割据导致中央与地方矛盾激化才是安史之乱的真正原因。然而,无论是"爱的代价"还是"权力的游戏",从哲学的视角看最终指向都是人性的迷狂。

马嵬坡事件是安史之乱的直接后果,而安史之乱不仅是大唐由盛至衰的转折点,也是两千年中华封建王朝的气度由盛至衰的转折点。由是观之,这场极乐之宴似乎隐藏着导演陈凯歌的野心。政治哲学家霍布斯曾经从人性的角度得出国家建立在欲望之上的结论,马尔库塞则在人类现代文明史中看到,人对人最有效的统治和摧残恰恰发生在人类的物质和精神成就高度发达到仿佛能建立一个真正自由的世界的时刻。唐玄宗就是在这一刻致幻的。阿倍仲麻吕暗恋贵妃而不敢表白,唐玄宗写了四个字给他——"极乐之乐"。这位人间帝王掌控万物的欲望得到满足的快意溢于言表,极乐盛宴的主人以为他的自由世界已经在天地之间建立了。在极乐之乐的迷幻中,盛唐气象伴随着爱与欲望的纠缠轻轻飘散。

如果从极度繁荣的精神致幻这个角度切入,解释转瞬交替的辉煌与落幕,进而探究在盛唐的语境中,爱欲与文明在何种程度上彼此影响,映射人类历史演进的路径,这真是个不错的立意。是的,我说如果。遗憾的是,过于华丽的炫技,使故事讲得太花哨和凌乱。大唐的繁荣或许的确走到了一种极致,但极致未必非要用无节制的繁复来表达。叙事的放纵、夸张削弱了主题表现,想传达的太多,结构像画面一样繁乱。如渡海的母亲口念禅语、少年白龙的旷世痴情等这些看似颇具感染力的情节在整个故事中到底起什么作用?

影片里,李白的《清平调》只能献给那一夜的狂欢,贵妃娘娘转身的刹那他就已全然忘记;白居易的《长恨歌》到最后成了他自己的艺术想象,无关皇帝和贵妃的真实爱情。同样地,原以为可以借由影片梦回大唐,结果发现这还是陈凯歌一个人的梦呓。

[本文首发正义网"法律博客",2017年12月28日]

自杀者的喜剧与杀手的悲剧

《我聘请了职业杀手》是芬兰导演阿基·考里斯马基的作品。影片讲了一个要自杀的人雇用职业杀手谋杀自己的故事，但最后的结局是自杀者活了下来，杀手却自杀了。吊诡不吊诡？离奇不离奇？

事情是这样的：英国某水务局改制，由国有变为私营，在这里勤勤恳恳工作了15年的小职员亨利被辞退。由此心灰意懒，他想到自杀。然而一个落魄失意到极点的人，竟至连自杀都屡屡失败。他要上吊，固定绳子的钉子脱落了；他要打开煤气，煤气公司倒闭停止供气了；他要卧轨，却没有这个胆量。于是他只剩下一条死路，那就是买凶杀人，当然不是杀别人而是杀自己。

杀手公司的负责人看到亨利提供的目标人物照片后，善意地提醒他："如果你自己来，就可以省下这笔费用。"他表示自己胆小怕死，还是应该寻求专业服务。是的，这很有黑色幽默的味道。接下来的情节就更具喜剧效果了。

亨利回到租住的居室，等着职业杀手的到来。等的滋味大概比较难挨，于是他到了小街对面的酒吧，但是他没有忘记在门上留了便签告诉杀手自己的行踪。他显然是第一次光临，他在只卖酒的酒吧点茶。服务生告诉他没有茶,他不得不要了一杯酒。就在他喝了一杯酒之后,卖花女玛格丽特进来卖花。在酒精的麻醉和刺激下,亨利竟然主动起身和玛格丽特搭讪,问她的名字。嗯,接下来简单说,"同是天涯沦落人,相逢何必曾相识"——两人相爱了。亨利忽然意识到,他好像又不想死了。然而,杀手可是要履行合约的。一对紧张刺激的戏剧冲突就这样形成了。

亨利时刻置身于被暗杀的危机中,玛格丽特说你去取消合约不就行了!然而事情绝不会这么简单,当亨利再次来到隐藏在棚户区的杀手公司时,那里已经一片废墟——被拆迁了。那对冲突于是成了解不开的死结,领了任务的杀手不会终止行动。

亨利偶然遇到两个他在杀手公司见过的人,想尾随他们找到公司新地址,却又意外卷入那两个人实施的抢劫银行行动,成了通缉犯。冲突极速加剧。几经周折,亨利还是没能逃出杀手的掌心,两个人终于面对面了。此时,杀手却咳嗽不停,然后缓缓抬起头告诉亨利他得了癌症,只有两个星期的寿命了。亨利说很遗憾,但是你赢了,开枪吧!杀手说未必,我是个失败者。说完举枪打死了自己,是的,杀手杀死了自己。

是什么原因让一个冷酷无情的杀手在马上要完成任务前结束了自己的生命?只能有一种可能,那就是其实他活得比那个原本想自杀的人还惨。是的,这位杀手,离了婚,得了癌症,还要供养妻女,得是落魄到什么地步才会让已经两鬓斑白的他从事这样一个没有前途的职业!

对于杀手的绝望影片早有铺垫。他跟踪玛格丽特追问亨利的下落,玛格丽特告诉他亨利不想死了。然而杀手给出了一句颇具哲思意味的回答:"死亡,是人类的命运。"最后与亨利对峙那一刻,他说自己是个失败者,不仅指这次任务,更暗指自己的人生。

杀手和遇见玛格丽特前的亨利有一个完全一样的共同点，就是两个人都极为机械刻板，只知完成工作，毫无人生意趣。如果说杀手的机械刻板来自职业需要，那么亨利呢？失业的确是一件令人极其沮丧的事情，但很难让人联想到自杀。在每天都有人失业的社会里，失业并不是致命的打击。对于亨利来说，让他丧失生活信念的是，除了这份干了十五年的工作外，他一无所有。人到中年，除了失去工作外，他没有家人，没有朋友，甚至没有自我。

十五年的时间已经把他变成了机械的工作机器，工作是他的一切。影片中处处表现着他的机械。他的通讯录是空的，他在单位里一个人默默吃午饭，他没去过楼下的酒吧，他没有女朋友，他从头到尾目光呆滞、表情麻木，说起话来像机器人，喜怒毫不形于色。亨利兼具契诃夫笔下典型专制社会中的零余者"装在套子里的人"和"小公务员"的双重气质，孤僻、自卑、胆怯，逆来顺受，被制度同化，恐惧任何现状的改变。

亨利被通缉时，女友说不如逃到国外去吧，他反问："你想抛弃祖国吗？"女友的回答是："工人阶级没有祖国。"[1]这句话其实出自马克思，其本意不言而喻。在这里却反讽了亨利作为劳动者的异化——马克思曾提出"人的异化"理论，指出人在资本主义生产过程中不自觉地把自己的生命投入劳动对象中去，进而失去自我成为对象的附属物。何况，在影片中亨利本就不是英国人，而是一个被放逐的又无法融入新族群的异乡人。女友问他为什么离开法国，他说因为那里的人们都讨厌他，一个如此规矩无害的小人物为什么招来所有人的讨厌？无非是他和主流社会的格格不入，而此次被辞退的首要原因就是他不是本国人。可以说，亨利是一个被无形的体制边缘化又机械化的多重意义上的零余者。

影片开始的远景镜头里，到处是林立的高楼和塔吊，显示着工业文明的杰作，乍一看却像一片废墟。工业文明的另一标签就是规制。我们向往健全完善的法规制度，因为一个生产力发达的社会一定是一切用规则说话的。可是当法规制度最大限度规训了人类之后，人与动物性慢慢绝缘的同时，却滑向了机器性的极端。杜威说："对环境的完全适应意味着死亡。"[2]亨利那一屋子的满头白发的同事像小学生一样等着吃饭的铃声，然后一边吃饭一边开着无聊的玩笑，乐此不疲，终老一世，这能算人生吗？

卖花女的出现是亨利所处的那个冷漠世界的一缕阳光。爱情唤醒了亨利体内沉睡的人性，他才有了生的期待。爱情又讲什么规则呢？那不过源于亨利酒后的一次放飞自我而已。在那个无情世界中，真正勇敢的人其实是那位可敬的杀手。他把最后的卖命钱交给女儿，狠着心说"我很忙，别再来找我了"，然后在病魔侵袭下证明了自己的职业素养和操守，在亨利面前调转枪口饮弹赴死——走向"人类的命运"。

[原载《检察风云》2018 年第 12 期]

【1】马克思、恩格斯：《共产党宣言》，人民出版社 2014 年版，第 47 页。

【2】[美] 约翰·杜威："心理伦理学"讲座，1924 年 9 月 29 日。转引自 [美] 威尔·杜兰特：《哲学的故事》，蒋剑峰、张程程译，新星出版社 2013 年版，第 415 页。

一个自由主义者的英雄末路

电影《悟空传》与名著《西游记》没什么关系，或者说它可能是《西游记》的前传。影片的故事是围绕石心与天机仪的斗争展开的，是一场自由与权力的斗争。石心源自女娲补天石，后化作孙悟空；天机仪就是天庭里维系天地平衡的中枢系统，它的掌管者是天庭最高权力者天尊。

依影片情节，女娲所遗补天石孕育出一巨人，巨人不服从天机仪的命运安排，天庭说一切不受控制的生命都是妖魔，于是众神倾力剿杀巨人。巨人在与天庭众神对抗中被打败，粉了的身和碎了的骨化作花果山，补天石心不死，化为猕猴。猴子以花果山为家，以晚霞为伴，但不久被天机仪发现，花果山于是迎来灭顶之灾。五百年后，猴子石心依然不死，打上天庭，他要自此以后一万年所有人都记住他的名字——齐天大圣孙悟空。

这是一个典型的自由主义者的抗争故事。故事开头，孙悟空抱打不平，教训骄奢淫逸的巨灵神，因而和杨戬发生冲突，结果两人都被锁起来。此时孙悟空问杨戬，你不是神吗，怎么和我一样也被锁住？杨戬正义凛然道："天庭有天庭的规矩，谁触犯了规矩都要受到惩罚。"杨戬的回答证明他是一个法律实证主义者，他信奉实在法，认定法律与道德没有必然联系，法只要正在实行就有效力。如奥斯丁所说："法的存在是一个问题。法的优劣，则是另外一个问题……一个法，只要是实际存在的，就是一个法，即使我们并不喜欢它，或者，即使它有悖于我们的价值标准。"[1] 孙悟空则恰恰相反，他活着的意义就是与所谓的天命战斗——我来过，我战斗过，我不在乎结局！他认为天命剥夺了他以及花果山人民的自由，是不公平的，掌控着万物命运的天机仪并不具备正当性，必须捣毁。

有趣的是，杨戬与孙悟空这一对立场完全对立的冤家——甚至还是情敌，他们都喜欢阿紫——曾经并肩战斗，当他们从结界桥坠落人间之后，他们都成了凡人，不再具备神力，他们要共同对抗妖云的袭击，保护花果山人民的生命财产安全。这或许说明，他们都是追求正义的，只是他们对正义的实现方式存在巨大分歧。事实上，所谓正当性与有效性大概也不过是法的一体两面，它们之间的鸿沟或许并非不可逾越。

然而，作为一个自由主义者，孙悟空与杨戬的决裂是必然的。今何在在《悟空传》的序言里面写道："人生最有价值的时刻，不是最后的功成名就，而是对未来正充满期待和不安之时。"从影片看，最终功成名就的是杨戬，他历尽磨难开了天眼，成为天庭权威与法度的捍卫者。而孙悟空的名言是："天要压我，我劈开这天；地要挡我，我踏碎这地。"这些话的确热血，也的确令人敬佩，然而在上苍面前，这样的一时口舌之快不免显得天真和幼稚。孙悟空经历命运轮回涅槃重生才得以捣毁的天庭组织，不过是上苍要换掉的一届腐败的领导班子。新班子上任，天机仪运转如常。

天尊是被孙悟空和杨戬联手灭掉的。出身卑微的杨戬也是个现实主义者，他知道如何达到自己的目的。或许起初他只是为了解救被天尊锁在山下的母亲，但是后来他发现他无法改变规则，而在既定规则中，他只有掌握了权力才能获得更大的自由。为此他隐忍，他屈从于天尊，他压抑了爱欲。当时机到来他便拿到石心获得打开天眼的积分，当时机再次到来他便和孙悟空一起扳倒天尊晋升为天庭守护神。他和孙悟空可以说是同学，他们同在天庭修仙，杨戬学到了最具现实功用的技能；孙悟空却从最初就拒斥规训，他要的是纯粹的、无条件的自由，他入学的目的就是想找机会毁掉天机仪。所以，当孙悟空被杨戬俘获锁在天机狱最底层时死不瞑目，直到阿紫告诉他："花果山已经没了，那里的天空一片黑暗，根本就没有晚霞……"他才闭上血红的眼睛，灰飞烟灭。

重生前的孙悟空曾经接受菩提的训示，菩提说："当你感到无能为力的时候，才是觉醒的开始。"这句话不无道理，所谓置之死地而后生，死都经历过了还有什么可怕的？但说到觉醒，孙悟空恐怕尚未开始。孙悟空的自由主义出路到底在哪里？如果对于他个人来说，为自由而战是他生命存在的意义，那么这种永不停息的战斗又能给已成废墟的花果山乃至天地之间的世界带来什么呢？孙悟空经历了几度生死也未搞清楚天庭之上的天地最高统御者上苍到底是一个怎样的存在。影片结尾称，他的反抗仍将继续。就像大屏幕上打出原著中的那句话："我要这天，再遮不住我眼；要这地，再埋不了我心；要这众生，都明白我意；要那诸佛，都烟消云散。"影片并未讲天机仪为孙悟空安排了怎样的命运而导致他的不服，或许反抗没有错，但找不到对象和归宿的反抗最终只能剩下空洞的口号，这其实是孙悟空真正的悲剧。

说到觉醒，倒是后来和孙悟空一道对天庭的掌权人天尊宣战的阿紫、天蓬是觉醒了的。阿紫指出天尊所谓的天地平衡无非是对个人权力的维护，阿紫的殉难更有革命的指向性；天蓬投入战斗的原因、目的和对象也很明确，他只希望能够和心爱的人一起看星空，这样的革命理想远比让诸佛烟消云散更真实、更动人，也更具操作性。

如果说杨戬以实在法为圭臬，孙悟空却并非一个真正的自然法信奉者。自然法哲学拒斥恶法，更重要的是它指出了此岸的出路，即信仰一个存在着全知与至善的彼岸。可是孙悟空尽管看到恶法非法，却不知何为良法，他的自然正义在哪里？是来自无形无影的上苍还是缔造了他的女娲，抑或教他本事度他觉醒的菩提老祖？也许我们不得不承认，自由的前提是理性，极端的自由主义是危险的，没有信仰的盲目战斗注定是悲剧。或许在反抗极权专制的意义上孙悟空算是英雄，然而，即便天庭统治腐朽，"劈开这天""踏碎这地"也只是破坏了一个旧世界，如果没有新的秩序重建，一切都失去了意义。

[原载《检察风云》2017 年第 19 期]

【1】［英］奥斯丁：《法理学的范围》，刘星译，中国法制出版社 2002 年版，第 208 页。

灵魂必须召回它遗忘的单纯

电影《冈仁波齐》讲了一个朝圣的故事。在冈仁波齐的本命年，11名信徒踏上朝圣之旅。他们中有男人和女人，有老人和孩子，有屠夫和孕妇。他们一起去朝拜冈仁波齐，这样的朝拜对于很多信徒来说是一辈子的夙愿。对了，冈仁波齐是一座山的名字——藏语意为"神灵之山"，冈底斯山脉主峰。这部没什么情节、没什么动作、近似纪录片的影片取得了出乎意料的票房和好评，这在很大程度上是因为那群人对信仰的虔诚唤醒了我们心灵深处的某些记忆。

谈到宗教和信仰，不由得想起当代著名宗教学家凯伦·阿姆斯特朗在《神的历史》开篇就讲到的"宗教世俗化"问题。她说当下的宗教世俗化"在人类历史上是前所未有的"，而这种世俗化是出于人类本性。[1]事实上，宗教世俗化可以追溯到启蒙运动时期。面对经院哲学衰落和文艺复兴的大潮，上帝被请下神坛，理性的人拾阶而上。启蒙运动中，哲学与科学联手，以理性取代神的权威。然而，科学理性无法直面信仰问题，因作为人的理性其能力是有限的，形而上学也因此遭受前所未有的重创。1781年，康德发表《纯粹理性批判》，掀起了哲学领域的"哥白尼革命"。这场革命划定了上帝与理性之间的边界线，告诉人们超出理性能力所及的，应交还给神。

之所以回顾这段西方哲学史，是因为身处东方的我们也经历了类似的迷茫与混乱。诸如许多信神者常常在遭遇困境或者有所祈求的时候试图得到神的帮助，更有民间口口相传哪个庙哪个菩萨有多么灵验云云。这其实也是宗教世俗化的一种浅层表现——把宗教作为实现个人某种世俗功利目的的工具。《冈仁波齐》中朝圣者仁青晋美被滚下山的飞石砸伤了腿，他不无抱怨地说，爷爷从没做过坏事，爸爸一生是好人，而他也一直好好做人，生活却一直很倒霉，去年盖房子出车祸死了两个人，欠了很多债，朝圣时又被石头砸伤腿……看到这里，不禁让人感到阵阵酸楚。很多观众进而会产生疑问：不是说好人有好报吗，佛为什么不保佑好人？

事实上，正如康德告诉我们，人的理性永远有不可企及的地方，从宗教学的角度讲，柴米油盐、生老病死、功名利禄这些世俗的具体事情也不是佛要管的。不论是佛、上帝还是其他的神，他们负责的是我们灵魂层面的问题，宗教对人们都有一个共同的启示就是以仁爱、宽容、平和之心面对世事。

有人说那我是不信神的，宗教与我何干？宗教是不是世俗化又与我何干？是的，在这个科学发展日新月异的时代，嫦娥奔月、蛟龙探海都已经不再是神话，我们可以在太空漫步，我们可以坐在家里环游世界。我们不仅没有在曾经无法想象的时空里遇见神，相反，我们看起来和神渐行渐远。我们尊崇科学，我们呼唤法治，可是现代化和法治社会真的就能给我们全部幸福吗？我们捍卫自由，我们争取权利，可是孤独和恐惧并不会因为我们享有更多的自由和权利而消退。人类，任何一个种族，都是从信仰神的时代一步步走到了今天。启蒙运动、文艺复兴、工业革命、科技革命、信息爆炸……当神的地位随着时代的发展渐渐削弱,人类发现自我的最初兴奋也在不知不觉中消退,取而代之的是焦虑与迷茫。

依法学家於兴中教授在《没有上帝的宗教》译者序中所说,当科学和法律代替了宗教,现代人变得越来越急躁不安、自以为是,以为凭借理性就可以征服世界,凭着科学就可以祛除所有的疾病、追求到幸福。[2]

在影片《冈仁波齐》中,生老病死诸般事象发生在朝圣的路上。次仁曲珍生下丁孜继续赶路,达瓦扎西克制了青春萌动的情愫,江措旺堆因杀过太多牛而寻找心灵的救赎,杨培叔叔死在了圣山的怀抱……但无论怎样最终完成朝圣的人们内心都会归于平静,仁青晋美一路走下来他会明白他的生命里并不存在倒霉不倒霉的问题。正如小女孩扎西措姆头疼的时候,妈妈鼓励扎西措姆,如果可以坚持就继续磕头,并告诉她"磕头长见识"。或许不懂得信仰的人会对此嗤之以鼻,甚至批评这位母亲愚昧、心肠狠。然而,"磕头长见识"在此处显然具有强烈的自觉色彩和隐喻意味。母亲并没有说磕头治头疼,她知道佛管不到这样的小事情,她知道到了下一个镇子要给孩子买头痛药,但她希望孩子能够更好地完成这样的朝圣——历时一年零七个月磕长头徒步两千公里的行动实际是一种心灵皈依的仪式,走过的人才会知道他们遇见了什么又会得到什么。

这些朝圣的人在一年多的时间里,翻山越岭,风餐露宿,他们遇到了很多无法想象的困难,甚至要直视生死,但没有人回头,没有人掉队。载着帐篷和生活物资的拖拉机被撞坏,他们便拉着走,走过一段路再折回来磕着长头重新前行。每次停歇都会用石块在路边作上标记,就这样一步也不少地走向圣山。这不是远行,而是回家。他们也会在路上遇见同样的朝圣者,他们有时结伴休息,有时互道珍重各自前行。"大家开始念经吧……"无论发生什么,这都是朝圣的人们睡前必做的功课,影片不厌其烦地一次次向我们展现这个场景。经过了漫长的艰辛跋涉接受了冈仁波齐神圣之光的洗礼,当领队人尼玛扎堆在夜幕下的帐篷里像往常一样说道"大家开始念经吧",那一刻同样是这句话却已经让人感觉意义不太一样了。这不再是——至少不只是——简单的祈使句,而是让心灵找回宁静的启示语。影片就在这句话中结束,而银幕前的我们却感到这似乎应该是一个开始……

追求物质、权利和现实需求没有错,但同时人恰恰因为全心面对现实存在,从而使得更深层次的关怀以及灵魂无家可归。同时需要指出的是,从哲学角度说,宗教、信仰和有神论并不能简单画等号。就在《没有上帝的宗教》一书中,德沃金开宗明义地指出,宗教是一种世界观。德沃金认为,生活的内在意义和自然的内在之美,构成了一种彻底的宗教人生观的基本范式。它可以使我们超越人生的局限和虚无,从而使生活更有意义,而这一切并不依赖于神的意志。如此说来,或许无神论者也可以有宗教式的世界观。笛卡尔用理性证明了上帝的存在,康德提醒人类要有自知之明,调和人类理性与神的信仰之间的矛盾是人类永远无法回避的问题。至少在没有到达彼岸之前,理性应该给信仰留有空间。

退一步说,即便我们不谈宗教,我们也不得不面对现代性带来的迷乱,而要想解决这种迷乱,向外是找不到答案的。梁漱溟先生曾指出,人类在利用西方科技与文明解决了自身在自然中的生存问题后,必然要面对自我,解决人自身的问题。[3]此时,我们只能向内，如阿姆斯特朗所言——灵魂必须召回它遗忘的单纯。

[原载《检察风云》2017年第21期，发表时题为《当科学和法律代替了宗教》，有删节]

【1】参见［英］凯伦·阿姆斯特朗：《神的历史》，蔡昌雄译，海南出版社2013年版，第3页。

【2】参见［美］罗纳德·M.德沃金：《没有上帝的宗教》，於兴中译，中国民主法制出版社2015年版，"译者序"第3页。

【3】参见梁漱溟：《这个世界会好吗：梁漱溟晚年口述》，［美］艾恺采访，梁漱溟口述，一耽学堂整理，天津教育出版社2011年版，第20—21页。

第二篇

个案与叙事

从展昭能否成为执法者说起

在清中后期的通俗小说《三侠五义》中，包公调动江湖侠客义士的力量，解决了司法调查与缉捕凶犯过程中的大量棘手难题。[1]可是，这些侠客义士是否能够成为国家的公职人员乃至执法者有待商榷。

展昭，开封府御前四品带刀护卫。包公的许多案件的侦破都离不开展昭，那么展昭的身份就变得复杂起来。在初遇包公之时，展昭便大显身手，火烧金龙寺。尽管法本、法明两人是"恶僧"，展昭的行为实质上可能是为民除害，但大宋刑律是决不会允许个人随意放火的。宋代对火灾管理极其严格，对于包括纵火在内的恐怖犯罪更是非常重视。《宋刑统》引用唐代敕令规定，如因复仇等原因放火，而且"情状巨蠹，推问得实"，就要处以死刑，即"决痛杖一顿处死"。[2]可见，纵火在宋朝是死罪。"以武犯禁"、蔑视体制纲纪原本是侠的一大行为特征。作为游走江湖"行侠作义""遇有不平之事，便与人分忧解难"的南侠，类似事情展昭绝不止做过这一件。但他不仅没有受到法律追究，而且还转身成了体制中的一员。张龙、赵虎、王朝、马汉等人其实原本也都是占山为王、落草为寇的绿林人士，每个人身上都有"案底"，"弃暗投明"

后被包公收编为"公务员",既往不咎。

展昭等侠士投奔包公,当然蕴含着"酬恩知遇"的深刻文化观念[3],然而从法文化视角看,包公却有包庇、渎职之嫌。即便在古代人们也不会不知道"杀人放火"属于违法犯罪行为,但大家对包公的包庇与渎职行为同样是睁一只眼闭一只眼,甚至展昭等人的加入反而使包公故事更加引人注目。这是为什么呢?

一方面,人们喜爱包公,包公就是男神,男神自然什么都对,而这种喜爱更多的是对于他个人品德修养的肯定。古代官员(法官)个人品德与司法公正之间存在着非常微妙的关系。受儒家文化影响,所谓"修身,齐家,治国,平天下","修身"是为官从政的基础和前提,入仕必须进行"慎独""克己"等个人修炼。个人修养不够、品德有瑕疵,在很大程度上会影响人们对其为官称职与否的评判。一位私德不好的官员收留有前科的"犯罪嫌疑人",很可能为人诟病,甚至定义为昏官。可是在包公这里,占卜、刑讯甚至包庇展昭这类行为都是英明之举,因为他是包公,因为他清正廉洁、刚直不阿。包公的品德修养被高度肯定,进而在有宋以来的民间言说中,包公逐渐成为中国传统司法公正观念的寄托和象征,成为中国老百姓心目中地位崇高的"司法之神"。在全知全能的叙事视角下,包公是既定的清官、神探,"神"当然可以用"神"的方法断案,"神"也可以使"迷途的羔羊"放下屠刀、弃暗投明,"神"当然也不可能错。

另一方面,在包公故事的流传演化过程中,人们之所以接受或者参与清官与侠客合流这样的改造,一个必要的前提就是他们都是正义的捍卫者。包拯去世后数十年,即宋徽宗宣和年间,宋江等三十六人在梁山泊(又名梁山泺,今山东省梁山县、郓城县之间)起义。"路见不平一声吼,该出手时就出手",其事迹被后世不断演绎，施耐庵据此创作了古典文学名著《水浒传》。江湖、武林、侠客并不只存在于文艺作品中，江湖文化只是经由文艺作品扩大了影响，并促使其进一步发展。徐忠明先生提出："传统中国政治社会结构，可以分为三个场域：庙堂之上、民间社会与江湖之远。"[4]而正义就是这三个场域的联结点：庙堂律法通过正义诠释实现国家之"治"，民间伦理通过正义信仰维系生存发展，江湖规约则通过正义追求满足自我价值的认定。人们因此认可江湖侠士加入包公的队伍，共同捍卫正义。

提起"青天""清官情结"，有很多人包括部分专家学者持批评态度，甚至认为诸如清官戏流行等当今的清官文化现象是历史的倒退，有悖民主法治的时代主题。笔者以为这不是简单的倒退问题，我们只有深刻剖析其文化背景与历史成因才能读懂包公，读懂清官崇拜现象，进而有的放矢地在我们的现实社会中探求进化之道。

在关于这位"司法之神"的各种故事文本里，有史可考的包公所审案件目前学术界认定的主要有三起、五起、六起、八起、十起等五种说法。除了有限的这至多十起案件之外，其余的包公断案故事都来自民间言说。这说明，历史上真实的包拯究竟怎么审案、审过哪些案，听书看戏的老百姓并不会较真，他到底有没有尚方宝剑，能不能穿梭阴阳也并不重要。重要的是，人们相信包公，相信他的"德"，人们等的是故事最终的云开雾散、青天万里，人们要的是出一口气。真正开动三口铡刀铡尽罪恶的并非包公，而是千千万疾恶如仇、向往正义的老百姓。也正因如此，才会有《施公案》《彭公案》《海公案》《狄公案》等等诸多公案小说和青天形象的流传，而非仅此包公一家。正如以理性主义为基础的自然法哲学认为，世俗法之外还有一个统摄万事万物的理性原则，中国古代礼治思想推崇"人伦"之上还有"天道"。西方法哲学中的自然法也不是实在法、制定法，而是一种"客观化了的价值、规律化了的规范"[5]。人们崇拜包公、相信"青天"这一表象在更深层面反映的是人们追求正义的"客观化了的价值"与"规律化了的规范"，是一种正义信仰形态，而这样的价值和规范不仅放之今天的法治社会依然成立，甚至应该是人类永恒的信仰与追求。

所谓"礼治"与"法治"的关系尚未厘清，传统文化中流传数千年的正义信仰问题对于今天的社会依然还有重要意义，中华法系中的礼治思想或可成为法治中国建设的一种镜鉴。诸如，侠义伦理与法治精神是否完全相悖？在一个正义成为信仰的时代，清官反腐的意义究竟有多大，如果信仰缺失又该如何反腐？在法律之外寻求维护正义解决问题的渠道（如上访、"上网"）是否有悖法治精神，进而在社会主义法治建设中如何摆布程序正义与实质正义的关系？等等。这些问题都有待进一步探究。

［原载《现代世界警察》2016年2期，发表时题为《作为执法者的包公与展昭》］

※ 相关问题的延伸研究论文《包公故事与中国传统社会正义信仰》，发表于《辽东学院学报》（社会科学版）2016年第2期。

【1】本文所涉《三侠五义》故事均据石玉昆述：《三侠五义》，中华书局2013年版。

【2】窦仪等：《宋刑统》（卷二十七），中华书局1984年版，第437页。

【3】参见郑春元：《侠客史》，上海文艺出版社1999年版，第166页。

【4】参见徐忠明:《明镜高悬:中国法律文化的多维观照》,广西师范大学出版社2014年版,第359页。

【5】参见刘杨:《法律正当性观念的转变》,北京大学出版社2008年版,第87页。

让一位村支书愤怒的"民间"

这里要说的是影片《光荣的愤怒》中的"民间正义"问题。在讲《光荣的愤怒》之前，还要以老生常谈的《秋菊打官司》作引子。当年张艺谋的《秋菊打官司》上映之后，引起了法学研究者们的浓厚兴趣。最有意味的问题莫过于关于秋菊的"说法"的解读。秋菊讨说法的道路极为艰难和曲折，一个没出过门的农村妇女，挺着大肚子天寒地冻顶风冒雪地一次次往乡里、县里、市里跑，村长的蛮横态度，公安的无效调解，车夫的趁火打劫，等等，这些使我们给予秋菊极大同情，然而最后就是这个我们无比同情的弱女子竟然引起全村人的不满。因为，法律在伸个懒腰之后终于在事件后半部分介入了。

在律师援助下，当事人秋菊不服公安局维持司法助理员调解处理的复议决定，提起行政诉讼。上级查明秋菊男人的伤处，构成轻伤害，对村长处以十五天行政拘留。[1]如果我们以为这就是秋菊要的"说法"，那当然错了。首先，秋菊要的"说法"其实很简单，只要村长赔礼道歉，而村长不理不睬的态度令她很是生气，她在很大程度上是在和村长较劲，她没想到会导致村长进班房这么严重的结果。其次，警车最后来带走村长的时候，秋菊与村长事实上已经和解,因为秋菊难产,村长带人把她抬到县医院救了他们母子的命,这对于秋菊一家是比赔礼道歉还管用的"说法"。村里人也是因此而批评秋菊有点"过分",弱势的秋菊最终成了众矢之的。

秋菊要讨的那个看似天经地义的"说法",与国家正式法律之间竟然充满如戏剧性的矛盾。这其实就是法律与道德、伦理、习俗等等广义文化命题的矛盾。日常生活中,我们不是每天拿着法典对照法条去做事,很多社会实践常常是围绕道德伦理、习俗习惯、传统规范等等这些文化命题展开的。秋菊讨的"说法",是"民间法",不是国家法,她捍卫的东西叫作"民间正义",属于文化范畴,与法律不相干。她生活在现代法制社会,在法制的道路上寻求民间正义的"说法",必然失败。从这个角度讲,秋菊是个好女人、好媳妇,但她确实是个法盲。

说秋菊是法盲没有任何贬义,只是从客观事实出发。但如果说一个村支书是法盲就首先要打上问号了。电影《光荣的愤怒》中,以黑井村村长熊老三为首的熊氏四兄弟以公谋私,横行霸道,欺压百姓,为所欲为,已成为当地的一股团伙恶势力,村民们对其恨之入骨,但敢怒不敢言。刚刚走马上任的村支书叶光荣在了解情况后,表面上虽仍对四兄弟应付自如,实则暗自下决心为百姓除去这四害。可是,叶光荣走的竟然是法盲秋菊都没有走的"民间正义"的道路,他没有通过法律程序而是带领村民实施最为原始的棍棒加绳索式的"抓熊计划",结果出现大面积殴斗,连累了乡亲,险些酿成大祸,公安民警和镇领导及时赶到才控制了局面。

南开大学陈洪教授谈到《水浒传》时提出该作品的主旨是

"以武力实现体制外的正义","那帮梁山好汉认为朝廷不能保证正义得到充分实现,因此试图通过体制外的各种手段(主要是武力)来实现",并进一步认为这种正义也可以称为"民间正义"。[2]作为党的基层组织的领导干部,说叶光荣是法盲有些不合事实。那他为什么宁愿冒险走民间正义的道路,而不去求助于法律呢?理由也很简单,熊老三和镇领导关系不一般。

叶光荣的老婆民办教师转正问题跑了多少年都没有结果,熊老三和镇书记几句话轻描淡写地就给解决了。而另一位镇领导答复叶光荣对熊氏兄弟的检举则是:"不会吧,熊家兄弟是县里面树立的致富典型,是样板哦……没有证据的事情不要乱讲!"熊老三和镇领导关系不一般,叶光荣怎么就不能走法律途径呢?镇书记不是法官,镇长也不是警察啊。因为镇里的法官和警察都归镇书记和镇长领导。就在叶光荣和张书记谈话时,旁边熊老三和派出所的老沈的交流也意味深长,最后是熊老三搭着老沈的肩膀离去,我们听到的对话是"晚上一定去""一定去一定去"。于是,在叶光荣看来自己只剩下两条路可走:一是尽管不会和熊氏兄弟同流合污,也只能睁一只眼闭一只眼;二是难以泯灭内心良知,取道民间正义。

叶光荣是个良知没有泯灭的人,于是故事发生了。叶光荣"抓熊计划"失败,但面对以上情境,我们能否就此批评叶光荣愚昧、不懂法呢?我们能够理直气壮地要求叶光荣不要愤怒地走上民间正义的道路吗?尽管片末代表法律和正义的警察和镇书记出现了,但耐人寻味的是,警察和镇书记并不是为熊氏兄弟在黑井村的恶行而来,而是熊氏兄弟涉嫌在异地绑架人质,县公安局配合攀枝花警方采取行动。秋菊为了捍卫民间正义走上法律道路反而被法律撞了一下腰,叶光荣为了达到法律效果走上民间正义的道路而险些酿成大祸。结果是，秋菊被全村人指责，叶光荣被拘留收审。

当然，黑井村的村民并未因为叶光荣曾经在法治道路上误入歧途而抛弃他，影片结束时叶光荣在主持黑井村村委会会议。

[本文原载《河北法制报》，收入本书时有修改]

【1】影片这个情节是不符合我国法律规定的。人民法院无权直接判决对某人行政拘留十五天。根据《刑法》第一百三十四条第一款之规定，王善堂故意造成万庆来轻伤，其行为已构成故意伤害罪，应依法追究其刑事责任。另，影片中"村长"的称谓也是不规范的，应为"村主任"。

【2】陈洪：《"民间正义"》，《今晚报》2014年11月17日。

迷失在过往与未来之间的李雪莲

电影《我不是潘金莲》尽管带有一定喜剧色彩,但主人公李雪莲无疑是一个悲剧人物。因为她为了证明自己与丈夫是假离婚而告了十年的状,十年的辛酸让她绝望到了要自杀的地步。更加悲剧的是,在许多人眼里她这十年都是在无理取闹。借用影片里的话说,这个被人说成潘金莲但自认为是窦娥的小白菜用十年时间修炼成了告状精白娘子。那么问题出在哪了呢?

我们来看一看引得李雪莲走上十年上访告状之路的那桩案件。她与丈夫秦玉河为了逃避计划生育政策生二胎,商量出一个假离婚的计策,准备孩子生下来之后再复婚,没想到秦玉河离婚不久便与新欢再婚,假戏成真,李雪莲有口难辩,于是把秦玉河告上了法庭。法官王公道判李雪莲败诉并没有错,在法律上说李雪莲与秦玉河的离婚是真的,法律不承认也不会撤销他们的"假离婚",所以这不是冤案。但李雪莲认为离婚是假的,在她看来就是王公道制造了冤案,于是一级一级往上告,一直告到北京,一告就是十年。

既然不是错案、冤案,那么李雪莲就真的是在无理取闹吗?也不对,丈夫背叛又担上潘金莲的骂名,对于李雪莲的遭遇我们明明是同情的，正如影片中那位北京的首长所说，她是被"逼上梁山"的，不是被逼无奈谁愿意天天去告状呢？那么又是谁逼她的呢？首长认为是"那些喝着劳动人民的血，又骑到劳动人民头上作威作福的人"。的确，各级官员对于李雪莲的遭遇负有一定责任。比如为了阻止她上访而把她"请"到看守所，比如所有领导干部关心的都只是她去不去上访而并未认真研究她为何上访，这些做法都值得推敲。那么能不能把板子都打在各级官员的屁股上呢？客观地说，这样做依然有失公允。因为官员们的做法尽管多有不当，甚至有漠视民生疾苦之嫌，但其所起到的也只是催化剂的作用，而并非问题的根本所在。甚至被撤职的市长、县长、法院院长倒还真是有点冤。也就是说，即便李雪莲遇到一位人民的好公仆，她的案子也翻不过来；即便是人民政府服务人民，也不可能登报声明李雪莲不是潘金莲。

这部电影很容易让我们联想到二十多年前那部张艺谋拍摄的电影《秋菊打官司》。然而与秋菊不同的是，同样是影片中所称的农村妇女，二十多年后的李雪莲却并不是秋菊那样的法盲。至少，李雪莲当初还知道如何规避法律制裁，事情发生后也知道去法院告状，尽管这些都是不对的。而问题的关键恰恰在这里：李雪莲自恃懂那么一点点法，而选择了铤而走险的做法，跟法律做了一个游戏，结果是自己反被游戏了。李雪莲的悲剧在根源上正是来自对法律的信仰与敬畏的缺失。尽管经过二十多年的发展，当下的农村社会对于法律已经不再像秋菊时代那么陌生，但是法律依然并未得到应有的尊重。如果李雪莲足够尊重法律，败诉之后也应该服气了。事实上，即便李雪莲被告知对审判结果不服可以上诉，如果王公道贪赃枉法可以去检察院检举，她也并未采取如上的法律手段，而是选择了比较简单、直接和复古的经验性做法——拦轿喊冤。在李雪莲的内心,法律的概念是有,但并不那么重要,她的既有经验是找说了算的评理。

这其实是一场本不该发生的善良与公正的较量,双方尽管都有那么一点失当,但的确都算不得恶,而最终结果却是两败俱伤。问题已经出现了,想让李雪莲们知道法律不是儿戏也需要一个过程。这就和在城市里如何让那些驾驶机动车的体面人不要往车窗户外扔烟盒也需要过程一样。那么在这个过程中,怎样来化解李雪莲们的"冤情"呢?

影片改编自刘震云的同名小说,与原著相比有一个很大的变化,那就是小说并没有指明故事发生的具体地点,只讲某县某村,而影片的场景是江南,是婺源。当镜头里出现丁余堂的徽州老宅的时候,我忍不住会心一笑。因为我在那座丁余堂后面住过几天,我知道从丁余堂出发沿着那条村中小河继续往前走大概百十米,就有一座亭子,叫申明亭。明洪武年间,朱元璋在州县的里社设有"申明亭",是为读法、明理、彰善抑恶、剖决争讼小事、辅弼刑治之所。每里推选一位年高有德之人,称为老人,掌教化,定期组织申明亭例会,评判纠纷是非。费孝通曾在《乡土中国》中阐释礼治与法治的区别和联系时认为,在传统的乡土社会没有法但有礼。"道德是社会舆论所维持的,做了不道德的事,见不得人,那是不好,受人唾弃,是耻;礼则有甚于道德,如果失礼,不但不好,而且不对、不合、不成。"[1]我见过的那座申明亭柱子上挂有一副对联:品节详明德性坚定,事理通达心气和平。每月朔望两日,宗祠鸣锣聚众于此,论理评事。老人若在,想必李雪莲的"冤情"倒是可以拿到这申明亭里说道一下了。

实现公平正义的方式既应符合法律规定,又要合乎情理。诚然,礼的那套制度体系因其阶级性、封建性等问题早已被我们摈弃了，但它也似乎并非一无是处。更要命的是，在这个传统秩序业已成为历史，新的建构尚未成熟的过渡时期，也就是如前文所述对法律的信仰与敬畏尚未植根于人们心中的当下，可怜又可恨的李雪莲们该去何处讨说法？拦轿喊冤终究不是办法，而上访队伍依然前赴后继——小说里史前县长假上访真回家的梗已经把某些现实讽刺得淋漓尽致。法制的现代化是我们必须走向的未来，但诚如苏力先生所说："一个民族的生活创造它的法制，而法学家创造的仅仅是关于法制的理论。"[2]

过去的并不都只是记忆，因为历史的血液会永远流淌在一个民族的躯体里，那么，如何让自己的躯体不断焕发生机不仅取决于我们对新事物的吸纳，还在于我们对记忆的梳理、判断和扬弃。申明亭里还有一副对联，写的是：亭号申明就此众议公断，台供演戏借它鉴古观今。

[原载《现代世界警察》2017年第8期]

【1】 费孝通：《乡土中国》，人民出版社2015年版，第64页。
【2】 苏力：《法治及其本土资源》，中国政法大学出版社1996年版，第289页。

秩序、罪恶与刑罚

电影《杀生》用一句话概括，就是一镇子"好人"怎样灭掉一个"恶人"的故事。为什么要灭掉他？因为他——牛结实，是一个异类。他"敲寡妇门、挖绝户坟、欺男霸女"，他把"能想象到的捣乱事几乎干遍了"。可是，牛结实真的罪不可赦以至于全镇人无不欲杀之而后快吗？且看看牛结实都捣了哪些乱。

首先，他破坏镇子的纯净水资源。他在镇上的水井里洗澡，把祭祀仪式搞得一团糟；他把催情药倒入从镇上川流而过的小溪中，令全村人集体纵欲。其次，他搞砸了老祖爷的葬礼。他把随老祖爷陪葬的马寡妇从水中救出，并据为己有，使其怀孕。此外，他还干了偷人家祖坟里的珠宝作为结婚礼物、偷看别人房事、拿肉铺的肉不给钱、给奄奄一息的老祖爷喂酒等等恶事。然而，这些事哪个都够不上死罪，那为什么全镇人都对他恨之入骨呢？我们再来分析一下这些捣乱行为。水，在这个闭塞的保留着很多原始习俗的镇子里，带有宗教崇拜色彩，是"上天"或者"先人"的象征，这从那些祭祀、祈雨等情节中可见一斑，因此破坏水资源实际上是冒犯上天和先人。殉葬，自不必说，也是原始祭祀活动的一种，同样带有浓厚的宗教崇拜色彩。胆敢把殉葬的马寡妇救回来还与其同居生子,这在全村人的眼里都是无法想象的大不敬。

宗教崇拜实际是一种制度化了的特殊社会行为,具有特殊的社会心理内涵,这种心理内涵是维系某种制度和秩序的基础。由此看来,捣乱本身并不可怕,可怕的是捣乱者已经成为原有和谐秩序的破坏者,成为无法容于原有秩序的异类。

牛结实的坑蒙拐骗偷未必有多么大的险恶用心,那些行为更像是一次次恶搞、恶作剧,是对秩序的调侃与戏弄。他与正统格格不入,因此被镇上的人们斥之为恶。这有点像上学时班里的"差生",其实他只是成绩不好、贪玩而已,老师和家长却告诉我们他是坏孩子,叫我们远离他。当然,班里出了丢东西、公物被损坏这样的事情,首先被质问的也是那个"差生"。可是放学路上敢于同歹徒搏斗的,常常也是那个差生。如果说坑蒙拐骗偷这些小混混伎俩着实是带有"恶"的性质,那么救回马寡妇则无法让我们对其进行否定与批判,相反被否定与批判的应该是以镇长为首的全镇人民。活人殉葬,无疑是极其残忍、恐怖与愚昧的做法。而故事的高潮发展到牛结实不得不以自己的命换孩子的命,则让我们内心深处陡生悲凉。

掌握着话语权的镇长和秩序内的全镇居民以正义的名义向异类牛结实宣战,却做出了并不正义的事情。以"老子"自居的天不怕地不怕的"恶人"牛结实,最后因为一个女人和一个孩子而双膝跪地慷慨就死。这多么具有讽刺意味呀!女人代表的是爱,孩子代表的是作为人的权利,没有了爱和作为人的权利,活着又有什么意义?

行文至此,不禁要问:究竟谁是恶,究竟谁有罪?

当镇上的人对牛结实毫无办法时,他们甚至认为牛结实的罪恶是天生的、遗传的，因为他本来不姓牛，他的父亲原是一个不靠谱的外乡人，只是落脚在此改为牛姓。因此，驱逐他乃是天经地义的事情。这颇有些原罪的味道，亚当来到人间就是带着罪的。海德格尔曾在《形而上学导论》开篇郑重提问道："究竟为什么在者在而无反倒不在？"在哲学视域下，罪的根源一如存在的根源，不可言说又不得不说。笔者无意在此进行晦涩的理论探讨，只是想套用海德格尔这句话：究竟为什么罪者有罪而无罪者无罪？如果罪恶是与生俱来的，那为什么长寿镇的人们没有罪？

恶人之死真的是一个需要我们反思的问题。即便恶人的确有罪，他也一定要死吗？如果他做下了恶，我们能以什么名义剥夺他自我救赎的权利？我们又怎么能确保我们就不是长寿镇居民？看了影片前半部分，我们和长寿镇的人们一样对那个流氓成性的痞子充满憎恨，至少我们并不反对大家集体围攻牛结实；可是看完影片，相信没有几个人会认为牛结实该死。不仅如此，对于镇长、牛医生等人在正义旗号下的种种行为，我们已经不敢认同。

事实上，即便在现代法治社会里，"不杀不足以平民愤"的惩治恶人、平抚民怨的传统思维有时也会与理性客观、公平正义的法治精神产生复杂的碰撞，也的确有些恶人在很大程度上是死于众声喧哗的狂欢，其死后带来的消极影响远远大于恶人不死。而在这个过程中得到完全满足的，只有狂欢的大众。牛结实背负着原罪的忏悔实现了灵魂的救赎，希望牛结实的死给长寿镇的人们带来一点启示，使得法治能够早日像阳光一样普照长寿镇的每一个角落。

好在牛结实即便在影片故事的情境中也并没有犯下死罪。

［原载《现代世界警察》2014 年第 4 期，发表时题为《恶人之死》］

怒汉与公民

由著名导演西德尼·吕美特执导的好莱坞经典电影《十二怒汉》，讲的是一个在贫民窟中长大的男孩被指控谋杀生父的故事，在证人出庭、证物呈堂的情况下，陪审团十二名成员要对男孩是否有罪作出一致判断才能正式结案，而他们讨论的过程几乎就构成了整部电影。自1957年上映后，半个多世纪以来《十二怒汉》被许多国家和地区的电影人改编、翻拍，俄罗斯、日本、挪威、印度、法国都有相应版本。一方面，这说明原作本身在电影艺术上具有经典地位；另一方面，也说明影片追求正义的主题、对制度与人性的反思具有跨越时空的生命力。

由于构成故事主体框架的陪审团制度在中国并不存在，导演徐昂以大学生模拟法庭的形式实现了这个故事在中国的演绎，片名《十二公民》，2015年5月在全国公映。此前该片已经获得罗马国际电影节最高奖项"马可·奥雷利奥"奖。

在电影《十二公民》里，模拟法庭是某政法大学的一次补考，案件则是引起社会热议的"富二代弑父案"，十二位陪审员多是由学生家长临时扮演。学生家长基本上是为了孩子能够考试过关，硬着头皮进入这个所谓的"陪审"程序。这十二个人中，除了学生家长外，还有被老师临时抓来"配合工作"的超市老板、学校保安。起初，他们觉得事实清晰、证据确凿，"富二代"毫无疑问就是杀人凶手，可以直接投票作出结论。然而，其中作为八号陪审员的那位父亲却投了"无罪"票。按照陪审制度要求，只有十二比零才能形成结论，因此讨论不得不在各种无奈与焦灼中继续进行……

最终，那位投"无罪"票的父亲说服了其他十一个人，认定"富二代"无罪。无可否认，因为教学法庭的虚拟和司法制度的假设，故事的感染力、冲击力与原作相比大打折扣。然而，这个故事的意义并非告诉我们陪审制有多好，而是传达一种理念——"谁也不能判定一个人有罪，除非证据确凿"。尽管"合理怀疑""疑罪从无"这些概念在法律界尽人皆知，然而实践和理论之间往往会有一定距离。佘祥林、赵作海、张高平叔侄、聂树斌、呼格吉勒图等名字都不得不令所有司法者警醒，正如影片中一位陪审员说："万一你们错了呢？万一你们错了，对当事人就是一万！"此外，还有一些名字我们也不该忘记，如药家鑫，如夏俊峰，等等。的确，我们是没有陪审制度，可是在一些人命关天的案件中，舆论与司法的博弈究竟在何种程度上影响了生命价值的考量？

在一波三折的讨论中，我们看到的是十二个人所代表的浮世众生。他们来自中国当下社会的各个阶层，出租车司机、房地产商、大学教授、河南保安、北京房东、小商贩、医生等互不相识的人坐在一张桌子前讨论一个人的生死，进而勾起每个人对自己悲喜人生的玩味，这其实是一件十分有趣的事情。

偏见、自私、暴戾、嫉妒、自卑等等人性之弊在一张桌子上显露无遗，他们在讨论中或直接或含蓄地暴露出内心深处的隐痛，这些隐痛也是一个时代的缩影。出租车司机的儿子因为父子矛盾六年不回家导致老婆离异；房地产商与"干女儿"大学生的感情惹人非议；努力上进的河南保安屡遭地域与身份的歧视；小超市老板在夹缝中谋生甘苦自知；沉默寡言的男子内心藏着鲜为人知的苦楚。他们在没有坐到一起以前，互不关心，互无来往，坐到一起之后互相排斥，互相攻讦，互相拍桌子瞪眼睛，有几次险些动手。这些难道不是每天都可能在我们身边上演的一幕幕吗？直到在陪审团团长最后一次示意认为当事人无罪的举手时，仅剩的唯一一个投"有罪"票的司机师傅流着眼泪埋着头高高举起右手。这时我们不禁要问：为什么我们不能冷静地、真诚地去面对我们身边的每一个人和周遭的世界？这十二个人一坐下来，实际就构成了一则时代的寓言。

作为曾执导中国戏剧史最高票房杰作《喜剧的忧伤》的戏剧导演，徐昂在他的电影处女秀中显然还没有完全摆脱戏剧式的表达方式。除了韩童生的表演可圈可点之外，其他几位演员存在个别环节表演"太用力"的问题，特别是一号陪审员身上明显带有舞台剧风格，整个空间调度也很容易让人有戏剧感。然而，我觉得这部电影最可贵的是表达了一种态度，那就是我们应该在喧嚣的时代与浮躁的社会中，学会倾听、学会思考，由怒汉成为公民。

这种倾听与思考，不只是警官、检察官、法官这些在百姓眼中执掌"生杀大权"的司法者必须懂得的，也是今天我们每一个人都应该补上的一课。

[本文首发正义网"法律博客"，2015年5月21日]

银幕内外的湄公河大案

2011年10月5日,湄公河上两艘商船"玉兴8号"和"华平号"被不明身份的武装分子劫持,13位中国船员被屠杀。泰国军方则对外发布消息称:两艘中国货船当天在湄公河流域武装贩毒,泰军方检查时遭遇抵抗,中国船员被射杀落水,泰军方共缴获冰毒91.8万颗。这一突发事件震惊世界,真相到底是什么?经过中国警方"10·5"专案组长达八个月的跨国调查缉凶,2012年4月25日,湄公河惨案的策划和实施者,金三角恶名远扬的大毒枭糯康在老挝班莫码头附近被抓获。是年9月,糯康及其团伙骨干在中国昆明受审,糯康不久被执行死刑。

这是一起轰动世界的追凶缉毒大案,也是中国警方捍卫国家名誉、司法主权和民族尊严的一次跨国大行动。2016年9月30日,在湄公河大案五周年祭的前夕,影片《湄公河行动》在全国院线上映,并以5亿元的入账拿下国庆黄金周票房冠军。该片就是根据这起案件的真实侦破过程改编的,情节紧凑,故事动人,是一部视效酷炫、气势恢宏的主旋律大片。

影片所展现出来的撼动人心的力量首先来自案件本身的真实性与特殊性。湄公河大案的侦破,完成了追凶和缉毒两个任务,具有捍卫人间正义与捍卫民族尊严的双重意义，开启了中国警方首次进行跨国武装行动的先河。13 条无辜生命在湄公河陨落，13 位中国公民惨死他乡，这是令 13 亿中国人都感到无比悲愤的惨剧。如果不能将真凶缉拿归案，我们的政府、警方就无法对全国人民作出交代，这已经不是一般意义上的命案；案件又涉及臭名远扬的毒品产区"金三角"，幕后真凶就是影响巨大的武装贩毒犯罪集团，所以早日破案缉凶也是对世界和平负责，是为维护国际司法秩序和周边地区人民安定作出我们的努力。

该片导演林超贤是香港电影金像奖、金紫荆奖的双料"最佳导演"，是世纪之交香港电影进入低迷时期之后强势登场的中坚力量，尤以警匪片见长，此前曾拍摄过《野兽刑警》《G4 特工》《证人》《线人》《逆战》《激战》等脍炙人口的作品。林超贤不仅擅长拍摄枪战、爆破等极具视觉冲击力的大场面，而且追求人物形象的丰富立体，精于大场面背后的人性刻画。在这部《湄公河行动》中，飞车爆破、高空惊魂、丛林密战、水中追逐，警匪交火场面几乎占到了百分之八十以上，真是一言不合就开打的节奏；然而当枪声停止、硝烟散去，我们看到的是战友情、父女爱和刻骨铭心的情殇，甚至警犬啸天的日常都会让观众念念不忘。林超贤说，以前所有的修行都用到了这部戏上。相信饰演云南省公安厅禁毒总队缉毒警察高刚的男一号张涵予也会有类似的体会。从《集结号》里九连连长谷子地的惊艳，到《智取威虎山》中驾驭卧底英雄杨子荣一角的娴熟，这些无不成了张涵予为《湄公河行动》所做的准备。当年的连长成长为湄公河行动的队长，昨天的杨子荣变身为与金三角毒贩谈判的商人。而彭于晏的角色更是许许多多缉毒警察的真实写照，常年卧底在异国他乡，忍受亲人离去的痛苦，他们为公安事业献出了青春、热血乃至生命，但人们可能永远不会知道他们是谁。

在这部影片中，国家公安部部长罕见地登上了大银幕，由多次演过警察、公安局局长的陈宝国饰演，对案件的侦办作出部署和指示。当然，实际上在真实的案件发生后，不只公安部部长，中央领导同志也曾于案件发生后致电泰国政府领导人，要求泰方加紧审理此案，依法严惩凶手，希望中泰老缅四国协商建立联合执法安全合作机制，共同维护湄公河航运秩序。说到这就不得不提到这次行动的最大难题，就是我公安人员要在境外开展武装搜证与追捕。乍看起来湄公河大案的侦办不仅是公安机关的特别行动，更是国家行为，然而由于是在境外多国办案缉凶，必须面对诸多司法问题。我方稍有不慎，就会令对方政府产生主权干涉、执法越界等担忧和疑虑。此外，武器的使用、情报线索的获取、语言的沟通等等都是难题。

为解决诸多问题，2011年12月以后，中央领导和公安部领导开始会见三国领导人和警方负责人，共商如何加强执法合作。公安部领导出访泰老缅，与三国就联合打击糯康犯罪集团达成共识，委托专案组向老缅两国军警高层转交亲笔信，协商交涉案侦合作事宜，为案侦工作创造了良好的工作条件和基础。在此背景下，中方从情报交流、联合清剿、协作抓捕、证据交换、共同审讯、嫌疑人移交等方面大胆创新。但这毕竟不是纪录片，诸多真实细节无法一一展示，因此以高刚为队长的行动小组成为影片的绝对主角。对英雄主义的影像呈现也是包括好莱坞在内的世界电影非常推崇的主流电影情节构制方法。队长是整部戏的主心骨，他可以在关键时刻化险为夷，可以绝处逢生，可以决定成败。国家意志与英雄主义在此交会，现实题材与浪漫色彩巧妙融合。但林超贤没有把高刚塑造成变形金刚、钢铁侠，他也有弱点，他也会失误，他离了婚，他时刻想念自己的女儿，他其实是你我身边的凡人。只不过你是白领，我是工人，而他是警察，是缉毒警察。

如果说，我们可以通过《民警故事》《玉观音》等世纪之交的警察题材电影，看到正在走向全球化世界的一角，那么《湄公河行动》则是全球视野下的中国警察的故事。它的意义不仅是记录一起真实的案件，也是对中国警事电影的一次开拓。我们从中可以思考中国电影与世界的关系，思考中国警察与世界的关系，乃至中国与世界的关系。在执法环境愈加复杂的今天，中国警察如何应对诸多涉外案件？在全球化浪潮日益加剧的时代，中国司法如何与国际接轨？等等，这些都是看罢电影值得我们继续思索的问题。

[原载《现代世界警察》2017年第2期]

正义开出的恶之花

  2013年岁末,香港电影《风暴》上映三周票房过3亿元,打破此前《寒战》创下的港产警匪片三周2.52亿元的票房纪录。警匪片是香港电影的一个重要标签,一度为成就香港电影的黄金时代立下汗马功劳,即便在香港电影的最低迷时期,也不乏经典之作,甚至由其重振士气。在优秀作品不胜枚举的警匪片丛林之中,《风暴》取得如此成绩值得我们去思考其究竟有哪些过人之处。

  《风暴》讲的是以刘德华饰演的高级督察吕明哲为核心的香港警察与凶悍、狡猾的劫匪团伙对峙、博弈的故事。胡军饰演的匪首曹楠是个高智商犯罪嫌疑人,每次行动之后都能全身而退,从未失手,他不断挑战警方底线,非常享受于这种猫鼠游戏;另外,他所纠集的匪帮武器精良,远胜于警方装备。在软件和硬件都相当高级的劫匪面前,警方疲于应对,处处掣肘。在目睹无辜的小女孩被残忍杀害后,吕明哲心底的野兽终于被惊醒,他要不惜一切代价将所有犯罪嫌疑人置于死地。于是他设计陷害曹楠,于是他面对小混混毒瘾发作见死不救,意图毁灭罪证。

  面对无比嚣张、凶残的劫匪,我们在感情上当然是站在吕明哲一面。曾几何时，"不让明天多一个无辜者躺在街上"是他从警的铮铮誓言，他一直奉公守法努力做一位好警察。然而，执法者必须具备捍卫法律尊严的意志，懂得在情与法之间权衡取舍。曹楠当然死有余辜——但这只是我们情感上的倾向，他是否真的有罪，应该受到怎样的惩罚，必须交给法庭去裁决，警察的职责只是将他缉拿归案。违背了这个原则，无视程序正义，执法行为本身就丧失了正当性，其结果就可能使正义开出恶之花——为了达到正义的目的而不择手段。

以"非法"的手段对付"坏人"的情节在香港警匪片中其实由来已久。早在吴宇森时代，类似桥段就经常出现，如《喋血双雄》。周润发饰演的小庄尽管是一名杀手，但是他只杀"坏人"，他会用一辈子的爱补偿被误伤的女歌手，他会拼了命把受伤的小女孩送到医院，所以当他死于乱枪之中的时候，我们绝没有罪有应得的痛快，相反是无比的悲伤。而一直追捕他的李修贤饰演的警探李鹰竟然也在最后关头与杀手小庄并肩战斗生死与共，甚至当成奎安饰演的罪大恶极的黑老大举手投降时，不讲程序的一幕再次出现：李警官把枪口对准他并扣动扳机，结果当然是所有警察转而把枪口对准了李警官。黑老大罪该万死，但李警官还是要为他的不讲程序付出代价。

比较这两段情节，我们发现当李警官开枪打死黑老大时，我们在心底是偷偷点赞的；可是当吕明哲撞飞曹楠并把血迹抹到他身上时，我们的心头也的确闪过那么一丝快意，但随后也着实一惊——怎么可以这样？同样是以"非法"的手段对付"坏人"，为什么给了我们不尽相同的感受？那我们就要来看看两位警察采取"非法"手段的前因。在李警官，是无恶不作的黑帮老大已经投降，如果此时不爆头，他就有通过法庭程序得以活命的可能，而让他继续逍遥实在让人民群众心有不甘，于是李警官光明正大甚至正义凛然地开了那一枪；在吕明哲，是你无力"生擒"劫匪才嫁祸于人，哪怕事实上曹楠并不冤枉，使用栽赃陷害的下策也无法令人心服口服。说到底，这里掺杂着一个道义的问题，李警官占了道义，吕明哲失了道义。那么，道义又是什么？道义是一种通俗的说法，实际包含了道德、道理、义理、正义等等人们普遍认同的伦理观念。这样说来，李警官开枪是出于正义且符合人们道德感的，吕明哲的嫁祸行为出于正义，但确是不道德的。

高高在上的道德、正义与人性中的幽暗形成强烈对比，吕明哲的嫁祸与见死不救正是我们每个人人性中最隐秘之所在。换位思考，如果你出于善意做错了一件要命的事情，而知道这件事情的人此刻奄奄一息，他死了就没人知道你做过的事，此时你救他吗？小混混毒瘾发作，吕明哲一头冷汗关上房门的一瞬间，其实也是在拷问我们每个人的灵魂：换作你怎么办？——天使与魔鬼，只在一念间。《风暴》对于传统警匪片的超越也正在于此，这个警察到底是好人还是坏人？我们无法断然叫好或者拍砖，人性善恶只待众人评量。如果说吕明哲的行为中充满了人性善恶的思辨，令我们纠结，那么对于《喋血双雄》中的李警官我们似乎多有赞赏。然而，这里必须强调的是，对李警官只能是偷偷地点赞。因为那一枪尽管大快人心，但本质上和吕明哲的行为一样，是正义开出的恶之花，正义与法不能简单地直接画等号，正义、符合道德感并不一定就是合法的。

古罗马神话中的正义女神茱蒂提亚用布条蒙住了自己的双眼，为的就是挡住世俗强权、人情世故、个人好恶以及利益诱惑。"程序是正义的蒙眼布"，柯维尔说，"蒙眼不是失明，是自我约束，是刻意选择的一种姿态"。[1]司法实践难免因掺杂道德、情感、习惯、价值观等诸多因素而偏离事实,我们只有恪守程序才有可能无限接近真正的公平与正义。恪守程序,说起来容易做起来难。现实生活中有诸多因素左右着法律程序的正常运行,特别是在社会转型的变革时期问题可能更加突出,如何秉公执法、最大限度保护公民权利,进而让正义能够"看得见",是当今时代每一位执法者都应该认真思考的问题。

[原载《现代世界警察》2014年第7期]

【1】[美]柯维尔:《程序》,转引自《正义的蒙眼布》,载冯象:《政法笔记》,北京大学出版社2012年版。

好人因何不受伤害

　　起初我以为李沧东的电影《诗》是一部浪漫唯美的文艺片。的确，影片中有美，但同时也有死亡和罪恶。甚至电影开头就是河上漂来一具女孩的浮尸，然后片名"诗"就打在浮尸上面。"尸与诗"——多么尴尬的搭配！但无论你是否愿意承认，这就是我们所生活的世界——美与丑并存，善与恶交错。影片的主人公是住在某小城的一位叫杨美子的老妇人，女儿离婚后去了釜山，把儿子巫克丢给了他的外婆，美子一边领政府补贴，一边兼职做保姆。故事有两条叙事线索：一条是美子的外孙和一群不良少年强暴了同校一名女孩，女孩投河自尽，美子跟着几个孩子的家长应付善后事宜；另一条是美子到诗歌培训班学习写诗。这看起来分明就是毫不搭界的两个故事，为什么非要把它们杂糅在一起呢？

　　起初，美子尚不知外孙参与了性侵案的时候，在老师的指导下第一次以诗的眼睛观察苹果，开始学着写诗；一门之隔的房间里，外孙跟同伴们正在讨论那个被轮奸而自杀的女孩。当穿着长裙的美子坐在树下感受树的思想、树的语言的时候，外孙同伴的爸爸打电话来，要她去参加几个家长处理自杀女孩事件的讨论。

几个孩子的家长为了使孩子免受法律制裁，想用金钱收买艰难度日的受害女孩家长。得知事情真相后，美子并没有表现出悲痛或者愤怒，而是一个人到院子里去看"花朵红得如鲜血一般"的鸡冠花。晚上回到家，她也没有跟外孙说什么，没有求证，没有质问，也没有责骂，只是默默看着他。但这并不代表美子对外孙的恶行以及女孩的死是冷漠的，她来到教堂看到了女孩的照片，那里正在为女孩做安魂弥撒。冷漠的是男孩巫克，一如既往地打游戏、听摇滚、看电视、睡觉，好像什么都没有发生过。美子再也忍不住内心的悲愤，撕扯着巫克的被子，反复问他："你为什么那么做？为什么那么做？"巫克依然毫无回应。

美子去学校的操场，思考鸟儿为什么唱歌；医生告知美子她的阿尔茨海默病正在恶化，她在回家的路上写下了"时光流逝，花儿凋零"；为女孩家属赔款的期限越来越近，美子赶往女孩跳河自杀的桥上，拿出纸笔却没有写下一个字，只有雨点打湿了信纸。美子被几个家长派去与被害女孩的家长交涉赔偿金事宜，她在女孩家郊外的杏树下写道："坠落尘土的杏子，在它的来生会遭到压榨和践踏吗？"然而她却忘了此行的目的。

尽管故事略有复杂，导演却运用了非常简单而含蓄的表现方式，主人公的语言很少，镜头也极为单调。正是在这样的简单之中，影片的大量留白给了观者思考的空间。女孩的死是几个不良少年造成的，可是孩子们的恶又是从何而来？从那几个孩子父亲的鄙俗、世故、自私、冷漠，从巫克父母的缺席以及外婆的无力，我们似乎可以找到答案。杨美子起初拒绝了顾主老男人临死前"再做一回男人"的有偿要求，但当她从女孩自杀的桥头回来的时候直接去了老男人家。她的就范是出于对即将逝去的生命的怜悯，抑或是对人生无常的感叹，还是被筹钱赔款的现实所逼迫？美子尽管饱受现实的痛苦折磨，但她始终保持着优雅得体的穿着，花衣裳、长裙、太阳帽是她惯常的打扮；在窘迫的境遇之下，美子在不断地写诗、寻找诗。诗，可以说代表着美子的精神世界；女孩的死则象征着美子的现实人生。美子，可能就是我们每一个人。

美子让女儿来见外孙，请他吃大餐，给他剪指甲，然后到楼下陪他打羽毛球，直到看着两个便衣将巫克静静地带上警车。是的，显然是美子选择了报警，她躲不过良心的拷问。

外孙的事情告一段落，美子也即将从诗歌班结业，故事的两条线索终于在电影语言上交会到一起。影片在长长的空镜头下美子的一首诗中结束："你能收到我不敢寄出的信吗？我能表达我不敢承认的忏悔吗？"而朗诵这首诗的声音则慢慢从美子过渡到了那个死去的女孩："……我祝福你，在渡过漆黑的河流前，用我灵魂的最后一丝气息。我开始做梦，一个充满阳光的早晨。我再次醒来，在炫目的日光下，我看到了你，站在我身旁。"这时镜头里的桥上，那个花季少女慢慢转身，明净的眼眸看向镜头，看向我们每一个人，美丽而年轻的生命溘然消逝所带来的震撼让人霎时惊骇。或许，所有的生命终将成为浮尸，漂流在宇宙的时空之河；而只有诗，才能抚慰那些凋零的花朵、坠落尘土的果实和逝去的灵魂。

文章最后我又想起谌洪果先生讲过的一则尼采的故事：尼采发疯了，披头散发，在大路上狂奔，突然看见一个车夫用鞭子疯狂抽打着一匹老马。尼采一下定住了，他颤巍巍地走上前去，抱着马头，号啕大哭道："我的受苦受难的兄弟啊。"谌先生接着说，尼采是受了伤，是疯了，但他作为好人所要捍卫的那种善与美本身，并不会因为被扭曲、被遮蔽而受伤。"受伤的永远是那些与美好事物绝缘的人,包括那个有限的、脆弱的、作为肉身而存在的尼采。"[1]所以我相信,写诗的杨美子不会受伤害。

[原载《检察风云》2017年第7期,发表时题为《诗与尸》]

【1】谌洪果:《"好人不会受伤害"》,腾讯"大家",2014年2月1日。

电影、个案与司法进步

电影《熔炉》讲述了聋哑学校的孩子遭到校长及其他教职人员惨无人道的性侵、虐待以及东窗事发后进行艰难诉讼的故事。影片真实感人，极具震撼力。

来自首尔的哑语美术老师姜仁浩驾车前往小城雾津慈爱聋哑人学校履职。到了这所被雾津教育厅指定为最优秀的学校之后，他不仅亲身感受到那里的行政腐败，而且亲眼目睹了一起起学校教职工针对聋哑学生残忍的暴力事件，更令人心惊和发指的是，他随后得知多名学生包括男生长期遭受校长、老师的性侵。于是他和偶然相识的人权维护中心工作人员友真一起揭开了慈爱聋哑人学校的一层层黑幕。然而，在腐朽的司法体制和黑暗的司法环境之下，他们还是失败了。影片结尾，是蝼蚁般可怜人们的悲泣与邪恶者的狂欢。

犯罪嫌疑人的辩护律师是前任法官，因为当时韩国司法体系中有"前官礼遇"的潜规则，法官判决结果可以理所当然倾向对方。而那位律师又是推荐姜仁浩到雾津慈爱学校任职的老师的朋友。老师和律师请他吃饭，对方许诺，如果放弃诉讼和解，不仅可以拿回交到学校的 5000 万韩元赞助费，而且还可调回首尔工作。

姜仁浩果断拒绝，从谈判的餐馆出来他歇斯底里地砸碎了自己的车窗玻璃。不知他是对自己深深敬仰的老师的失望，还是在痛恨自己的渺小与无力。

青年教师姜仁浩能拒绝金钱与利益的诱惑，丧失劳动能力的民秀奶奶却不能。那是一个极度贫困的家庭，儿子瘫痪在床，儿媳弃家出走，孙子是残障儿。可怜、无知的奶奶收下了对方的钱，在和解书上签了字。特写镜头里，奶奶深深低下了头，也低下了人的尊严。她简单地认为有了钱就能解决孩子的生活问题，但她一定没想到，她会因此失去剩下的那个唯一的孙子。这部影片中所反映的司法、教育、贫困和残障儿童问题，都是当今世界所有国家和社会都要面对的重大课题，而且前三者之间存在着深刻的关联。

曾经许多次在媒体看到校长或教师性侵、虐待儿童的新闻、案件，我们很生气，我们很愤怒，可是当你看到影片中那些震颤心灵的细节就会知道，愤怒甚至斥骂，远远不能表达你的内心感受。当我们知道那些犯罪分子已经被绳之以法时，即觉恶气已出，事情结束了。可是那些可怜的孩子，他们内心的创伤也许一辈子也无法愈合。影片中，男孩民秀在法庭进行毫无公正可言的判决之后，选择了与施害人同归于尽。在司法机器罹患肌无力病症的情况下，这或许是饱受践踏的弱者能作出的唯一有效选择。因为另一种选择，也就是片尾人们的游行抗议在强大的国家机器面前被轻而易举地摧毁了。警察用高压水枪和暴力冲散了呼唤正义的人群，水注之中，姜仁浩抱着民秀的遗像疯了一样反复地说着："这个孩子，既听不到声音，也说不了话，这个孩子的名字，叫民秀……"是的，那些既听不到声音也说不了话的孩子，那些折翼的天使，他们遭受了人间最无人道的摧残与不公。

迟到的正义，出现在电影之外。这部电影来自真实事件——2000年至2004年间发生于韩国光州一所聋哑残障人学校的性暴力案件。当时的判决引起了人们的强烈不满，主要当事人没有受到任何实质性的惩罚，仍继续在学校担任职务。作家孔枝泳据此创作了小说《熔炉》。知名演员孔侑读了小说后深受震撼，竭力奔走，促成同名电影《熔炉》于2011年诞生，并在影片中饰演姜仁浩一角。《熔炉》公映后，又一次引发了韩国民众的哗然，并前所未有地以电影作品被评选为当年韩国十大法律新闻事件之一。迫于舆论压力，韩国光州警方组成特别调查组再次对"仁和学校事件"进行调查，案件随后重审，涉案犯罪人员终于受到了应有的惩罚。

多少令人宽慰的还有，那些不幸的孩子和良知未泯的人们用他们的血泪乃至生命，换来了国家司法进程中的艰难一步。此案之后，韩国国会先后通过了《性暴力犯罪处罚特别法部分修订法律案》（又名《熔炉法》）、《社会福祉法事业法修订案》、《教育公务员法修订案》等一系列法律和规定。在大陆法系国家，个案推动司法制度变革是非常值得研究的问题。个案推动立法，并非法治进步的主流进路和必经之途。然而在体制上诸多问题无法一时彻底厘清的情形之下，自下而上由个案逆推立法，则是一个无奈但却有效的方式。如果把目光拉回我们自己的国度，许多法律人应该对十几年前的孙志刚案记忆犹新。可以说那是一人之死换取一国法制之变革，一起个案推动立法之进步。这中间，尽管带着悲情，但却是在向前走。

[原载《检察风云》2015年第15期]

并不久远的往事与未知的刑罚

　　坦白说,我在看土耳其著名导演努里·比格·锡兰的《安纳托利亚往事》的时候是不断溜号、昏昏欲睡的。影片不仅冗长,而且情节极其单调,讲的就是警察押着犯罪嫌疑人去指认藏尸现场并返回尸检的故事。在前半部分,警察、检察官、法医等一干人押着两名嫌疑人乘三辆汽车在公路上行驶、寻找;后半部分则是在解剖室里,法医及其助手对受害人尸体进行检查、检验。然而,如此简单的故事却讲了150分钟。导演到底想说什么呢?

　　要想弄清这个问题,是要看第二遍的。重读影片发现,人物之间的对话、眼神交流、肢体语言以及活动环境,乃至诸多看似可有可无的细节,实在是信息量太大,通过这些信息我们可以大致还原出一个并不简单的故事。

　　这个被还原的故事应该由这样几个问题构成:首先,谁是真正的杀人者?其次,杀人的动机是什么?最后,法医为什么隐瞒实情?这甚至都不是一个完整的破案故事,影片从头到尾都是在讲一起杀人案件侦破的部分环节。我们在影片中看到的是简陋的执法装备和粗糙的办案过程,导演似乎也无意为我们揭开谜底。凶手到底是不是凯南,他要接受怎样的刑罚?一路上大家也都并不关心这些问题，几个人三三两两、有一搭没一搭地打发时间，断断续续地讲出了各自的人生往事。

警长纳西不辞辛苦连夜奋战，但从他与同伴的交谈中我们得知，他的恪尽职守其实是对家庭苦难的逃避。检察官在医生的启发下才明白妻子是用结束自己生命的方式惩罚他的出轨行为。法医也曾有过短暂而幸福的婚姻，不幸的是很快就离婚了，而此后他总是沉浸于回忆与幻想之中。纳西的搭档阿尔伯经常带着几十发子弹到野外朝着天空发射，他说这是一种发泄的方式。他们临时歇脚的村子很破败，年轻人都出去打工了，剩下的都是留守老人，村长的最大痛苦是老人死后要等子女回来才能安葬，那么多尸体如何久存不腐？

看起来这些都是个别事件，但如果把这些不同的人生遭际连缀在一起，便能勾勒出一幅社会画卷。警员阿尔伯曾说："在这种地方谁不会拿枪防身啊，你没枪就没命了……"显然影片所反映的是一个族群在动荡时代中的诸多社会问题，是那些生命如何得以生存。苍穹、旷野、荒原、夜色，看似平静空洞的景致里面实则危机四伏、暗涌奔流，从欺骗、背叛到弱肉强食的丛林法则，生死只是瞬间的事情。导演的高明之处就在于，用个案管窥社会，用细致入微的镜头刻画映射出道德、司法、医疗、经济、文化等时代面貌与人间万象。

长镜头与空镜头的大量运用，更烘托出孤寂、萧瑟、压抑与沉重的氛围。停电后村长的女儿斯米莱捧着灯进入房间，灯光依次照亮了房间里所有人的脸，而每一个人看到黑暗中斯米莱美丽光洁的脸时都不由惊呆了。毕竟，在萧条破败与丑陋死亡中生活了太久的人们已经忘记了什么是美。凯南就是在那一刻泪流满面，最后说出亲生儿子的事情，他要警察代他照顾弟弟，那是父亲的临终嘱托。那一刻不禁让我们疑问，他究竟是一个不负责任的抛弃者、违反道德的偷情者、触犯法律的杀人者，还是一个时代的受害者？

凯南的种种行迹表明，他很可能不是真凶。对他的情感我们在开头时是理所当然的恨，到最后却多了同情。他的伏法更像是出于一种自我的救赎。医生的知情不报则是有意成全，他不愿给无辜的孩子制造二次伤害，他甚至可能明白了凯南与孩子母亲那种无法言说的情愫。影片结尾处，脸上溅着尸血的医生呆呆地望向窗外母子的背影，意味深长。

医生感到无聊，阿尔伯说："不，有一天当你回首往事，你可以把这个经历说得像童话。"不得不说阿尔伯是智者，因为人类历史上许多往事都是这样。安纳托利亚，又名小亚细亚，是人类最古老文明的摇篮之一，不同文化在此剧烈撞击，战火与文明频仍交会。在那个漫长的黑夜里，医生感慨道："雨已经下了几个世纪，也没有怎么样，即使是往后百年的雨也改变不了什么。"随后他引用一首诗说："年月消逝依旧，留不下我的一丝痕迹，黑暗和冰冷会萦绕着我疲倦的灵魂……"这大概是那些"童话"里的人类最真实的无奈。

[原载《检察风云》2018 年第 14 期]

门罗维尔的沃尔特

布莱恩·史蒂文森的《正义的慈悲——美国司法中的苦难与救赎》英文原名 Just Mercy。[1]译者于霄先生在提笔伊始便遇到了一个难题,那就是对于这个原著书名的翻译。从"正义的宽恕""多些怜悯",到"罪有可恕",再到"宽恕一只知更鸟",直到我们现在看到的"正义的慈悲"。这一路斟酌辗转,看起来只是用中文对两个英语单词所进行的形式转换,实则是对法律精神乃至文明信仰的一种探寻。

1986年11月1日临近中午时分,美国东南部阿拉巴马州的一个小城门罗维尔的一家洗衣店里,一名18岁的白人女大学生被枪杀。7个月后,在人们的恐惧与愤怒之中,警方逮捕了沃尔特·麦克米利安,并以谋杀罪起诉他。在接下来的舆论风潮中,沃尔特被司法人员和媒体描绘成毒枭、恶魔、黑手党、性变态者。一年后,沃尔特被陪审团裁定有罪,并被判处死刑。然而,事实上,沃尔特只是一个每天伐木做纸浆材的小生意人,他没有杀过人,那起谋杀案跟他毫无关系。1989年,毕业于哈佛大学法学院和肯尼迪政府学院的布莱恩·史蒂文森,也就是本书的作者,以南方囚犯辩护委员会律师的身份在霍尔曼监狱死囚区见到了等待执行死刑的沃尔特，沃尔特告诉他自己是无辜的。就这样，史蒂文森开始了拯救沃尔特的艰辛道路。6年后，沃尔特被无罪释放，重获自由。

在原法院同意史蒂文森"撤销对沃尔特的全部指控"的动议，宣布沃尔特无罪的那一刻，每个人包括沃尔特都情绪高涨，甚至欣喜若狂，然而史蒂文森并没有感到兴奋。因为法庭对该动议的听证仅仅用了几分钟，没有辩论和陈述，几乎是史蒂文森提交了动议后，法官便立即同意了，他甚至还慷慨地询问史蒂文森有无其他事项。诚然，这一最后环节与前期大量的工作密不可分，可是如此轻描淡写的无罪认定恰恰与6年的艰难跋涉和漫长等待形成强烈反差。当事人沃尔特说："他们把我关在死囚区里6年！他们威胁了我6年。他们用将到的死刑折磨了我6年。我失去了我的工作。我失去了我的妻子。我失去了我的声誉，我失去了我的——失去了我的尊严。"一个无辜受难者的人生突然间被司法机器彻底颠覆，末了你还要感谢它的慷慨，感谢它还给你自由——这是一个多么大的反讽！因此，史蒂文森在法庭最后陈辞道："我们为这个无辜的人定罪太容易了，我们把他送进死囚区也太容易了，而他证明自己无罪，获得自由却难上加难。"

美国的司法制度向来被标榜为具有较强的自我纠错功能。联邦法院系统和州法院系统互不隶属，各自独立；联邦法院系统包括最高法院、巡回法院和地区法院三级，州法院包括州基层法院、州上诉法院和州最高法院三级；在刑事诉讼中又要遵循任何人不得被迫自证其罪、有罪判决必须毫无合理怀疑、对任何人都要进行无罪推定等原则。美国刑法率先创造了缓刑制度，并将教育刑观念和人道主义观念引入刑法改革。然而，即便如上所述，我们还是在沃尔特案件中看到了近乎荒诞的有罪推定和诱供、逼供，看到了尚待判决的犯罪嫌疑人被直接关押到死囚区,看到了司法体制内草菅人命的极度官僚主义作风,看到了令人恐怖的种族歧视,等等。这些与我们印象中那个司法独立的凛然大国的形象完全相悖,更可怕的是沃尔特案件远非个案。作者在书中提到了沃尔特之外一个又一个如他一样的无辜者,有的死里逃生,有的则死在司法车轮的碾压之下,还有的在监狱中等待着即将到来的死刑。就在于霄先生翻译这部书稿的2015年4月,他还在电视新闻中看到美国阿拉巴马州有一位死刑犯被宣布无罪释放,而他身后正是本书作者史蒂文森律师。

现在,我们再说说译者开头对于书名的纠结:怜悯、宽恕,还是慈悲?怜悯,是不对的。谁来怜悯,又怜悯谁呢?是要我们或者警官、检察官和法官怜悯那些无辜者吗?沃尔特那天只是像往常一样下班开车回家,然后被野蛮逮捕并被告知他杀人了,如果他稍有反抗,可能就被当场击毙了,那么我们今天听到的就是一个过着双重生活的变态毒枭的故事。我们真的可以这样居高临下地怜悯一位无辜者吗?我的意思是,沃尔特离我们有多远?事实上,沃尔特的经历甚至就是作家哈珀·李《杀死一只反舌鸟》里无辜黑人罗宾逊的故事的翻版,而那部小说就是作者根据家乡门罗县的真实事件改编而来。在地球的其他角落,还会有多少个沃尔特呢?至于警官、检察官和法官,我们凭什么向他们乞求怜悯?宽恕,也是不够的。这一次我们宽恕了他——无论是真凶、无辜者还是判决的人,那么下次呢?当司法"在偏见、恐惧与愤怒的催动下,将一部分弱者推落苦痛的深渊",那些有罪的和无辜的,都应该得到我们的宽恕,这里的"罪"已经超出司法的范畴。因为,人类追求公平与正义的道路是漫长且崎岖的,即便高高在上的法官也可能成为一种并不尽善尽美的制度的受害者。我们,

"遍体鳞伤"的每一个人,都应在苦难中学会宽恕,得以自救。而这,就该称为"慈悲"。

2013年9月的一个夜晚,晚景凄凉并罹患痴呆症的沃尔特在家中悄然离世。还好,这个世界上还有史蒂文森,以及和他一起战斗的人们。1989年,史蒂文森创建了平等司法倡议组织,致力于为死刑犯、穷人和少数族裔提供免费的法律帮助,沃尔特就是这个组织的直接受益者。2015年,史蒂文森的这本《正义的慈悲》一经出版即获广泛关注,荣膺多种奖项。二十多年来,在他代理的每一起案件中,他都像虔诚的宗教徒一样相信公平与正义终将到来。史蒂文森的慈悲与信仰,是那个社会的光亮,是这个世界的希望。

[本文首发正义网"法律博客",2016年9月11日]

【1】[美]布莱恩·史蒂文森:《正义的慈悲——美国司法中的苦难与救赎》,于霄译,上海三联书店2015年版。

罪的逍遥与正义的救赎

李轻松的长篇小说《跟孤独的人说说话》通过一起十年前的命案，引出一个家庭两兄弟不同命运的故事。[1]其间的司法推理与心理悬疑带给我们的是关于正义、道德和人性的深层思考。在扑朔迷离的情节演绎中，每一位当事人都经历了令人唏嘘的心灵炼狱。罪与罚都不只是法律意义上的，欲望在爱的名义下充当了的灵魂创伤的止痛剂，真正的自由只能来自正义的救赎。

一 罪与非罪

母亲带着双胞胎兄弟去看电影，回家的路上遇见醉汉殴打自己的妻子，兄弟俩上前制止，醉汉抓过路边西瓜摊上的刀与两兄弟拼斗，结果混乱中醉汉被刺，倒地身亡。弟弟向警方承认是自己刺的那一刀，后被判入狱十年。十年后，弟弟出狱，醉汉的妻子认为凶手是哥哥，于是要求重新侦查审理此案。最后真相大白，弟弟的确是替哥哥顶罪坐的牢，那一刀是哥哥刺的，但事实上致命的却不是那一刀。

读了这个故事，首先的一个问题是：魏锋为什么心甘情愿去顶罪？

父母之所以决定让弟弟魏锋去顶罪，因为当时哥哥魏东已经接到大学录取通知书，弟弟落榜了。懂事的魏锋觉得上不了大学也会成为家里的累赘，为了整个家庭的利益同意了这个决定。其实，从心理学上分析，魏锋的妥协还有一个深层原因，那就是他在内心深处不止一次地有过杀人的念头，尽管实际动手的是哥哥。

这要说到有家暴行为的父亲，父亲经常殴打母亲和两个孩子，而母亲总是逆来顺受。兄弟两人都曾有过那样的一闪即逝的念头——反抗，杀了他！在谈起幼时经历时，魏锋说："那一刻，我把心里的委屈都忘了，只有一个冲动，我真想杀了他！"这符合弗洛伊德的论断："在童年形成的精神冲动的原料中，对父母爱一方恨一方是其中的主要成分，也是决定后来神经症症状的重要因素。"[2] 所谓"弑父情结"在从小生活于家暴中的两兄弟心中，已经转化为真实的暴力倾向。刑警苏宁问魏峰："你在那个男人追打老婆的时候，也产生要杀死那个男人的冲动？"魏锋的答案是"有"。无论是魏东还是魏锋，当双胞胎的他们作为一个整体从局外进行反观的时候，是谁刺的那一刀并无太大分别，那是他们同样都有过的无数次的闪念。正因如此，当事情发生以后他们两个都是有负罪感的。

魏锋由于是心甘情愿去坐牢，所以也没有太多心理不平衡。魏锋用十年的监狱生活完成了弑父情结的自我救赎。从心理层面说，魏锋的入狱客观上起到了一种拯救的作用，以法之名、以捍卫正义的形式完成了自我的心灵拯救。魏东却在对罪的自责、愧疚与正义的拷问中煎熬了十年——对逝者的自责和对弟弟、家庭的愧疚，以及如何赎罪。魏东顺利读完大学，又留学日本，回国后成为公司高管、技术白领。然而，十年间，他始终都无法逃脱良心的谴责。被那起命案所困扰，加上张宝珍母女经常通过电子邮件、QQ、电话等不同途径对他进行报复性威胁和恐吓,魏东患上了严重的抑郁症。看似逍遥法外的魏东,其实每天都在经历煎熬。那么第二个关键问题就是:魏东为什么始终无法坦然面对过去,并且最终崩溃?

二 爱与欲望

把魏东的情感历程剖析清楚,也就回答了前文留下的第二个问题。

哥哥魏东在故事中有三段恋情,分别是和麦穗、托娅和包小芸。这三位女性无论是从家庭出身、成长环境、教育背景到各自的性格、习惯、形象、气质都迥然不同。麦穗是魏东初恋女友,两个人可以说是青梅竹马,作为心理医生的麦穗温柔体贴,知书达理,处处为人着想,可以委屈自己成全别人,是典型的贤妻良母型女子;托娅来自内蒙古大草原,美丽活泼,单纯直爽,凡事由着自己性子来;包小芸是下岗工人的孩子,小学文化,内向孤僻。如果说魏东抛弃前女友麦穗而与托娅走进婚姻是喜新厌旧,那么在婚内与包小芸精神出轨则令人匪夷所思。

其实,这两次转变都和性有关。他放弃麦穗,是因为他发现自己不再是真正的男人,他不想在那份深沉的爱面前失去自尊,而恰恰是野性疯狂的托娅让他做回了男人。在严重的抑郁症的折磨下,自卑的魏东一度失去了活下去的欲望,他有过许多次自杀的念头,为此他曾求助应召女郎,然而无济于事。毫无疑问,其抑郁症的根源就是"那件事"——是他而不是弟弟杀了那个醉汉,但受到法律惩罚的却是弟弟而不是自己。正如在陀思妥耶夫斯基的《罪与罚》中斯维德里加依洛夫所说:"可是有什么办法呢?如果不在这方面寻欢作乐,我也许会拿手枪自杀。"[3] 魏东也正是在这本书的空白处写道:"几年前父母帮我逃脱了罪责,却给我的心灵戴上了枷锁,生不如死……""那件事"也使他产生了弟弟出狱后会对他进行报复的妄想症,于是托娅和弟弟的正常交往在他看来都是充满暧昧,结果是他和托娅再也不能成功进入那种美妙的状态——他又一次濒临死亡。这个时候,电话情人包小芸出现了,两个人在虚拟时空极尽两性之缠绵,他似乎重新觅到一线生机。

对于魏东来说,麦穗是完美的、真实的,托娅介于真实与幻觉之间,包小芸则是想象中的存在。那么魏东移情的过程,其实就是他从真实堕入虚无的过程,也是他迷失自我、在幻象中自证的过程。弗洛伊德视性本能为人的一切行为的动机,"把人看做是一个性欲的存在"[4]。如果说弗洛伊德的观点过于绝对,那么至少性的力量让魏东做回了男人,更让其重新"活"了过来。

也就是说,魏东恰恰是和被他抛弃的麦穗之间的感情才是真正的爱情,因为内心深处的负罪感使他觉得无法面对近乎完美的麦穗,所以他和麦穗在一起时不会感到快乐;魏东和成为他妻子的托娅是爱与性两者参半,曾经欢喜,曾经甜蜜,但他越来越觉得托娅对不起自己——其实是他自己因为有罪而越来越自卑,于是将自己的负罪感转嫁给托娅,折磨托娅;而和从未发生性关系的包小芸在一起却是为了欲望的满足,因为裸裎的灵魂萍水相逢,爱与不爱两不相欠,幻想之中没有现实的责任与压力,尽情放飞自我,任性逍遥。这种逍遥是通过幻想,甚至是通过性虐待实现的,不只是对托娅的性虐,魏东与包小芸的虚拟性关系也充斥着语言的性虐。他所追求的是折服受虐者的自由并化归己有,然而"性虐待狂者愈是热衷于把别人当作工具来对待,这自由就愈是逃离他"[5]。因此,当魏东一次次发现终究要从幻想回到现实时,他最终的结局只能是崩溃。

三 道德与自由

分析这部小说要回答的第三个问题是：完成救赎且已经自省的魏锋何以又重回炼狱，爱上自己的嫂子？回答了这个问题，也就清楚了魏东是如何完成救赎的，以及这一救赎背后的深刻隐喻。

魏锋出狱后接触的第一个异性是嫂子托娅，这个来自草原的女孩天真无邪、任性自我。魏锋年少入狱，在监狱里有规律地作息，早睡晚起，锻炼身体，读书看报，反思人生。更重要的是，看似身体失去自由的与世隔绝的生活环境让他多了一份自然脱俗的心态，多了身体的羁绊却少了心灵的约束。书中这样描写他出狱那一刻的样子："魏锋的眼睛是空洞的，没有托娅也没有魏东，而是仰着头看着天，又低下头看着地。"结合前后情节我们可以很容易判断出，其眼神的"空洞"绝不是呆滞、呆傻，而是一种超然。

从托娅的视角看，家教严苛的魏家就像一座监狱。那么在法律意义上无罪的魏锋从高墙内望向道德社会的时候，外面的世界又有多少真正的自由呢？此时的监狱不正是边沁眼中的"全景敞视建筑"吗？[6]这也是魏锋爱上打铁的真正原因，在那个全景敞视的动物园中没有人会给他这个异类——坐过牢的人获得工作的机会，只有老铁匠对他没有世俗偏见，只有打铁才能让他找回生命的力量。表面看起来，一个刚走出限制人身自由的有形牢狱，一个来自无拘无束的大自然，可是这完全相反的生存环境却有着极为相似的特征：远离世俗生活、生命样态单纯，两个人同样毫无世故之心，同样走进了一个自由被限制的场域。因此，他们可以心有灵犀。

然而，极度自卑和敏感的魏东将弟弟和妻子的投缘、谈得来视为一种挑衅，忍不住挖苦魏锋并折磨托娅，父母同样以道德之名站在魏东的一面，不觉中起到推波助澜的作用。这种心理伴随着他在托娅面前再次成为性无能者,进而变本加厉地挖苦、折磨,如此恶性循环,直到终于将妻子和弟弟逼到了真正相爱的地步。对于魏锋和托娅而言,起初并无太多想法,在魏东的不断强化之下,两颗本来就极为相似的灵魂慢慢靠近,但事实上两人出于道德的考量,始终保持着克制。也许他们并不知道,感情上的事越是克制越是强烈。实际上,这种克制体现的是一种自由精神。一如康德所说,正因为人是自由的,可以为自己确立法则,道德行为才成为可能。

这种自由、克制的能力,恰恰是魏东所丧失的或者不曾拥有的。他在和托娅热恋时的性活动中所感受到的以及和包小芸的虚拟恋情中所体验的,表面上看是自由,然而那其实是一种伪自由。当托娅作为野性与自由的象征出现在魏东的生活中,魏东眼前一亮、灵魂一震,爱上托娅是理所当然的事情,因为托娅包括托娅的马所代表的一切恰恰都是疗愈他抑郁心灵的良药——"从此,托娅和马将是他生命里的宝贝"。这就是托娅引领魏东和她在奔驰的骏马上以及露天的草地上做爱这一情节的象征意味。

然而,魏东并未真正享有这一自由,他只是在那些激情燃烧的瞬间出现了种种幻觉,他把这些幻觉视为自由。"所谓亲吻、柔情都不过是柔软的床上用品,只服从肉体生命的欢悦,只配用来擦洗人身上渗出的带有印刷油墨的涓涓鲜血,让肉体复归于其本己的自由",进而"用自然性的肉体来证明自己的人性"。[7]为了生命自由而作下恶,为了求得真实生命又进入虚无世界,所以魏东很快失去了托娅和她的马,也失去了他以为是自由的自由。至于他对包小芸的迷恋,无非是饮鸩止渴,他被欲望所控制,失去的恰恰是作为超越了动物性本能的人的自由。在小说结尾,只有当托娅心灰意冷决绝地和他解除婚姻,只有当他见到包小芸之后得知她作为当年被刺死的包福林之女,只有当他"死"过一次之后成为一无所有的流浪汉,魏东才真正觉醒,成为一个真正自由的人。

萨特认为人的自由是被给定的,是不得不自由的自由。反过来,当一个人真的失去这种不得不自由的自由,也就失去了真正的人之为人的要素。通往自由的道路,也是正义的救赎之路;罪的逍遥无论怎样狂欢,终究指向心灵的炼狱。关于这部小说,其实还有许多问题值得研究;另外几位人物也值得深入分析,如麦穗、包小芸,以及兄弟俩的父母魏子安和韩如梅、包小芸的母亲张宝珍,他们都是徘徊在正义与罪恶边缘的迷路者,无论是法律意义上的还是心灵意义上的。

[原载《海燕》2018 年第 11 期]

【1】李轻松:《跟孤独的人说说话》,现代出版社 2018 年版。

【2】[奥] 弗洛伊德:《释梦》,孙名之译,商务印书馆 1996 年版,第 260 页。

【3】[俄] 陀思妥耶夫斯基:《罪与罚》,岳麟译,上海译文出版社 1979 年版,第 548 页。

【4】参见霍兰德:《后现代精神分析学》,《外国文学》1993 年第 2 期。

【5】参见 [法] 萨特:《存在与虚无》,陈宣良等译,生活·读书·新知三联书店 2014 年版,第 496 页。

【6】参见 [法] 福柯:《规训与惩罚》,刘北成、杨远婴译,生活·读书·新知三联书店 1999 年版,第 224 页。

【7】刘小枫:《拯救与逍遥》,上海三联书店 2001 年版,第 417 页。

个案与叙事

"个案,貌似有点微不足道,实际上是正义的实现途径,管窥社会变迁的窗口。"蔡斐博士在《二十世纪影响中国司法的20大案》自序中如是说。[1]对此,相信很多和我一样关注中国司法变革的人都会深有感触。在法律制度暂时不能完全尽如人意的特定社会时期,个案不仅是正义实现的一个途径,而且是重要途径。

记得十余年前我刚接触政法工作时,有一起案件曾经震动全国并最终导致司法制度的重大变革——孙志刚案(媒体多表述为"孙志刚事件")。他的墓志铭上写道:"人之死,有轻于鸿毛者,亦有重于泰山者,志刚君生前亦有大志,不想竟以生命之代价,换取恶法之终结,其死虽难言为舍生取义,然于国于民于法,均可比重于泰山","以生命为代价推动中国法治进程,值得纪念的人——孙志刚"。对于生活在二十一世纪的人们来说,以此案为由头走近二十世纪影响中国司法的20大案,我想可能更有带入感吧。

司法,可以管窥社会发展,动荡时代尤为如此。中国的二十世纪,跨越了晚清、民国、新中国三个时代,经历了封建社会、半殖民地半封建社会、社会主义社会三个社会形态,是大转折与大变迁的特殊历史时期,是风云变幻、动荡迭起的一百年。《二十世纪影响中国司法的20大案》正是选取了其间具有较大影响力和较强代表性的20起案件进行叙述与评析，让我们由此看到中国司法或崎岖逶迤或激流勇进的发展路径。书中之述评涉及法律与政治、法律与情理、法治与人道、法治与正义、司法与社会舆论、司法与媒体监督等多个层面的问题，对于当代司法可资借鉴。

所说崎岖逶迤，是因为社会演变与政权更迭难免带来新旧司法制度过渡的艰涩。如作者在苏报案中提到"会审公廨"，那可能是迄今为止"世界上最奇怪的混合法庭"："堂上，顶戴花翎官服朝珠的中国官员和西装革履的西方陪审官并排而坐；堂下，中国衙役们操持着水火棒，低吼着'威武'，对面当执法警却一会儿耸肩，一会儿摸鼻。""会审公廨"的运作依据是1869年中英《洋泾浜设官会审章程》，专门处理租界内的华人违法案件，如有涉外情况外国领事参加审理。苏报案是发生在特定时期、特定地点的特殊案例，它所折射出的东方与西方、传统与现代在社会、文化、政治和司法上的碰撞与冲突极为耐人寻味。会审公廨是中国司法主权被侵犯的直接证据，是司法上的耻辱。当然，从另一个角度来看，会审公廨对于传播法治文明及推动近代司法转型有着重要的意义。

丧权当然耻辱，但文明与法治无疑是社会前进的方向。法治要为人提供一个寻求公正的法律框架和程序，依据法律处理问题。在法制不健全的时代，法治必然受到诸多因素左右，如政治。直接反映了政治旋涡中司法尴尬处境的是战时司法背景下的"贪污"案——高秉坊案，中国直接税的创办人高秉坊成了国民党派系争斗的牺牲品。尽管事情已经过去半个多世纪，但司法如何独立于政治至今依然是我们需要认真面对的问题。另外，现在看高秉坊案，幸好二审将死刑改判为无期，因为那是冤案。当时不仅有

"CC系"在左右,还有战时"一种群体性情绪"的高涨,大众舆论对司法的影响彼时已现——这也是当代司法需要特别重视的问题。然而,书中所引当时臧克家的那首诗,却至今读来依然情深意切:"一个人的血洗不清罪恶和贪污,法律在今天,和人民一起在深深地受着屈辱……"

二十世纪的中国司法当然不只有崎岖逶迤,人民政权领导下的司法工作呈现出激流勇进的全新面貌。诸如封棒儿案让新凤霞的评剧《刘巧儿》广为流传,也让马锡五审判方式成为中国司法史上的专有名词。这种特殊的审判方式对中国司法的最大贡献就是,我们必须考量"本土经验"在司法工作中的特殊意义。新中国成立之初,尽管还没有形成完善的法律体系,许多案件的处理难以离开政治视域。如刘青山、张子善案,今天看来其政治意义也远远大于司法意义。但在当时的法治环境下,该案的处理已经十分慎重,尽管缺乏现代司法程序,但基本遵循了法治精神,而案件暴露的问题则正是推动司法进步的原动力。

此外,还有周作人案、闻一多案、上海舞女案、林彪江青反革命集团案、刘秋海案、孙万刚案、篡江虹桥案等等,无不是那些年我们一起关注过的大案。"个案"与"叙事"是这本书的两个关键词。作者用20起具有代表性的个案勾勒出20世纪中国司法发展的脉络,与学界的专业法律评论相比,作者显然十分注重对个案的叙述。因此,本书不仅具有专业学术价值,还可作为向大众普及法律的通俗读物。蔡斐在自序中说:"叙事,貌似毫无学术含量,实际上是传播的基础,弘扬法治理念的主流。"巧合的是,这种具有修辞性质的叙事不仅体现在作者对本书的写作上,还体现在书中所选取的一些案例中。"同志,我们的同志:在燥热的夏晚,当你躺在凉席上,电风扇的习习凉风送你进入梦乡时,你可曾想到包家大小被河边的虻蚊在叮咬……"书中提及的这段20多年前包郑照案律师的代理词，不禁让我想起美国著名大律师布兰代斯为俄勒冈州洗衣女工所做的经典辩护。文学修辞并不是与逻辑分析相对立的，而是"刑名之学"的基本功。

作为具有新闻学硕士专业背景的法学博士，蔡斐深谙"叙事之道"，这与"法律与文学"这一滥觞于美国法学界的法理学派的某些精神不谋而合。"法律与文学"所探讨的一个核心问题就是法治的本土化问题。在横向的共时言说上，文明与法治诚然具有普适内涵，但是从一个国家、民族或者地区历时发展的角度看，我们无法否认法治的本土化特性。这对于具有很多区别于西方主流社会的"特色"的当代中国来说，意义尤为重大。因此，笔者认为蔡斐在《二十世纪影响中国司法的20大案》中倡导并践行的这种"叙事"精神，将不仅仅起到"弘扬法治理念的主流"的作用，更可成为探讨如何推动中国司法进步与法治化进程的一个极佳切入点。

[原载《现代世界警察》2015年第1期]

【1】 蔡斐：《二十世纪影响中国司法的20大案》，中国法制出版社2013年版。

第三篇

理性与修辞

最难缠的灵魂与被破坏的规则

英国作家克莱儿·麦克福尔的《摆渡人》讲述了女孩迪伦的一次灵魂历险。[1]她15岁的世界一片狼藉：与母亲总是无话可说，在学校里经常受到同学的捉弄，唯一谈得来的好友也因为转学离开了。这一切都让迪伦感到无比痛苦。她决定去看望久未谋面的父亲，然而，路上突发交通事故。等她拼命爬出火车残骸之后，却惊恐地发现，自己是唯一的幸存者，而眼前，竟是一片荒原。此时，迪伦看到不远处的山坡上一个男孩的身影。男孩将她带离了事故现场。但是，迪伦很快意识到，男孩并不是偶然出现的路人，他似乎是特意在此等候。

原来男孩崔斯坦是她灵魂的摆渡人——是的，她的灵魂已经离开了肉身，作为生命体她已经结束了人间的一段旅程。在崔斯坦导引她穿越荒原的漫漫长路，两人患难与共结下深厚的"战斗情谊"。迪伦无法面对与崔斯坦的别离，最终原路返回找到崔斯坦，两人一起战胜各种妖魔鬼怪，打破禁令规则，回到人间。

书中第3章开头这样写道："一片死寂。应该有尖叫声啊、哭喊声啊，总该有点动静吧。但是周围只有死寂。"而在第31章，同样的情境元素却已是完全相反的表达："尖叫声。这里本应该寂寂无声。静寂，死一般的肃穆沉寂。然而只有尖叫声。"读完《摆渡人》我突然产生一个想法，如果把第 31 章直接接到第 2 章后面，这依然是个完整的事件。而至于第 3 章到第 30 章，如果说那只是迪伦所做的一个梦，也未尝不可。这样的叙事模式又一下子让我想到我国古代许多传奇故事，平静生活突发变故，主人公或天上地下一番游历，或经过前所未有的冒险，经此了悟人生真谛。如唐代传奇"黄粱一梦"《枕中记》，还有清代蒲松龄《聊斋》中的《画壁》等。

　　崔斯坦对迪伦说她的身体和眼前的荒原都是心像的投射。的确，荒原之旅完全可能是迪伦的一个惊悚与爱并存的梦。尽管那里到处是吞噬灵魂的恶魔，但与她此前的真实生活相比，那里却多出了温情与爱。她甚至想过可以留在荒原陪着崔斯坦，那些恐惧与她原来的痛苦相比都不算什么。母亲、同学、好友、遥不可及的父亲——在现实生活中，迪伦找不到一个像崔斯坦一样可以信任、依靠的人，这种信任是爱的前提和发轫。已经置之死地的迪伦可以不顾一切地去爱崔斯坦，但是崔斯坦却没有爱与被爱的自由。

　　与《枕中记》和《画壁》中法力无边的神仙不同的是，崔斯坦并不具备穿越三界的神力。迪伦曾经问崔斯坦："你遇到的最难缠的灵魂是哪个？"崔斯坦回答："就是你啊。"对于他来说，迪伦的确是"最难缠的灵魂"，因为她竟然在被崔斯坦冒着"生命"危险送出荒原后又折返回来，献出炽烈的爱；不仅如此，她还要和崔斯坦一起回到列车上，重生。这无疑破坏了那个世界的既定法则。无论是留下陪伴崔斯坦还是和崔斯坦一起回到人间，在崔斯坦看来都超出想象。所谓摆渡人，是没有自我的，他必须像机器一样往复于荒原之上。他不知道自己多大，他不知道荒原之外还有什么,他不知道他护送的灵魂最后去了哪里,他不知道这份工作还要做多久。甚至,准确地说,他"从来就没有活过"。他说:"我没有选择……我是说,我没有自由选择的权利,我的双腿,它们并不属于我……"荒原上的崔斯坦倒像是在流沙河里悚悚惶惶的卷帘大将,以及鹰愁涧里孤独的小白龙。若此,迪伦反而成了渡他登岸的取经人。在迪伦的不断鼓励下,崔斯坦的自我渐渐苏醒,迈出了属于自己的第一步。

一个是迷失了的灵魂,一个是没有灵魂的机械体,两者在彼此的感念中共同找到了爱与自由。而规制、束缚他们的是什么呢?是谁在操控着迪伦的灵魂、摆渡人崔斯坦,以及数不清的恶魔?作者没有给出明确的答案。也许是万能的神,也许是类似于阎王的地府最高行政长官,也许是迪伦自己的心魔——如崔斯坦所说。但无论那是什么力量,这个荒原上的故事无疑告诉我们:对于人的存在而言,自由是爱的前提,爱又让人自由,两者互为因果。诚如黄裕生先生所言:"如果说政治解放在根本上意味着摆脱某种典章制度而进入一种自由自主的存在,也即进入一种形式平等的生活,那么,爱则意味着把自己与他人从一切先天与后天的尘世物当中解放出来,让自己与他人退出一切由尘世物决定的关联,也就是退出一切功能性角色。"[2]迪伦的爱将崔斯坦从原有秩序中解放出来,崔斯坦的爱则让迪伦得以重生并找到灵魂的归宿;崔斯坦最终完成了对迪伦灵魂的摆渡,迪伦又使崔斯坦退出摆渡人的机械状态,成为自由的人。

爱,自由,规则(以及规则所指涉的秩序、制度、法律),三者就这样发生了紧密的联系。由野蛮进入文明的人们建构了规则,规则越来越束缚人;为了获得自由,人又要打破规则……这是一个无尽无休的循环,许多先知都对这个循环进行过深刻的思考。

在《马太福音》中，耶稣说爱是一切律法的目的。伏尔泰认为法理应是符合人性的，适用于所有人的，并且天下人都认为是公正的自然法律。卢梭则认为这个循环只能由本能和激情驱使下的行动来打破，进而建立新的制度，实现自由、平等和博爱。如果规则限制了基本的爱与自由，就一定会有"最难缠的灵魂"冒犯它，以爱与自由的名义。当然，反之亦如是，如果有人盗用爱与自由的名义冒犯良善的规则，那就很难不受到规则的惩罚了。

[原载《检察风云》2017 年第 13 期]

【1】［英］克莱儿·麦克福尔：《摆渡人》，付强译，百花洲文艺出版社 2015 年版。

【2】黄裕生：《论爱与自由——兼论基督教的普遍之爱》，《浙江学刊》2007 年第 4 期。

我们是否还能与狼共舞

用几个晚上的睡前时间，读完了美国作家、编剧迈克尔·布莱克的长篇小说《与狼共舞》，令人惊叹，又引人沉思。[1]1990年，据此小说改编的同名影片《与狼共舞》登上银幕，荣获7项奥斯卡大奖。2014年，该作品首次在国内授权出版。

《与狼共舞》呈现的是一个浪漫主义风格与现实主义笔法完美结合的故事。说小说具有浪漫主义风格，是因为作者令主人公把读者带进了一个完全陌生而又美丽的异邦世界，中尉的要塞就像纳尼亚传奇里面的魔衣橱，就像阿凡达里的时空穿梭仪器。在那个世界里生活着一个与我们现代人类完全不同的种族，他们与天空、大地、平原融为一体，互相友爱，和谐共生；他们看似蒙昧落后，实则掌握着沟通天人的玄机与智慧。

然而，这样的奇幻色彩并不是作者通过文学手法强加给故事文本的，它来源于真实的世界、真实的历史。南北战争结束时，美军中尉邓巴先生与军方失去联系，一个人驻守边塞。当他慢慢走近对面敌方阵地时，发现那是一片神奇的土地，并渐渐得到印第安土著民——科曼奇人的认可，还得到一个怪异的名字"与狼共舞"，他不知不觉间融入了那个族群，在那里生活，在那里战斗，领悟着生命原初的真谛，直到他不得不面对增援驻守边塞的美军部队。甚至，他还邂逅了美妙而神圣的爱情。

作者在创作这部小说之前，用了十年时间专心研究美洲土著人的历史。他用文学的手法记录了真实的故事，让我们反思的是：何谓文明，文明何为，在自然与文明面前人类又该何去何从？

中尉先生厌恶文明世界的战争生活，于是主动请缨到边塞去，到没有文明涉足的地方去，去寻求和感受生命的意义。在无人驻守的边塞，他的心灵无拘无束，一种从未经历过的自由感从心底升起：这里没有工作，也没有娱乐，所有的事都无所谓轻重缓急，不管是从河里汲水，还是烧一顿丰盛的晚餐，一切都没有区别。邓巴觉得自己有如河水深处的一股潜流，虽然离群索居，却又同时自成一体。进而，当他走进土著科曼奇人的天地时，被惊呆的不仅是他自己，还有文字另一面的我们。我们艳羡中尉的快乐生活，艳羡科曼奇人与自然融为一体的生命状态。这时我们不禁要问：人类创造了先进的文明的世界，为何又要试图逃离文明？文明到底是什么？

纵览人类社会发展历程，我们似乎是从野蛮进化到文明，从落后过渡到先进。然而身处文明时代的人们在享受现代社会带给我们的便捷与享乐的同时，似乎又饱受规制与异化的折磨。因此，人们时常缅怀曾经拥有的与大自然相依相偎时代的自由与纯然。正如侥幸从战场上存活下来的邓巴中尉。福柯曾经指出，现代文明的痼疾在于毫不顾及个体的感受和体验，只关心制造"驯服而能干的肉体"。[2]因此，当人类作为一个整体在进步的同时，个人很难说能否越来越快乐。与之相反，福柯所提出的"生存美学"就是要注重人在日常生活中的身体体验和精神感受。这或许可以解释我们为何对邓巴中尉的边塞生活充满艳羡吧！

可以断言，邓巴中尉对那个世外桃源充满深沉的爱，否则他不会冒着生命危险要回到塞奇威克要塞寻找记录他与科曼奇人交往过程的日记簿。这种爱是作者赋予的。正是因作者自身对土著人极其特有的文化怀着深厚情感，他才塑造了邓巴这样的主人公。然而，除了爱外，作者的笔端还流露着巨大的悲痛。作者在后记中说："伟大的马背上的文明及其民族就这样被践踏，一念及此行造成的损失，我就感到无比悲痛。"邓巴所经历的那场叫作南北战争的历史事件，就是所谓现代文明在物质形态上吞没野蛮世界的过程。震惊与心碎，耻辱与误解，是作者在了解那段历史时内心深处所感受到的东西。站在历史这一端的我们回首来时路，不得不承认的事实是，多少个邓巴中尉也阻挡不了白人部队的现代化军事进攻。

"他们的时代正在消亡，并将迅速地一去不返。"其实，就算没有长枪大炮，科曼奇人的世界迟早也会走向消亡，因为文明是人类社会前进的方向。这就是悲剧所在——文明就是要在取代野蛮的过程中毁灭美吗？当读到科曼奇人为守护家园而用生命去战斗的时候，我们心底一定会产生这样疑问：文明，到底干了些什么？掌握现代技术的得克萨斯白人与栖居大自然中的科曼奇人，究竟哪个是野蛮，何者又堪称文明？

[原载《广州日报》2014年9月26日]

【1】［美］迈克尔·布莱克：《与狼共舞》，李玉瑶译，南海出版公司2014年版。

【2】［法］福柯：《规训与惩罚》，刘北成、杨远婴译，生活·读书·新知三联书店1999年版，第338页。

是什么让我们感到如此恐惧

　　影片《釜山行》给观众带来的冲击既有视觉的，也有心灵的。除开头的情节铺垫外，故事几乎全部发生在前进的列车上。在这个特定的有限空间里，人性被丧尸瘟疫逼到了毫无退路的地步。于是，我们从一节车厢里看到了整个人类，以及弥漫在我们周围的恐惧。故事主线非常简单：某证券公司经理石宇带着女儿秀安乘火车前往釜山见前妻，不料途中遭遇恐怖的丧尸病毒。原来，一家生化公司发生泄漏事故，导致这种病毒的扩散。人们互相感染，到处是嗜血的僵尸，一个个城市沦陷，包括目的地釜山。最后整列火车只剩下一位孕妇和小秀安，其余全部沦为丧尸，包括男主角石宇。

　　最初的恐怖来自未知。车上的乘客对所有情况都是未知的，刚开始病毒从一个传染到几个的时候，人们并未感到事情有多么严重，甚至当远处车厢传来莫名其妙的嘈杂声，人们依然没有太大反应。直到张着血盆大口的丧尸一波波袭来，人们才猛然发现这是有多么恐怖。然而，大家仍然不知道究竟是怎么回事。尽管起初还有电视播报相关新闻，但镜头里语焉不详的混乱场面只是加剧了恐怖的气氛。甚至他们以为是避难所的釜山，也在他们下车即将走出站台时发现早已被丧尸占领。逃回车厢的人们对于该去往哪里，丧尸又会藏在列车何处都毫无所知。越是不知道，越是害怕。这就像远古人类起初对于电闪雷鸣也会感到恐惧一样，因为他们不知道将要发生什么。我们小时候不敢走夜路，也是这个道理，因为黑暗中究竟有什么是未知的。

深层的恐怖来自人类活动。影片开头就交代，丧尸病毒来自某泄漏事故的生化工厂。生化工厂很容易让人联想到核能、生化武器、战争创伤等令人恐怖的元素。人类社会发展的历程，其实也是制造和积累这些恐怖的过程。这样想来，在环境污染日趋严重、战争危机始终存在的地球上，电影中的场景难道一定不会成真吗？日本动物专栏记者佐藤荣记日前拍摄了一部纪录片《天堂魅影》，该片于2016年9月25日在东京上映，影片讲述东京自两年前开始出现很多畸形动物，极有可能是因为地下常年累积的放射性物质所致。有报道称，不管是心理方面的专家还是核研究方面的专家，都不约而同地指出，比核辐射更可怕的是人们心中对核的恐惧。人异化了自然，自然又异化着人。

真正的恐怖其实来自人性。当闯入车厢的第一个病毒感染者骑在女乘务员身上向车厢里奔跑的时候，车厢里的人只有惊讶，像看戏一样嘀咕着怎么回事，没有一个乘客去帮助她。如果说大家是被这突如其来的状况吓呆了，那么后面的情节是无法为众人洗白的。自私的高管男为了自保不惜一次次将同类推向丧尸，也是他拒绝接纳死里逃生的石宇等人进入安全车厢。接下来，更恐怖的是，车厢里的众人在他的煽动下都发出拒绝的声音。这便是人性之中最大的恶——麻木、盲从，最终泯灭良知。我们有时在网络上看到有人当街行凶，围观的有，拍照的有，现场视频会立刻被发到朋友圈，可就是无人出手制止，这不是我们作为一个群体的悲哀吗？所以当老妇人说了句"一群卑鄙自私的人"后打开门放进丧尸，不能不说带着某种宣判的意味。

汉娜·阿伦特认为罪恶分为两种，一种是极端之恶，另一种是平庸之恶。人们眼看着身边的人转瞬之间成为疯狂撕咬同类的狰狞魔鬼，哪怕那是你的亲人、朋友，你也无能为力，而且你要迅速远离他，甚至与他拼死搏斗，否则你就会变得和他一样。这其实是平庸之恶的一种象征，如果你不是处在高度警醒之中就很可能被同化为恶。对于环境污染、战争伤害以及极权统治带来的恐惧，我们或可寄希望于法治建设、教育启蒙，寄希望于人类文明的进步，寄希望于真的有一天世界和平、天下大同；而面对麻木、自私、贪婪的人性以及它所带来的平庸之恶，我们是奋起进行自我拯救，还是等待那个打开车厢门的老妇人代表上帝进行判决？如果是前者，我们又将如何实现自我拯救呢？外无安全之感，内有人性之恶，这便是我们潜意识里的恐惧之源，而且这一切都是来自人类自己。

影片试图寻找答案。棒球队男孩面对已成丧尸的昔日队友无力抗击，在女友被丧尸咬中之后，选择与她紧紧相拥，为那份爱送上迟到的歉意，两人同归于尽。胖大叔为了拯救车厢里的人，在阻挡丧尸群的时候不幸被咬到了手，他要求同伴趁他还剩下一点理智的时候快点离开，并提醒怀孕的妻子记住孩子的名字。原本冷漠、自私、忙得丢了妻子忘了孩子的石宇也完成了灵魂的觉醒与自我的救赎。影片结尾，孕妇带着小女孩走出隧道，面对前方武力戒备的枪口，秀安那期盼再次相逢的童真歌声挽救了她们自己的生命。那首歌她曾经因为见不到爸爸不想唱而遭到同学嘲笑，如今却可以在经历无比残酷之后悲情吟出，因为她真切地体验到了一次父爱。或许，真的只有爱，才是最值得我们信仰的。

[本文写于2016年冬]

驯龙之道　不在高手

晚饭后，小外甥正看一部动画电影。我问他影片叫什么名字，他回答《驯龙高手》。受片名的影响，看到一半的时候，我都以为这是一部讲述主人公希卡普如何从懦弱少年成长为驯龙高手的英雄传记，是典型的励志故事。然而，进入后半部分之后，我越来越觉得，好像并不是那么一回事。直到影片结束走字幕的时候，我看到字幕背景的英文——How to Train Your Dragon，我知道这又是一次翻译造成的误读。

是的，影片原名就是 *How to Train Your Dragon*，梦工厂根据葛蕾熙达·柯维尔的同名童话改编制作。故事讲述在维京人的神秘部落里，他们和龙战争不断，互相攻击，击败对方是自己生存的条件。在维京部落中，少年必须通过屠龙测验才能正式成为维京族男人。天生懦弱的少年希卡普即将面对屠龙测验，他决心把握这唯一的机会，向族人和他爸爸证明自己的价值。但是，当希卡普遇见一只受伤的龙——被称为闪电与死神的不洁之子的夜煞，并且和这只龙成为朋友之后，希卡普的想法彻底改变了。屠龙场上，面对无比凶恶的巨龙，希卡普放下了手中的刀。最终，希卡普用他的爱和真诚征服了龙，拯救了整个部落。看来，有时候爱比暴力更有力量。

这首先当然是一个少年英雄的成长故事，然而，事情又远非这么简单。希卡普以及他的同伴们从小就被长辈们告知，龙是有多么凶恶和残暴，要想活命并保持种族延续就必须杀掉它们、铲除它们。可通过与小夜煞的相处，希卡普发现事实并非如此。龙的本意并非就要攻击维京人，龙也有龙的苦衷。是维京人的敌视引来了龙的敌视，在不断的误会中人与龙两个族群才世代交恶。而当希卡普放下屠刀，龙也就收敛了杀气。在爱心和真诚的感召下，龙被驯服了。故事要告诉我们的不是或者绝不仅仅是希卡普多么的勇敢，多么的英雄；故事在更深层面表达的是，要怎样面对你生存的世界，这是"How to"的问题，不是"高手"的问题。译者没有将"How to Train Your Dragon"直译为"如何训练你的龙"，而是故作聪明译成"驯龙高手"，这是一种误读，这样传达出来的信息是浅层次的。

译者是误读，其实故事本身讲的也是关于误读。误以为那是恶龙，用恶的方式对待他，他就真的会成为恶龙；而用爱和真诚面对他，他就成了你的朋友。我们总是用世俗的眼光去看待事物，做过一件"坏事"甚至长得"恶"就差不多是坏人。对于这样的事物，用恶的眼睛去看它对待它，它就真会成为恶；用善的眼睛去看它对待它，它就会成为善。多年前看过王怡先生的一篇电影随笔，谈的是柏林金熊影片《以父之名》。第一句话就是："保护'好人'的权利，总是从保护'坏人'的权利开始。"因为保护大多数好人的权利是天经地义的事情，而"坏人"的权利常常因为道德的惯性思维而被忽视甚至侵犯。对待所谓"坏人"我们要以法治的名义，而不是以父亲的名义。法律可以惩治罪犯，而路人不能打死小偷，就是这个道理。即便对待真正的恶，我们也要客观、公正、理智,更何况是被我们误以为的"恶"呢?这样以恶对待"恶"其实经常在我们身边发生。班里同学丢了东西,大家总是首先怀疑那个坐在最后一排,成绩不好,经常旷课,爱搞恶作剧的家伙;进过监狱的人出来后,再怎么规矩也会被社会归入特殊人群。这是不客观、不公正、不理智的,更不是文明社会的思维准则。

这不禁让我想起一部老电影,叫《她从雾中来》。女主人公陈蓉是一位失足女青年。她被劳教农场提前释放后,发誓洗心革面,重新做人。然而,世俗的眼光不肯饶恕她,"好人们"对她白眼、讥笑、排挤甚至谩骂,一度使她无路可走。好在街道治保主任张大娘以及她的儿子派出所民警张国庆对她施以爱心,使她悬崖止步,走出迷雾。在陈蓉走出迷雾的路程中,为她设置重重阻碍的,除了昔日不法同党外,还有貌似好人的正人君子们。陈蓉对于张国兵和张大娘的爱护与帮助感激万分,决心用真心和汗水洗刷过去的污点。她每天起早贪黑,参加街道上的劳动,断绝了同涉嫌违法犯罪人员的来往。张大娘像慈母那样无微不至地关怀着陈蓉,四处奔走,向有关单位为她申请收回住房和安排工作,却遭到了区劳动科长的百般阻挠。李玉凤是张国庆的女朋友,在她父亲李科长的影响下,秉承"一日做贼,终生是贼"的理念对陈蓉非常歧视。她怂恿张大娘的女儿小曼挖苦陈蓉是贼,三番五次地想撵走陈蓉。陈蓉在李玉凤和小曼的讥笑谩骂声中,怀着绝望的心情悄悄离开张大娘家的情景,令人无比悲愤。想做一个好人就这么难吗?

古语讲,莫以小人之心度君子之腹。李商隐更有诗云"不知腐鼠成滋味,猜意鹓雏竟未休"。以"恶"猜度别人、看待世界是一种非常可怕的社会心理。超市的出现方便了买者和商家,但是在超市里购物总是有人以为你会偷东西,甚至搜你的身,在百度搜索"超市强行搜身"词条，相关信息几十万条。如果生活在一个充满恶意的世界里，人怎能不恶？所以，要想生活在一个美好的世界里，就必须从我做起学会"How to"，学会"How to Train Your Dragon"。

［本文初稿原载《辽宁法制报》2012年4月13日，发表时题为《以法律的名义》，有删节］

亚马孙丛林深处的爱情与文明

一条大河,在亚马孙丛林的深处缓缓流过。河边有一间茅草屋顶的竹屋,朝河开着一扇窗。窗前是一张高脚桌,屋子的主人会站在桌旁吃饭,读爱情小说。此外,主人还会在麻编的吊床上睡觉,喝啤酒,有时也喝咖啡。屋子里还有一只煤油炉子、一块手工肥皂,墙上挂着一幅肖像画……

听我讲到这里,你会不会猜想这间屋子的主人不是作家就是艺术家、哲学家?这不就是典型的诗意地栖居吗?然而,你想多了,都不是。它的主人,也就是这部小说《读爱情故事的老人》的主人公安东尼奥·何塞·玻利瓦尔·普罗阿尼奥,其实他连字都不会写,尽管他能读书——好在他能读书。[1]他是一个逃生至此,悲惨地死了妻子而自己侥幸活下来的孤独老人。在老人眼中,这里一度是"该死的地方","夺走他爱情和梦想的绿色地狱"。不能种庄稼,野兽频繁出没,在极度恶劣的自然环境中,死神每时每刻都有可能光顾。他一度忍辱负重,等待着报仇的时机。

老人不仅活了下来,而且从青壮年一直活到老年。他甚至渐渐被这无边无际的大地迷住了,他甚至忘记了自己的复仇计划。

他从未想过"自由"这个词，却开始"尽情地享受它"。他捡野果子吃，却放弃了猎杀动物。自由不仅消弭了仇恨，而且让他拥有了慈悲的心。想独处的时候他就一个人躺在独木舟里；如果需要同伴，他就去找苏阿尔人。当他感到衰老袭来的时候，偶然间他发现，识字是对抗衰老的解药。因此，在没有书读的时候，他有了精神层面更高级的体验——孤独。这的确是诗一样的生活，曾经的恶劣环境悄然变身。

是什么给老人带来了如此巨大的变化？这一切皆因当地土著苏阿尔人教会了他与自然和睦相处的艺术。苏阿尔人可以说是亚马孙丛林不可分割的一部分，是大自然的一部分。在苏阿尔人眼中，自然并非如玻利瓦尔曾经看到的那样恶劣，而完全是另一番样子，老人在苏阿尔人的引领下很快就体验到了另一种不一样的自然。

如果人类觉得自然是恶劣的，而要想尽办法与其抗争，那未必一定有好的结果。自然是用来"和睦相处"的，而不是用来征服的。那些来自文明国度的军队、淘金者，就曾想要征服这片亚马孙丛林。他们带来了"无须仪式就可以随意喝的酒"，于是"就有了意志薄弱者的堕落"。没有仪式，是堕落的开始。那些恪守"时间就是金子"的文明人，热衷于淘金、赌博，互相仇恨和妒忌，向往权力，不关心彼此的生死。他们在他们眼中的蒙昧之地任意杀伐和掠夺，他们自信无所不能，对于自然无所谓敬畏，更谈不上仪式。因此，"无须仪式就可以随意喝的酒"对于和自然相互依存的苏阿尔人来说，是非常可怕的。正是这种文明人的无畏，不仅破坏了苏阿尔人宁静快乐的生活，他们也为此付出了惨重的代价，给他们自己和苏阿尔人带来了致命的危机。

豹猫的幼崽被文明人猎杀，母兽绝不会放过他们。尽管老人不愿承认自己是一个猎人，但作为最有经验的老猎手，他还是被镇长派去搜寻豹猫。于是，小说在两条线索的交会下推向高潮，一条是老人追踪豹猫，一条是老人读爱情小说。前者是为了生存，保证生命延续；后者是生活层面的追求，人的追求。在追踪豹猫和读爱情小说的过程中，老人寻找的其实是人性。

在老人看来，那只母兽是令人尊敬的对手。它冷静而智慧地请求老人结束公猫的痛苦——人类为其带来的肉身与情感的双重痛苦，然后了无牵挂地与其决一死战。他对它的行为充满敬佩，对自己最终的胜利感到深深的羞愧，他觉得自己以及自己所代表的人类是卑鄙无耻的。在人类世界缺席的爱情，竟然被兽类演绎着。这就是为什么作者让老人读的是爱情小说，出现在书名中的"爱情小说"显然是这部小说的核心词。"爱情"抑或"爱情小说"代表的是人类的一种高级情感，而这种高级情感恰恰是在小说中每一个场域都缺席的——亚马孙丛林中的苏阿尔人毕竟处于人类社会原初状态，他们尚不能完全驾驭这种高级情感；在老人的家乡，婚姻被视为传宗接代的手段；而来自文明世界的征服者们，只有恃强凌弱的肉欲发泄。

在看似野蛮与蒙昧的世界里，孕育着自然之美，文明不是攫取和占有，而是拥有浪漫的高级情感和诗意地生活；动物、野兽并不理所当然地要被人类执掌命运，人类并不一定比兽类更加高贵；当人被欲望支配，原始的兽性将悄悄露出狰狞的面目。列奥·施特劳斯说："人类本质上是一种'介于其间'的存在物——介于禽兽与众神之间。"[2]这部小说不得不让我们重新思考，什么是野蛮、什么是文明，怎样理解兽性，又如何剖析人性。在亚马孙丛林中，"用无比美丽的语言讲述爱情"的小说是老人唯一有效的慰藉,"有时甚至能让他忘却人类野蛮行径"。

[本文写于 2018 年夏]

【1】[智利] 路易斯·塞普尔维达:《读爱情故事的老人》,唐郗汝译,人民文学出版社 2011 年版。
【2】[美] 列奥·施特劳斯:《自然权利与历史》,彭刚译,生活·读书·新知三联书店 2003 年版,第 155 页。

久违的风，来了

不知道《赛德克·巴莱》算不算台湾人自己的第一部史诗电影，至少作为台湾电影最高荣誉的金马奖，把最佳剧情片奖颁给了这部电影。与其说电影讲的是一个抗击外来侵略的故事，不如说是一部关于一个族群自我救赎、涅槃重生的传奇。曾经的新人导演、理想主义文艺青年魏德圣也借此片完成了他从小清新到大导演的转身。这个转身谈不上有多华丽，因为12年的酸甜苦辣只有他自己知道。大奏凯歌也还为时尚早，因为内地上映票房并不乐观。有人说是因为片名晦涩，有人说是价值观缺失，等等。

一 坚守，久违的精神

早知道拍摄《海角七号》是魏德圣的卧薪尝胆之举。

1997年，理想主义者魏德圣29岁，他走出杨德昌电影工作室，开始独立拍片。这一年他由于偶然的机会被赛德克的故事感动。2000年，还没有一部真正剧情长片作品的青年导演魏德圣32岁，这一年他完成了《赛德克·巴莱》剧本创作，并砸锅卖铁自筹资金200万新台币拍摄了5分钟的电影前导片，结果是没有吸引到任何投资。2008年魏德圣执导电影《海角七号》大获成功，他没有就此延续他的海角之路,多多享受一下成功的喜悦,而是立即决定孤注一掷筹资 7 亿元新台币(当时约合人民币 1.5 亿元),拍摄他心中神圣的《赛德克·巴莱》。为了这部电影,魏德圣筹备了 12 年。

其实,《海角七号》之后的魏德圣要想拍摄《赛德克·巴莱》依然是相当困难的,毕竟客观看来他还是新人导演,影片的投资也太大。但是他的执着打动了很多人,其中就有吴宇森和李安。吴宇森答应做了影片监制,李安则给了魏德圣自己的电话号码,说有困难就打电话。当然,魏德圣最终也没有打电话,他一直在保留这次求助机会,万不得已不会使用。令人欣慰的是,《赛德克·巴莱》终获成功,不仅折桂金马奖,而且在台湾本岛票房口碑双丰收。

诸如原始丛林、文面图腾、狩猎祭祖、族群延续、忍辱与复仇、鲜血与灵魂等等都是诗史巨制难得的素材。刚好这些元素《赛德克·巴莱》都具备了,但是如何把这些厚重的历史素材精当地组织起来是十分困难的。魏德圣做到了,影片以宏大的叙事结构表现了赛德克人不屈的灵魂,雄浑壮阔,荡气回肠。

影片实景拍摄,演职人员要在险峰峻岭间穿梭攀登,拍摄设备都要肩挑背扛到山崖上,流血受伤是常事。不仅有实景,还有真人。看完电影之后,才知道那颇具戏骨气质的主演竟然是非专业演员,青年与中年莫那·鲁道的两位饰演者林庆台和大庆都是非专业演员,林庆台是一位牧师,大庆是一位货车司机。他们同样都是原住民,他们没有接受过正规表演训练,有些东西是他们不需表演就具备的,有些东西是他们要付出比专业演员多出几倍的辛苦才能得到。出色的表现已经使他们在那个夏天成为全台湾最受瞩目的明星,成为大众偶像。当我们看到那一个个惊险炫目的镜头,当我们领略到那一幕幕触及灵魂的场景,当我们艳羡那掌声与鲜花中的电影主创,可曾想到那背后的艰辛与坚持?

说来惭愧,不知有多少人如我一样如果不是因为《赛德克·巴莱》这部电影,都不知道还有雾社这回事,更不知道赛德克是什么意思。而当我看完这部电影,我想对导演以及赛德克人致以崇高的敬意。无论是影片所表现的赛德克人,还是影片外以电影的名义聚集在魏德圣周围的电影人,都值得我们敬佩。坚守、执着、奋斗,他们的精神都是当下这个时代最为缺乏的。

二　信仰,野蛮的骄傲

赛德克族原本被列为泰雅族的一支,经过多年的正名运动,终于在 2008 年 4 月 23 日成为第 14 个官方承认的台湾原住民族。就在 82 年前,赛德克人为了捍卫自己的身份标识——使灵魂可以进入祖灵之家,曾经进行了一场伟大的战斗,这就是发生在 1930 年反抗日本侵略者的雾社事件——影片《赛德克·巴莱》即取材于此。

赛德克族是祖先崇拜的民族,祖训是无比神圣的。在自己的土地上狩猎、烧垦都是祖训,如果有人胆敢破坏这些规矩,甚至入侵,族人势必誓死捍卫,以生命为代价血祭祖灵。说到底这是世世代代流淌在赛德克人血液中的信仰。在赛德克的语言中,"赛德克"意为人,"巴莱"意为真正的,"赛德克·巴莱"就是真正的人。也许因此才会发生时至今日许多了解历史的日本人都无法理解的雾社事件,以三百人对抗数千日军,其惨烈与悲壮令世人震惊。如果不是这样,就不是赛德克·巴莱——真正的人。

赛德克人,受得住苦难与屈辱,因为心中有信仰。然而,文明毕竟是人类前行的必然方向。"如果文明是要我们卑躬屈膝,那我就让你们看见野蛮的骄傲。"莫那·鲁道这句话具有深刻的思辨性。反抗侵略是天经地义的事情,可是反抗文明也具有无可辩驳的正当性吗?当了警察的花冈兄弟的纠结就在这里,他们不想茹毛饮血,他们希望过上文明的生活。也许为侵略者当警察要顶上"汉奸"的骂名,可是向往文明的愿望似乎又无可指责。在这样的冲突下,他们选择了用死向祖灵作出交代。

《赛德克·巴莱》为人诟病的,质疑最多的也正是这种超然、客观的叙事态度,被指没有立场。但这并不影响观众有自己的立场,而影片不急于表达立场恰恰可以给观者更多思考的空间。

无论如何,赛德克人的信仰都足以感动当下的我们。对于人类来说,没有什么比拥有信仰更加高贵。

遗憾的是,影片在内地公映后票房不容乐观,院线所排场次也不多。首映那天,在电影院看到多数观众是去看了《影子爱人》和《复仇者联盟》。是人们早已习惯了浅层的感官刺激,还是影片真的不吸引人?而我看了这部电影,至少发现此前很多所谓大片名不副实,其诚意是不可同日而语的。回顾一下近年号称投资过亿的华语大片,如《金陵十三钗》,如《鸿门宴》,同样的票钱看《赛德克·巴莱》到底值不值?

就在《赛德克·巴莱》上映这几天,韩寒一篇博客文章在网上疯传。那是韩寒记录访台归来的一些感受,关于诚实善良、勤奋进取,以及平和包容。对韩寒那篇文章的称赞、转发说明网友与韩寒的共鸣和对优秀文化的认可。可是当电影以一种直观的形式告诉我们那里的人们曾经怎样为了理想而奋斗、为了信仰与尊严而战斗,我们却舍不得买一张几十块钱的电影票。这是一个悖论。

三 风来了，谁是迷失的人

对于台湾，最初的印象来自小学语文课本上的《日月潭》。文中有一句："日月潭好像披上轻纱，周围的景物一片朦胧，就像童话中的仙境。"尽管并不知道"童话中的仙境"究竟是什么样子，但当时确信那是人间最美的所在。只可叹，那里竟被"反动派"们占据着。

20世纪80年代南风北渐，台湾歌曲在刚刚开放的大陆风靡一时。此后再提台湾，人们心中不再是阴霾笼罩的"反动派"巢穴，一首《阿里山的姑娘》已经让无数人对祖国南海上那颗明珠满怀憧憬。于是，当余光中的乡愁病传染了海峡两岸所有赤子，我们对"台湾"这个模糊的概念更多了几分莫名的牵挂。

直到慢慢看到柏杨的回忆录和侯孝贤、杨德昌的新浪潮电影，才了解在那座美丽的小岛上也有悲情，也有惆怅。2011年夏天读了一本书，书名叫《行走台湾》，是由蒋勋、侯文咏、沈春华、舒国治等30位台湾文化名人记录的在台湾行走的"私房"回忆。没有去过台湾，但我从这本书中读到的台湾是带着一种淡淡的忧伤的。也是在2011年，有幸观看赖声川的话剧《宝岛一村》，忧伤之外又看到了迷茫。

无论是悲情与惆怅，还是忧伤与迷茫，他们都有一个共同的情绪源头——身份认同。我从哪里来，又要到哪里去？这样的疑问与困惑始终弥散在台湾人的文字中、影像里。且看300多年间，荷兰入侵、郑氏割据、清政府管辖、日本殖民、国民党统治直到今天的蓝绿互搏，可谓"梦里依稀慈母泪，城头变幻大王旗"。不断改换的身份使得台湾人难觅归属感。

而现在所谓"台湾人"也逐渐成为一个复杂的族群概念，其主体既包括台湾原住民，也包括几百年间移居彼地的异乡人。官方通常以语言区分为台湾闽南人、客家人、外省人及原住民等四种族群。而台湾原住民的组成也远不像我们想象的那么简单，我们比较熟悉的"高山族"其实只是一种泛称。实际上，台湾原住民可以细化为十几个民族，电影《赛德克·巴莱》中的赛德克族就是其中之一。

台湾文化继承大量中华传统文化中的优秀成分，特别是主流儒家文化，这些与原住民亲近自然的精神、祖先崇拜是可以交通融会的。其实我们认为是台湾民谣的《阿里山的姑娘》并不是真的台湾民谣，它创作于1947年，曲作者是当时在台湾拍电影的上海导演张彻，后来成为香港武侠电影一代宗师，而歌曲的词作者邓禹平也从未去过阿里山。文化若相通，灵魂可共鸣。

"风来了"，这风来自太平洋，也来自古早时代，那里住着我们共同的祖先。当那久违的风吹来时，我们是否该反问自己：

我们又是从哪里来，要到哪里去？我们的信仰——在哪里？

[本文初稿原载《三晋都市报》2012年5月19日，发表时有删节]

龙门往事：一场任侠与专权的生死博弈

看完徐克导演的《龙门飞甲》，感觉总想说点什么，可是最终欲说无语，大概是因为视觉刺激太强了导致思维空档；看完修复版《新龙门客栈》，仿佛很多积攒已久的情绪一下子涌上心头，不说不痛快。

事情还要从45年前一个青年导演的出走说起。

1967年，以《大醉侠》掀起邵氏"彩色武侠世纪"的青年导演，为了实现自己的电影梦想离开如日中天的香港邵氏影业，转投台湾联邦电影公司，这个青年就是后来成为新派武侠电影的重要奠基人胡金铨。就在这一年，加盟台湾联邦的胡金铨，在很短的时间内拍摄了一部取材于500多年前历史故事的武侠电影，叫《龙门客栈》。影片讲的是明朝中期侠士为保护忠良之后反抗专制暴政的故事。上映之后，不但在台湾创造了票房奇迹，更打破了整个东南亚地区的票房纪录，在20世纪60年代正在经历专制统治的韩国和菲律宾等地甚至引发观影狂潮。

如果说此前他的《大醉侠》开启了新派武侠片潮流，那么《龙门客栈》则是武侠片成为世界类型电影中一个重要片种的标志性作品。不知胡金铨先生当时是否会想到，近半个世纪以后的今天依然有人续写他的"龙门"传奇，依然有人为那一间客栈里发生的故事而痴迷。当然，这个续写"龙门"传奇的不是别人，正是胡金铨自己曾经的拥趸，与他联合指导经典武侠电影《笑傲江湖》的徐克。当年在美国读电影专业时，徐克毕业论文写的就是关于胡金铨电影研究的题目，合作打造《笑傲江湖》、翻拍《龙门客栈》（《新龙门客栈》由徐克监制，并承担一半拍摄工作，合作导演李惠民），近20年后再出《龙门飞甲》、修复版《新龙门客栈》，足见胡金铨对其影响之深。

其实，胡金铨对徐克的影响还远不止于此。胡金铨拍武侠电影在很大程度上源于少时深受武侠文学的影响——他的父亲胡源深与一位民国武侠小说大宗师交往甚笃，这个人就是大名鼎鼎的还珠楼主，两家是世交。胡金铨的父亲收藏了还珠楼主的很多武侠小说手抄本，少年胡金铨自然耳濡目染。还珠楼主的神怪武侠小说建立在中国传统文化基础之上，他的江湖世界融汇了释、道、儒、医、巫、琴、棋、诗、画、书等多种文化意象。受其影响，胡金铨将这些元素融入电影中，脱离了之前武侠电影怪力乱神、粗制滥造的窠臼，关注江湖意境的营造，关注江湖中的人与江湖的关系。其实这正是还珠楼主一贯主张的化人情物理于"会心"。《龙门客栈》因为更具文化底蕴和人文气息，可以说是第一部真正带有武侠情怀的武侠电影，因此当年获台湾第六届金马奖优等剧情片奖、最佳编剧奖。

胡金铨的武侠情怀直接影响了徐克，天马行空式的化人情物理于"会心"的精神到了徐克这里，就是拍摄题材上的"奇幻化"以及拍摄手法上的"技术控"。典型例子就是还珠楼主一部《蜀山剑侠传》，被徐克一拍再拍，先有1983年科技武侠片《新蜀山剑侠》，后有2001年电脑特技新概念武侠电影《蜀山传》。当然，还有这部号称全球首部 IMAX3D 武侠电影的《龙门飞甲》。

20 世纪 90 年代的徐克，走进了他电影事业的辉煌期，《笑傲江湖》系列、《黄飞鸿》系列、《青蛇》、《刀马旦》、《断刀客》等经典影片都在这一时期诞生，因此"人在江湖"的豪情油然而生；而到了 21 世纪 20 年代初，既有经历了香港电影漫长低迷期的辉煌难再的感慨，又在不甚繁荣的香港电影圈里即将达到一代大师的地位，在资金不是问题的情况下徐老怪专心搞怪，就像一位四海为家的浪子。正是由于对技术的过于痴迷，所以《龙门飞甲》在情节构制、意境渲染上显然是输于《新龙门客栈》的。完美的特效、高超的剪辑足以令人眼花缭乱；但是，仿佛谶语一般，男主人公的两句台词暗指了两部电影的两种境界：《新龙门客栈》中周淮安的"人说乱世莫诉儿女情，其实乱世儿女情更深"是一种典型的人在江湖的武侠意境；《龙门飞甲》中赵怀安的"寒江孤影，江湖故人，相逢何必曾相识"则是一种闪躲回避的浪子心态。

无论怎么搞怪，有着深厚武侠情结的徐克都不会不知道，他曾经的《新龙门客栈》拥有着怎样一种地位，不管是在专业圈子内还是在所有影迷心目中。因此，在出品人吴思远的大力推动下，紧跟着《龙门飞甲》，修复版《新龙门客栈》上映了。对江湖儿女的情爱或可朦胧处理，对暴政与专制的反抗则依然是未变的主题。早在《新龙门客栈》筹拍之时，吴思远就曾为之付出很多心血，比如当时条件下香港演职人员赴内地拍戏所需各项烦琐证件的办理以及版权问题交涉，甚至还出了李连杰的时任经纪人蔡子明与之抢拍该片后被枪杀事件。

尽管当年胡氏《龙门客栈》具有里程碑意义，但是在当时条件下毕竟还不具备成就完美经典的诸多元素，因此不可避免地留下一些遗憾，诸如戏曲色彩较浓、武打戏份表现力不足、角色台词薄弱等。然而，20年后再看《新龙门客栈》，说它是经典，相信依然没有人会反对；相反，经过了20年的时间考验再拿出来看：无论是客栈、大漠的场景设置，所有矛盾最终在特定空间完全激化的情节构思，还是江湖儿女人物形象的塑造，以及对千百年来中华武侠情怀的传承，都达到了一定的水准和高度。《新龙门客栈》不仅实现了对《龙门客栈》武侠精髓的现代化转换，而且开创了武侠电影叙事模式的先河。茫茫大漠就像中国传统山水画的留白，笔断意不断。金镶玉一把火烧掉了龙门客栈，一切化为乌有，天地之间只剩传说流转。

从《龙门客栈》到《新龙门客栈》再到《龙门飞甲》和修复版《新龙门客栈》，从"人说乱世莫诉儿女情，其实乱世儿女情更深"到"寒江孤影，江湖故人，相逢何必曾相识"，20年放不下一份情，45年圆一个梦。一个发生在边关客栈里的故事，一场任侠与专权的生死博弈，讲了500年也不曾被大漠黄沙掩埋。这是传奇，也是精神。

[本文写于2012年春]

画皮女的善与恶

小时候发自内心钦佩那些手持法器的道长、高僧或世外高人，因为他们能降妖除魔，咒语一念无所畏惧。知道《聊斋》里画皮的故事之后，愈加觉得应该掌握一两项降妖除魔的专业技术以防被蛊惑。记得当年看了郑少秋、王祖贤版的《画皮之阴阳法王》，总爱和身边的同学朋友开玩笑说："最近您遇见什么人了吧？"当时最矛盾的一件事就是，如果遇见白娘子那样的妖，我到底管还是不管？

事实证明，我想多了。因为二十年过去了，我从来都没遇见什么白娘子青娘子，即便遇见了我也不认得，因为非常遗憾，我至今也没有机缘得到高人指点而具备降妖除魔的本领。然而，关于妖魔鬼怪的故事却始终是影视作品创作的热门素材。单说画皮故事演绎出的经典电影版本，在胡金铨1992年导演《画皮之阴阳法王》之前有1966年鲍方执导的《画皮》和1978年李翰祥执导的《画皮》（别名《鬼叫春》），之后又有2008年陈嘉上的《画皮》以及稍晚的乌尔善版《画皮Ⅱ》。然而不管是电影还是电视剧，主人公那个披着画皮的美貌女子都越来越趋近于白娘子式的善恶难辨。

蒲松龄《聊斋志异》原书的画皮女子是不折不扣的恶鬼，篇末异史氏还感慨地说："愚哉世人！明明妖也而以为美。迷哉愚人！明明忠也而以为妄。""天道好还，但愚而迷者不悟耳。哀哉！"立场鲜明，警示后人。早年间鲍氏《画皮》和李氏《画皮》尽管都不同程度地展现了女鬼的柔情一面，但在给女主人公定性上基本秉承了异史氏的思想精神。而1992年的胡氏《画皮》已经拍出女鬼的楚楚可怜——她也是迫不得已的受害者，王祖贤那经典的冷艳凄清的扮相给人们留下了难忘的回忆。到了2008年的陈氏《画皮》中，周迅大有传承华语电影经典女鬼形象王祖贤之衣钵的端倪，鬼狐的媚、妖、艳在小唯身上均有体现，与以往各款影版《画皮》相比，最大的不同是鬼狐画皮女真的有了情，对于王生的爱恋多少得到了人们的一些同情。

但无论怎样多情，陈氏的画皮女还是以恶为主，小唯为了得到王生不惜毁掉其原配妻子佩蓉，尽管最终小唯有所悔悟救活王生和其他死去的人们实现了灵魂救赎，但两相对比，此间依然凸显"我不入地狱，谁入地狱"的佩蓉的博大之爱。

乌尔善的《画皮》，也就是《画皮Ⅱ》，被称为陈氏《画皮》的续集。看《画皮Ⅱ》最好奇的一个问题就是，不知小唯逃出寒冰后看到赵薇和陈坤那熟悉的面庞，有没有想过：五百年了怎么又是你们俩？好吧，我们仨又倒霉了！因为《画皮Ⅱ》只有小唯还是那个小唯，陈坤和赵薇饰演的角色均已发生变化——王生成了霍心，佩蓉成了靖公主。

如果说当年看陈嘉上2008版的《画皮》对小唯还有那么一些仇恨，那么今天再看《画皮Ⅱ》则更多了一些同情。2008版《画皮》里，小唯爱上了王生，也算有情，但是她为了得到王生不择手段，利用王妻佩蓉的善良和隐忍令她喝下药水变得人不人鬼不鬼，着实可恶。好在最后小唯在关键时刻把握住了大方向，用千年修行的仙丹救活了所有人的命而自己却被打回狐形。折腾个一溜十三招到头来一切都成空，想想也有可怜之处。到了《画皮Ⅱ》，因王生一劫而被冰封五百年的小唯逃出来后，不仅要时刻躲避寒冰侵袭，还要苦苦寻找那颗能让她回复人形的心。带着原罪出场，悲情是自然的。同时，她这次没有和女主人公靖公主抢男人，得到靖公主的心也的确是靖公主心甘情愿的。就这样一个可怜的生灵，到最后还是难免一劫。

小唯以为得了靖公主的心，替她去天狼国和亲就可以真正做人了，没想到天狼国是想要她自己的心去拯救国王的继任者，而那个继任者的心就是之前被小唯拿了，她不得不那样做，不吃心就会破了皮相，那时得了心甘情愿的心也没有用了。这是多么令人哭笑不得的一个因果循环！从第一部到第二部，小唯的命运越来越不济，不禁让人心生悲叹：做人难，做妖也不容易。

不容易的妖不只有小唯，还有第一部里对小唯一片痴情的蜥蜴，还有第二部里爱上了捉妖师的妖雀儿。蜥蜴爱得纯粹、爱得惨烈，雀儿爱得清新、爱得自然。他们的爱都令人感动，尽管他们是妖。可就因为他们是妖，他们的爱注定前途黯淡没有结果，蜥蜴为小唯而死，雀儿终因门不当户不对这个致命的问题挂掉了，她死在自己爱着的捉妖师的血上。谁让你是妖呢？妖怎么能爱上捉妖师呢？

其实妖也未必是自愿做妖，妖的最高理想都是修炼成人，而他们吃心喝血也是情非得已，要不那样就死路一条。这大概是妖界的生存法则，小唯摆脱不了。说到底还是那句话：各有各的难处，理解万岁！

可是我们不能站在妖的一面说话不腰疼，害人总是不对的。

但从另一方面讲，妖怎么就会盯上你呢？一定是你定力不足、内心不够强大才让妖有了可乘之机。如果霍心与靖公主之间没有误解与隔阂，小唯又怎能乘虚而入？靖公主听了小唯的话误以为霍心和其他男人一样只看重皮相所以冷淡了自己，所以不惜用心去换得小唯美丽的皮相，殊不知霍心的疏远只是出于自责与自卑。相爱并不一定真的相知，红尘俗世中你对你爱的人或者爱你的人有足够了解吗？一个是公主，一个是将军，谁都不肯放下架子把那内心的话儿清清楚楚、明明白白说出来，非得弄到挖心刺眼的份上才真正懂得对方，何苦呢？早点越过那道世俗的樊篱敞开心扉不就好了吗！

紧随而来的另一个重要问题是，没了心，要皮相又有何用？

靖公主的整容行动终以失败而告终，霍心为了证明自己不是只看重皮相而刺瞎了双眼。古人说"士为知己者死，女为悦己者容"，可以死可以容，但前提是已经知己、悦己，而不是通过死和容达到知己和悦己。因此，想通过整容使男人悦的女人们，且三思。因容而悦的悦不是真悦，不要心而只要容的容也不是真容。君不见没了心的靖公主容颜速朽？佛语早有云：相由心生，境随心转。面相即为心相，眼界即是心界，内心澄明必然相貌端庄，不解决心的问题，容是靠不住的。

回顾《画皮》故事半个世纪的逶迤演进，不得不说画皮女越来越有情，越来越招人爱，当然也越来越能迷惑人。所以，无论怎么有情怎么可爱，主人公都难逃一劫，是男女主人公的劫也是画皮女自己的劫。然而，一如《画皮Ⅱ》的结尾处，画面呈现是小唯救下靖公主与其合二为一，我们看到的是长着靖公主的心的小唯的皮相，然而此时的霍心已经自毁双目，在他的心里，靖公主永远是那个靖公主。于是，导演令小唯在转身间重又呈现出靖公主的容貌，不知这算不算是对相由心生的另一种诠释。所以，不要被眼睛看到的浮华所迷惑，用心看到的世界才是最真实的。说到这里，小时候的困惑与遗憾自然化解：不必寻找世外高人，强大而澄澈的内心即是法器。

还有一点最后必须说一下，无论哪一版《画皮》都是主人公把陌生女子带回了家，进而发生劫难。所以，如果你内心不够强大就要记住这条教训：请不要带陌生女子回家，旅馆也不行。无论你是奋斗一族的书生、技术范儿的琴师还是吃官饭的武将，因为我们真的不知道小唯的孤魂此刻又去往了哪里……

［原载《看电影》2012 年 8 月下期，发表时题为《拉拉杂杂说画皮》］

大时代下的人生镜像

最初看到柳迦柔的公安题材长篇小说《老警》，觉得书名起得不好，对于如此洋洋洒洒一部30万字的长篇来说这个名字太过简单平常了，没有特点。[1]但是，读过之后发现，竟然很难找到更合适的名字取代它。也许正是这样极简单极质朴的名字，才更配得上这样一个历经半个世纪的风雨沧桑的故事。

《老警》可称为一部描写中国公安几十年发展历程的叙事诗，小说以历史性的叙事笔法讲述了一位老警的故事。主人公华龙，60年代初从警校毕业到公安局工作，历任派出所片警、刑警队侦查员、刑警队队长、公安局局长等职务。小说描写了他20世纪60年代奉献青春，"文革"十载历尽坎坷，改革开放苦尽甘来，千禧之年光荣退休以及赋闲在家心系公安的整整半个世纪的荣辱悲欢，可以说华龙的人生经历就是中国公安事业近半个世纪以来发展历程的缩影。在作者那些叙述世事变迁流年光景的文字背后，是深厚的情感积淀。这与作者的成长环境有关——作者柳迦柔的父亲就是干了一辈子公安工作的老刑警。柳迦柔从小崇敬警察父亲，她对警察、对公安事业的爱以及对人间正义的向往是流在血液里的。父亲，其实就是小说主人公的原型。

警察首先代表正义，写警察，一定会有正邪博弈。本文赋予正面人物史诗气质，让反面人物更具人性色彩，而小人物穿插其间常常起到牵丝结网的关键作用，使整个故事有条不紊地展开。这部书前后涉及大小案件十余起，但作者不是为了写案子而写案子，因此并未把案件侦破过程渲染得多么惊险离奇，而是用冷静客观的笔法，展现了人民警察英勇无畏、打击犯罪的职业精神。《老警》中也有坚守正义之士同邪恶投机分子之间的博弈。十年浩劫期间，以贾明、曲光荣为代表的造反派颠倒黑白，对以华龙、洪爷、卢大忠为代表的正义之士百般迫害，但华龙等人始终坚守气节不为所屈。

无论是英雄还是奸恶，他们在本质上都是人，离不开人的本性。这样一部扬善惩恶、元气淋漓的作品也有脉脉温情。华龙与高敏之间的爱情令人钦佩、令人感动。两人从相识、相知、相爱到相伴相守，经历无数苦难与坎坷，却从未因此有什么抱怨。书中也有一些爱令人唏嘘，如贾小二与段晓妮误入歧途狼狈为奸终于难逃恶果，但两人能从青梅竹马爱到生命尽头也是真情，作者对于他们那种生死相依的爱情的描写更是从人性的视角给予观照——坏人也是人，也有爱，也有情。把坏人写活，这是《老警》最可贵的地方。

小说还在字里行间闪现着人生哲学的思辨意味，比如两位男主人公的命运反差。华龙和贾明作为同学同时参加工作，两人各个方面的条件都较为类似，但是两个人在人生的道路上却渐行渐远，最终的结局有天壤之别。刚报到的时候，华龙因为字写得好被局长看中要他当秘书，可是他婉言谢绝，要求到基层锻炼；贾明对此正求之不得，因为华龙的拒绝而使他如愿以偿。一进一退，凸显境界不同。

《老警》把个人经历与时代变迁、人生浮沉与家国往事巧妙地融合在一起，通过几个人的命运展现大时代的万千气象，颇有小中见大、管中窥豹的审美意趣。一个成熟的作家需要有自己的审美立场和价值判断，进而确定作品与生活现实的关系。在当下中国前所未有的经济转轨与社会转型进程中，我们感受到了繁华、安乐，但抑郁、浮躁、暴戾也正在人群中蔓延。在这样的社会环境中，对现实的洞见性对于文学创作来说愈加重要。就这部《老警》来说，作为读者我们看别人的故事很容易看出问题所在，可当我们把目光转向凡俗世界的实际生活，贾明的问题可能我们或多或少都有：一心谋高职，为自己挣利益，有点小成绩就沾沾自喜；华龙的言行我们无比佩服，可我们有几人能像华龙那样洒脱、坚忍？作者所持立场与现实的契合点就在这里。

［原载《人民公安报》2012年8月10日，发表时题为《真情积淀下的历史叙事》］

【1】柳迦柔：《老警》，中国民主法制出版社2012年版。

荒谬的行径，正义的化身

柏杨，在中国，无论是大陆还是台湾，都是个曾经掀起时代风潮的名字。当年大陆的读者知道柏杨多是因为他的杂文。他的杂文以深沉之爱和匹夫之责，强烈批判中国人的国民性；他的"丑陋的中国人"和"酱缸文化"等论述在华人世界广为流传，影响了一个时代。冯骥才先生曾把他和鲁迅并论，认为他们都是"凭着作家的敏感与尖锐，随感式却一针见血地刺中国民性格中的痼疾"[1]。柏杨先生不仅是一位中国百年来少有的杂文大家，而且是一位著作可观的史论家、翻译家和小说家。与鲁迅先生一样，柏杨的批判意识不仅体现在杂文中，也显露于小说里。《都是马大哈惹的祸》就是这样一部极具批判与讽刺精神的短篇小说集。[2]这部书收录了柏杨先生的十八个短篇小说，记作"马大哈剧场正义英雄列传"。

柏杨的讽刺小说同样具备其杂文典型的"柏氏幽默"风格，作者将他对愚昧、自私、冷漠、嫉妒、贪婪等等庸俗与丑陋的讽刺与批判寓于荒诞不经的故事里，在俏皮与滑稽中轻轻揭开众生之相，字字入心，句句刺骨。具体地说，短篇小说中的"柏氏幽默"可以概括为"三趣"，即语言有趣、情节有趣、形制有趣。在语言叙述上，他揣摩人物心理细致入微，几句话就能凸显其性格特征，令人物形象跃然纸上。如《魔谍》中那个妄想狂，夸张的表演连他自己都信以为真了；如《求婚记》中那个自恋狂，对方一次次几欲发作的愤怒，他都以为是因艳羡而生的尴尬。在情节构思上，他常常是一本正经地叙述一件非常严肃的事情，结尾时一语道破，前面的一本正经瞬间变成道貌岸然，"欧·亨利式的结尾"突然让人感到荒唐至极。《都是简体字惹的祸》中对简体字口诛笔伐的"反简协会"赵理事，在紧急时刻自己写出的也是简体字；而结尾匪徒绑票通知竟是话剧台词。《捉贼记》中的英雄马子义捉贼就是对武侠小说情节模式的模仿，被问及行为动机时他说"武侠小说上写得再清楚没有"。在形制设计上，他大胆创新，一些篇章颇具现代派文学风格。有通篇隔空喊话的广告启事体，《广告战役》就是夫妻吵架刊登各种启事；有书信往来记录体，《寒暑表》就是某君八年间巴结权贵一路攀升最后过河拆桥的信件原貌；还有私人字条体，《一条腿》就是清洁工拾到的公司开会时员工私底下传递的无数字条。

与其杂文一样，柏杨讽刺小说取材广泛。尽管只有短短十八篇作品，却包罗现实生活诸多层面，有对时政流弊的抨击，有对世俗风气的讽刺，有对丑恶文化的揭露，有对爱情婚姻的调侃，无不影射各种人间乱象。这些故事表面上荒诞可笑，实则展现了种种生存样态。爱慕虚荣的求婚者走错了门误入父亲上司的家，趾高气扬一番之后反被彻底嘲弄；见义勇为者救了被撞的小女孩反被污为肇事者，利令智昏的警官还是"正义促进会"的准科长；某女孩学了一个半月的画就开画展，经过包装炒作成了震动海内外艺坛的青年女画家；铅字架打翻后胡乱拼合印刷出版的诗集开创了"形象派"和"形象主义"，震动全国文坛。创作题材的广泛，反映的是作家视野的开阔，以及驾驭丰富生活经验的能力。

　　柏杨之所以能够创作出别具风格的文学喜剧，是因为他敏锐地洞见了他所在社会的现实悲剧。陈忠实说："柏杨的短篇小说，全部面对社会底层的各种生活位置上的男女，又都是不合理社会结构里人的无能逃脱的悲惨人生，还有人本身的丑和恶给他人制造的灾难。"[3]是的，柏杨的小说是时代的一面镜子。作品诞生的二十世纪五六十年代的台湾，正处在一个身份认同困境的焦虑期，异乡与祖国的矛盾、传统与现代的矛盾、物质与精神的矛盾、信仰与现实的矛盾，种种矛盾交织并行，国家、民族、社会、自我的身份错乱含混。看到小说中那些滑稽而又可悲的小人物这样的舞台背景，我们就不难理解他们的焦虑与迷茫、自恋与自卑、窘迫与鄙俗。然而，社会病态不是个体沦落的理由，作者在更深层面挖掘了人性之中的"丑和恶"：见了洋人极力谄媚的学员家长，他们不知道其实那个洋人根本不懂中国话；酒席上成功绅士大谈中西学问炫耀自己的身份地位，没想到他极力揶揄宣称"两小无猜"的大人物就坐在同一张桌子上；女明星未婚生子，助产士的丈夫要爆料牟利；极度自恋的丑陋伙计假扮国家特工，勾引陌生有夫之妇反被游戏婚姻的夫妻俩利用奚落。此间显露的势利、虚荣、贪婪、欲望都是源自个体人性中丑陋的一面，这样的讽刺与批评具有超越时代的现实意义。

　　尽管对于许多读者来说，是先读到柏杨的杂文，后读到柏杨的小说，然而《都是马大哈惹的祸》为代表的柏杨小说（包括同时出版的长篇小说、"柏杨二书"之《无何有诸国游记》）创作却早于杂文写作。这些小说创作于1950年代及1960年代初期，而柏杨杂文之始是1960年于《自立晚报》撰写"倚梦闲话"专栏。可以说在早期小说创作中柏杨即已显露了幽默讽刺的风格，后来又在杂文中发扬光大，或者说是柏杨在这些喜剧情节构制中进行了幽默讽刺语言的写作实验。之所以说是"实验"，还因为他在这些短篇小说中所表现出来的写作状态十分轻松，并不是端着架子探索文学创作，而是放下身段闲侃身边故事。这种放松的状态似乎更多是率性而为，而非苦心孤诣。

然而对照柏杨在当时年代自身的生活状况与环境，却远没有那么"轻松"，那么"喜剧"。或者说，我们通过小说文字感受到的作者柏杨与真实生活中的柏杨之间存在着很大的"误会"。1950年代柏杨不过三十多岁，且不说此前他坎坷甚至离奇的经历，单从50年代说起，他的经历是莫名其妙的牢狱之灾，失业之后近于流浪的生活，频繁更迭的工作职位与分分合合的感情生活，快乐显然是短暂的，1960年代人生刚有起色旋即开始了长达九年的囚禁生活。然而，也许正是如此炼狱般的人生，给了他创作的灵感。我读这些短篇小说，常常想起《柏杨回忆录》里面那个"我"来，是的，那个"我"就是真实的作者本人。他在回忆自己第一次被神秘逮捕时讲到经过漫长的无人问津的囚禁之后，突然被提审，准确地说没有审，直接宣判15年，经书记官提醒，法官才发现是弄混了别人的判决书。[4]这与小说中的赵理事、胡局长之类相比有过之而无不及。然而，小说中我们读不出作者本人因苦难而生的压抑与愤怒，我们在字里行间分明体会到先生写作时的游戏之乐。笑过之后，当会有人不寒而栗。在嬉笑之中隐约传来一声声鞭响，只轻轻一甩，鞭梢已然开花，这比横眉立目的直接指责与控诉更有劲道。如此一部书，你完全可以只当作一本笑话集去读，种种荒诞不经保证让你从头笑到尾，彼时柏杨就是个顽皮的无厘头代表；你也可以带着思考去读，看青年柏杨怎样调侃一个时代的丑陋，此刻的柏杨就是后来成为人间斗士的前传少年。

更耐人寻味的是，在这部短篇小说集中，柏杨似乎还并不满足于仅仅是讽刺与批判。他还试图通过文学挖掘社会精神，探寻那些社会痼疾的化解之道。正如本书扉页所言：

六十年代台湾社会
在台风肆虐的黑暗中
风不调雨不顺
黄钟毁弃瓦釜雷鸣
离国泰民安的乌托邦境界
尚有一里之遥……
正义英雄如雨后春笋般崛起
他们以钢铁的意志坚持荒谬行径
成为正义的化身
是日后在野人士要求程序正义的滥觞……

在一幕幕闹剧中，我们依稀还能从一些愚钝可笑的人物身上看到正义的影子，如《精神病》中的王大华，如《捉贼记》中的马子义。他们的行为可能看起来是荒谬的，但他们近乎荒谬的坚持却并非毫无意义，作者的思考已经从文学进入了政治和法律层面。

作品诞生的时代和地域，于今天此地的你我时空远隔，然而我们读起来竟然丝毫不觉遥远。不仅是那些对于人性的反思具有恒久的意义，而且那些丑陋的众生之相哪一个不是活生生地就在当下社会？几乎每一个故事，我们都能在现实生活中轻松找到相对应的真人真事；每一个故事，都正在半个世纪之后的此岸如火如荼地上演着。文学的张力与魅力大概就体现于不同时空的自由穿梭之中。30年前柏杨先生指出"中国传统文化有一种滤过性病毒,使我们的子子孙孙受了感染,到今天都不能痊愈",包括"脏乱吵""窝里斗""不团结""不认错""没有包容性""容易膨胀"等。现在看来,那几声鞭响几十年后仍在回荡,他当时所说的"今天",也是今天。"一篇好的短篇小说,不仅仅是作家潜心构思、处心积虑的精心结撰,应该说更是一次意外的相逢。"[5]《都是马大哈惹的祸》是柏杨的意外相逢,也是你我的意外相逢。

[原载《现代世界警察》2017年第5期,发表时题为《意外的相逢——读柏杨短篇小说〈都是马大哈惹的祸〉》]

---

[1] 冯骥才:《中国人丑陋吗?》,载柏杨:《丑陋的中国人》,人民文学出版社2008年版,序。

[2] 柏杨:《都是马大哈惹的祸》,万卷出版公司2015年版。

[3] 陈忠实:《阅读柏杨——〈柏杨短篇小说选〉读记》,《当代文坛》2008年第2期。

[4] 柏杨:《柏杨回忆录》,春风文艺出版社2002年版。

[5] 张学昕:《话语生活中的真相》,吉林出版集团有限责任公司2009年版,第188页。

三十载风云激荡　七十年天桥梦回

读到陈寅恪先生"海外林熊各擅场"的诗句，方知这位中国20世纪伟大的双语作家熊式一先生，曾经在异国他乡创造了"伦敦纸贵"的阅读奇观。其长篇小说《天桥》此前英文版和中文版加在一起竟然已经出过了近二十个版本之多，更不用说还被译成法、德、西班牙、瑞典、捷克、荷兰等多种文字畅销欧美。可惜的是，中文版都是在香港和台湾出版，我辈无缘读到。

2012年初秋，在《天桥》英文版于伦敦首印七十周年即将来临之际，其中文简体字版在北京问世，故乡的人终于可以在故乡"听天桥话故乡"了。[1]

《天桥》之所以能在世界范围内引起关注和褒扬，我想首先是它围绕李氏家族的兴衰为我们展现了一幅近代中国风云变幻、气象万千的历史画卷。这部作品被称为"以历史为背景的社会讽刺小说"，故事从清光绪五年（1879年）讲起，直到袁氏就任民国临时大总统，三十多年间的中国社会变迁在书中多有呈现，其间最为重要的戊戌变法和辛亥革命更是成为故事中主要人物的人生幕景。作者不仅以文学笔法通过主人公李大同把近代中国重大历史事件抽丝剥茧般解析开来，而且更将慈禧、光绪、袁世凯、李提摩太、孙文、容闳、黎元洪等真实历史人物还原其中,凡涉史实之处无不审慎用笔,不敢妄加戏说。如此虚实相映、巧妙演绎,使小说文本产生了极强的带入感,读者仿佛随着主人公身临其境地走了一回那段腥风血雨的动荡岁月。英国大文豪威尔斯因此评论此书"是一幅完整的、动人心弦的、呼之欲出的图画,描述一个大国家的革命过程"。

《天桥》的动人之处还在于,故事以李大同的人生轨迹为线索,在对纵横捭阖、动荡诡谲的社会现状与历史风云的描述中,透射出浓浓的人文情怀。大同的出生环境就是晚清中国的一幅社会风俗画:有外表和善、心机满腹的乡绅,也有放荡不羁、蔑视礼法的文士;有存天理、灭人欲的卫道士,也有善良慈爱、舍己救人的贤良者;有心怀天下的理想斗士,也有投机钻营的苟且之辈。他们在大时代的巨变兴衰中走出各自或鄙俗、或卑微、或淡然、或壮烈的不同人生。主人公大同在他从出生到故事结束三十多年的人生中,历经乡间苦难成长、城市励志求学、北上慷慨救国、南下坚忍革命,最后功成退隐归乡的曲折道路,参与百日维新、建设兴中会、举兵黄花岗、起义武昌城,目睹军阀割据、清帝退位、民国肇始。可以说大同的人生与时代的大潮紧紧融合在一起,面对种种矛盾冲突他不断作出选择,他的选择正是故事得以精彩铺展的关键,他的选择同时也传达出作者自身的审美情怀,因为那些选择关涉了人格、志趣、思想与信仰。

熊式一先生本是个戏剧家,在《天桥》之前他创作的英文话剧《王宝钏》一度连演三年900多场,《天桥》中不断制造矛盾冲突令人物作出选择的情节构置正是巧妙运用了戏剧创作的基本手法。另外,在谋篇布局上,故事以父辈李明造桥始,最后又以子辈李大同造桥终,首尾呼应,但同是造桥意义又完全不同。结尾处大同与莲芬重修天桥，三十几年间沧海桑田，大同辗转了大半个中国重又回到原点，对于未来不知他还是否心怀憧憬，南海登岛之后他将何去何从？在看似封闭的循环中留下开放之阙，引人无限遐思。

读完这本书的那个早晨，阵阵秋风中掩卷闭目，眼前景象仿佛是我与书中人物一一道别：刚叔叔、大同、莲芬，以及丁龢笙，甚至李小明，等等。唏嘘之余又不禁慨然，个人命运与时代究竟是怎样的关系？当我们看到历尽磨难、落魄流离中的大同在袁世凯帐下谋得小职，深深为他高兴，大有苦尽甘来、一抒胸中郁结之气的欢愉；可是维新变法失败之后，大同毅然决然放弃安逸生活离京南下，甘愿命悬一线为革命辗转奔突，我们又怎能说他做得不对？然而，无论是维新变法还是辛亥革命又都是注定要失败的，即便是以民主与自由的名义为了理想去奋斗，大同的路又在哪里？个体生命究竟在何种程度上能够掌控人生？读罢《天桥》，相较之下不禁反思，今天的我们是不是且当有所庆幸呢？

为本书作序的陈子善先生曾在《世人谁识熊式一》一文中说："与早已名满天下的林语堂不同，熊式一先生的文学成就，特别是他作为20世纪中国屈指可数的双语作家对中外文学交流所作的贡献，至今鲜为人知。"谨以此文致敬熊式一先生。

[原载《中华读书报》2012 年 9 月 26 日]

【1】 熊式一：《天桥》，外语教学与研究出版社 2012 年版。

曾经的法律人，曾经的故乡

1982年，日本导演村野铁太郎拍摄的一部电影《远野物语》，荣获意大利第30届萨莱诺国际电影节最高奖。据说该片在意大利放映完毕后，观众全体起立鼓掌，称其画面优美动人，充满诗一般的意境。很多人就是因为这部电影知道了日本有个地方叫远野。这部电影取材于同名日本民俗故事集《远野物语》，展现了书中那个充满神秘与玄幻色彩的民间世界，书的作者叫柳田国男——日本民俗学之父。

柳田国男的《远野物语》是流传于日本岩手县远野乡的民间传说汇编，由远野人佐佐木喜善口述，柳田国男记录整理。书中故事都很短小，长则不过三五百字，短则三两句话成篇，记录了一些杂杂碎碎甚至看似荒诞不经的田野俗事。很多生活在工业时代的人们会觉得，柳田国男所描述的不过是小农经济时代的蒙昧与迷信。当然，事情并非如此简单。因父亲精神疾病致使家境颓败，柳田国男13岁离开故乡投奔兄长。上高中时父母先后病故，他与自己的故乡渐行渐远。柳田不是他的本姓，甚至他的养父也是柳田家的养子。作为一个没了故乡、失了本姓的孤独者，"去乡—寻乡"的情结伴随柳田国男的一生。

柳田国男是半路出家的学者,治学严谨而勤奋。自 25 岁从东京帝国大学法律系毕业,至 44 岁辞去国家公职,柳田国男都是业余研究民俗学。白天在政府机关从事农政工作,夜里自学相关知识,假期前往各地进行民间调查,直至后来辞职全身心投入民俗研究事业。他是日本从事民俗学田野调查的第一人,当然也最终成为公认的日本民俗学的重要奠基人。可是,尽管如此,柳田国男却一度对民俗学这个自己终身挚爱的领域与称谓保持高度的犹疑与审慎。直到 50 岁以后,他才小心翼翼地把自己研究的专业称作"民俗学"。个中缘由既有他自身一己力量的局限,也有时代大背景的影响。

众所周知,民俗学与农业文明存在密切联系。然而,柳田国男所生活的时代,1875 年至 1962 年,正是日本经由明治维新走向现代化道路的特殊时期。在这个时期,日本完成了其现代法律制度从创建到高度发达的曲折过程。曾经在东京帝国大学主攻法律和政治学的柳田国男,毫无疑问会在具体而细微的法律条文中感受到这个国家日新月异的沧桑巨变。他不可能不知道社会、族群当时的踌躇满志与意气风发。可是他毅然选择了放弃自己的专业,投入乡野之中。彼时,人们刚刚从小农经济的束缚中解放出来,在向着工业文明、军事强国、大日本帝国狂奔的进程中,有人偏要回溯时光的河流,寻找过去的影子,确实有异类之嫌。直到"二战"爆发,这个民族从农业社会到工业文明的狂飙突进达到极致。所谓物极必反,"二战"后经历重创的日本人不得不面对反思。此时柳田国男式的自我解剖与内视逐渐引起人们的重视。因为,山乡、田野、渔村,并不是柳田国男一个人丢失的故乡,而是所有日本人曾经的故乡。

柳田国男认为,学术研究必须对现实社会的进步发展有所贡献。或许,那个法律人柳田国男早已预料到后来国家发展大戏急转直下的剧情。这个国家或许并不缺少一个研究法律和政治的柳田国男,可是民俗学研究者柳田国男却无可替代。一个民族无论在政治、军事、法律上多么发达,都不能切断自己与故乡的联系,否则便会成为没有灵魂、迷失方向的机器或怪物。——这或许是所有国家在进行法治建设中的一个重大启示。

《远野物语》不仅体现了当时远野人的生活情态、思想志趣和图腾信仰,是民俗学上的重要资料,而且在文学上也有特殊意义。民间故事当然也有文学价值,三岛由纪夫就称一直将之作为文学作品来阅读。《远野物语》与中国的《聊斋志异》等神怪笔记、小说有很多相似之处,是民间文学研究的珍贵素材。此外,《远野物语》还是主题学研究的重要文本。书中提及的三浦妻遇迷家、上乡女进山不归、座敷童子送富贵、神像助人等故事,涉及主题学中的遇仙、异化、人兽婚、猿猴盗妇等诸多母题。

此书的初版在1910年问世,后被称为日本民俗学开山之作,多次再版重印。上海三联书店2012年编译的版本,还将柳田国男1930年初版的《日本昔话》扩充进来,作为了解日本一代民俗大家的有益补充。后者收录日本各地口传故事108篇,内容质朴生动,颇有趣味。

[原载《新华书目报》2013年4月15日,发表时题为《回望曾经的故乡》]

降魔，伏妖，都不过是你我的戏梦人生

  周星驰的《西游·伏妖篇》尽管还算一部喜剧，但暗黑的画面里裹挟着惊悚、残暴、丑陋甚至情色，许多观众不禁会问这还是"西游"吗？其实，这些元素以及师徒异心貌合神离的主体情节在吴承恩的小说《西游记》里原本就有。"伏妖篇"不仅还原了这类真实，而且用诸多精心设计的小细节构成了大隐喻，关于人生如戏，关于人性残酷，关于人心迷失。有人入戏出戏掌控自如，但只有他自己知道是否已经放下；有人笑中带泪演了一手好戏，留给自己的是苦是痛；有人本是主角，却冷眼旁观貌似临时客串；有人本是别人的配角，却入戏太深最终走不出那个局。人生际遇，大抵如此。

  "伏妖篇"讲的是以唐僧为首的驱魔重案组为了剿灭九宫真人犯罪团伙而导演的计中计、谍中谍和戏中戏。九宫为了削弱我重案组力量，不断离间唐僧和孙悟空的师徒关系——从马戏团到比丘国再到河口村，从蜘蛛精到红孩儿再到白骨精。而作为驱魔人的唐僧和火眼金睛的孙悟空，他们早已识破妖计，于是将计就计，演戏给九宫看，最后与九宫决一死战。所以作为主角，唐僧和孙悟空在戏里多数时间都是在演戏。

这也是唐僧的饰演者吴亦凡被许多观众质疑演技的原因——人家演的就是"演戏",而戏里的表演风格粗糙甚至拙劣在很大程度上是周星驰式无厘头风格的要求,正如唐僧揶揄九宫真人时所说,真人的法术实在太假了。而吴亦凡的表演是有层次的,唐僧不在演戏时,感觉则完全不同,比如最后为小善送行一幕,那才是真正的唐僧。唐僧本是驱魔人,他具有识别妖魔的能力,他怎会不辨是非,那都是演给九宫真人看的,为的是最后一战出其不意——如来神掌,呵呵,不好意思,我也真的会!演技不那么完美的是唐僧而不是吴亦凡,因为许多情节唐僧要违背自己内心去演,比如必须向孙悟空认错——他怎肯愿意向徒弟下跪,哪怕他真的错了;比如要假装爱上小善——他心里其实已经有了一个人。

孙悟空就不同了,他是要演出他的恨,演出他是多么地恨唐僧,恨不能杀之而后快,但这何尝不是那个妖猴内心深处曾经闪过的真实念想?在"降魔篇"中,唐僧的师父就曾告诉他,孙悟空怨念太深,凶狠狡诈,阴险毒辣。作为曾经统领七十二洞妖王的孙悟空,不是只吃野果的普通猴子,他也是吃人喝血的妖,而且是要毁天灭地的万妖之王,他有过吃掉或者杀掉唐僧的想法并不奇怪。因此,唐僧对孙悟空乃至猪八戒、沙和尚心怀忌惮也是合情合理的,鱼妖、猪妖、猴妖与那些想要吃他的妖本属同类。当庞然大物的异形猴魔将其吞入口中那一瞬,他有没有想过自己可能真的就这样往生极乐了呢?作为编剧的周星驰,他的大胆就在于还原了唐僧师徒的人性,斗战胜佛也不是从五指山下一爬出来就通体佛性,一代高僧并不是天生就大彻大悟大智大勇。唐僧可以忌惮徒弟,也可以有过刻骨铭心的爱情。影片结尾小善问唐僧有没有真的爱过她,唐僧回答:"我的心里已经容不下第二个人。"那第一个人当然就是"降魔篇"里的驱魔人段小姐。

因为他死过,所以不再恐惧妖魔;因为他爱过,所以不会被妖精迷惑。经历爱与痛的淬炼,顿悟后的唐僧说:"众生之爱皆是爱,没有大小之分,有过痛苦才知道众生真正的痛苦,有过执着才能放下执着,有过牵挂了无牵挂。"佛说放下,不曾拿起何谈放下?

影片以唐僧的一个梦开篇,梦里他身形巨大,被师父授予终身成就奖,这无疑是唐僧内心渴求的真实写照,希望自己强大,希望自己演得好。一觉醒来,他和三个徒弟正在马戏团卖艺表演,而这个表演依然是在给九宫看。——戏里在做梦,梦里在演戏。在戏与梦之间,哪个是真实,何者又是虚幻?是唐朝取经人梦见自己在天竺受奖,还是终身成就奖获得者陈玄奘梦见自己西行取经?孙悟空也有梦,只不过他的梦是梦魇,他梦见周遭一片火海,如来的巨掌泰山压顶般打将下来。是的,那是他一生中最痛苦的两次经历,老君炉的煅烧和五指山的镇压。前者给了他金睛火眼,后者让他入佛门修正果,可这些都是他想要的吗?他久久不能释怀的,大概就是再也不能做一个无拘无束的妖,他的怨念皆由此生。所以唐僧的表演要靠演技,而孙悟空只是本色出演罢了,因此,获得终身成就奖的是唐僧而不是孙悟空。说到底,唐僧的恐惧,悟空的怨念,不过是真戏假做,各有心魔罢了。在"降魔篇"中,唐僧初习驱魔术,师父就曾告诉他:"魔,为什么成为魔?是人的心为被魔所侵,我们要除掉他的魔性,留住他的善性。"

有心魔的不只唐僧和孙悟空,还有九宫真人。她本是如来座前九头金雕,逃下界来不为吃唐僧不为嫁唐僧,只为阻止唐僧取经破坏如来大事。她被如来神掌降服后诘问佛祖:"如来,我为你而生,这么多年我在你身边,你可有正眼看过我一次?"一旦为谁而生,便会迷失自我。九头金雕以九宫真人这一道家称谓宣誓自己与如来的分道扬镳,而在道教文化中,所谓九宫真人是对人体九个器官的称呼。所以九宫就是自我,是佛的自我,是唐僧的自我,也是我们每一个人的自我,在戏梦人生之间迷失的自我。正如当年至尊宝不得不面对的关于爱与拯救的谜题,真正困住他的不是来自外部世界的魔,而是源于自己内心的魔,源于你怎样看待自己和这个世界。

[本文首发正义网"法律博客",2017年2月4日]

作为文化的法律

普利斯顿大学的劳伦斯·罗森教授在《法律与文化：一位法律人类学家的邀请》一书的开篇导言讲了一个故事，这个故事生动地描述了法律与文化的关系。[1]说的是20世纪50年代，一位名叫姆达鲁巴的澳大利亚原住民男子用长矛刺死了一名当地妇女，因为这位妇女用男性生殖器官的称谓辱骂了他。如果讲到这里你觉得该男子仅仅因为被骂就对一女子挥矛夺命涉嫌故意杀人，那么我请你谨慎地继续往下听。

罗森教授卖了一个关子后指出，当姆达鲁巴用刺死那位妇女的行动来回应她时，他是将她的那类言辞视为对其男性尊严的挑战，对部落作为整体所赖以生存的权力结构的挑战，对该族群世界秩序观的挑战，这种挑战很可能让他的家族甚至部落陷入某种困境。罗森教授并非危言耸听。事实上，当时的白人法官看起来也的确熟悉这些原住民的文化风俗或者做过功课，他对完全由白人组成的陪审团说道："你可以裁决这位原住民被告无罪。可是，如果你认为，即使按照他自己部落的标准，他也不应该杀害这位妇女，那么你必须认定其谋杀罪成立。然而，尽管在我们自己的信仰看来，这种杀人的行为是不对的，但是如果你认为该男子的所作所为在其部落的观念中是可以接受的，那么你可以认定其罪行不是谋杀，而是不太严重的过失杀人。"

有罪，无罪？谋杀，过失杀人？看来真的不是"杀人偿命"那么简单。有时候，并非"案件事实清楚，证据确实充分"就可以一步直接跨进公正的门槛。是什么原因让案件变得不那么事实清楚、证据不那么确实充分呢？罗森教授将其背后隐藏的逻辑概括为人类在成为能够制造工具的动物之前就已经形成的"对日常经验进行分类的能力"——文化。法律既是文化的组成部分，法律又需要文化来解释。因此，从专业的角度说，法律理应"不被简单地看做是某种处理争端或执行裁决的机制，不被孤立地看做是表述清晰的规则或权力中立的佐证，甚至不应被看做是个人价值或者崇高信仰的具体化"。法律问题不总是法律本身的问题，法律问题有时候是文化的问题。

正如历史法学派代表人物萨维尼认为"法并不是立法者有意创制的，而是世代相传的'民族精神'的体现；只有'民族精神'或'民族共同意识'，才是实在法的真正创造者"。[2] 姆达鲁巴有罪与否或者该当何罪，在根本上是由他所在部落久远的族群意识与当时现实因素共同决定的。罗森教授的"对日常经验进行分类的能力"与萨维尼的"民族精神"或"民族共同意识"都指向了文化。诚然，澳大利亚妇女被刺案件是一个特例，在当代社会并不常见，但这个特例可以告诉我们一个道理，即司法公正与事实还原并非一回事。同一个刺死妇女的行为事实，可以得出无罪、过失杀人、谋杀三种结论，哪一个更公正显然与姆达鲁巴的刺杀行为本身并无太大关系，问题的关键是把刺杀行为置于何种文化语境之中，用何种日常经验去划分其归属类别。

在事实无争议的情况下，司法评判尚且如此困难，如果事实真的并不十分清楚呢？当我们厘清了公正与事实的关系，我们就可以理性地评判那些被争议的案件问题到底出在何处。

一旦事实（或者说犯罪事实）发生了，就会永远成为过去、走进历史，人类现有的各种司法技术手段乃至文明程度都无法让时光倒流完全还原事实，哪怕是现场录像视频。那么，如果面对杀人案的犯罪嫌疑人，从法理上我们只能根据已有证据判断他是否有罪，而不能判断他是否杀了人。因此，我们的判决书使用的修辞是：被告人某某某犯故意杀人罪——我们只对其是否有罪作出明确判断。这就如同在西方法院的陪审团中，最后陪审员表决的也是针对嫌疑人是否有罪，而非某犯罪事实是否曾经发生——恐怕那只有上帝知道了。受古代法文化"平冤昭雪"思想的影响，一旦有案件翻案、改判，我们就会理所当然地对案件当事人是否实施某罪行作出判断；实际上，司法机构纠正某一冤假错案，应依据的并非当事人是否实施过某罪行，而是将当事人定为某罪是否成立。说得极端一点，假设以上帝之眼我们可以看到某人的确实施了某罪行，但人间证据并不充分，我们也只能在司法上认定其无罪，而有罪的判决只能交给上帝。

人们之所以习惯于将某罪行是否发生与某罪是否成立画等号，也是在某种社会文化环境中形成的思维定式，或者说也是某种法律文化的体现，也是文化的问题。影响法律思维以及法律制度的文化不仅有风俗、习惯、道德、宗教和社会心理等因素，还有自我观念、宇宙哲学。作者针对故意、意图的人类内心状态进行分析，展现出自我观念如何深深影响了法律制度的发展；法律的宇宙哲学诉求，则在其仪式和表现形式中表现得尤为显著。

当法律作为文化，其作用不仅体现在法律问题上，也体现在社会文化的方方面面。有了对于文化如何造就了法律这一问题的深刻思考，我们可以反过来用法律思维透彻理解诸多文化现象。此处值得一提的是，罗森教授认为19世纪的中国律学家对于刑法的理解，是一种研究宇宙秩序与严格法律秩序之间关系的进路之一。为了避免"法令滋彰，盗贼多有"，其主张树立法律权威，阻止具有社会危害性或道德危害性的行为。作者指出，这样的思想甚至影响了众多大学的校规校纪，法治和家长制之间的张力往往没有得到很好的解决。同时，在谈到"隐喻"问题时作者指出："无论法律制度是明确地依赖隐喻，还是含蓄地借助于识别法律分类的类推，隐喻都充当着重要的桥梁作用，它将法律推理方式与一个社会的文化推理的整体风格联系在一起。"也就是说，隐喻参与建构法律制度，通过隐喻，法律推理又参与着社会文化的构建。这不禁让我想到斯宾诺莎在《神学政治论》中谈到《圣经》文本的比喻特征，他认为这不仅是因其文学性的需要和受了东方文化的影响，更重要的是"先知和传教士需要通过唤起人们想象力的方式传播教义，这也迫使他们采用符合大众理解力和容易接受的方式"[3]。从某种意义上说，《圣经》就是一种律法，而"大众理解力和容易接受的方式"就涵涉于"社会文化"的范畴。

罗森教授以文化的视角，探讨了法律作为社会控制的方式、法律事实与文化历史密不可分的建构，并从法哲学、法律方法、法律文化多个角度剖析法律的文化本质，最终将法律引向宇宙哲学的场域。罗森教授这一研究的意义不仅在于可以帮助我们更好地理解法律、解释法律、运用法律，还可以反过来指导我们用作为文化的法律去认识文化,以及我们生活的社会、世界和宇宙。他说:"如同艺术和文学一样,通过法律,我们试图对我们彼此之间的关系进行排序。如同宗教和仪式一样,法律也许只是某种自私自利的借口;如同商业和政治一样,法律也可以要求本质意义上的或普遍道德意义上的正当理由。无论怎样展现法律,无论怎样应用法律,如果我们不将法律视为文化的组成部分,就无从理解法律制度的诸多功能,如果我们不关注文化的法律形式,就无从理解所有文化的各个方面。"法律本身也是一种文化,而且是一种带有象征性的重要社会文化;而文化也是法律的诞生土壤和构成要素。从一种法律中,可以读到一国或一地区、民族的文化信息;一国或一地区、民族的法律发达与否,也可表明其文化发展状况和文明发达程度。尽管法律常常被我们视为具有自己的话语系统和特定用途的专业工具或领域,然而它实际上恰恰是某种文化据以表达其秩序观念的具体方式。

尽管这些问题都是极其艰深的,但作者的语言并不晦涩,甚至还带着幽默和妙趣。比如他用吃不吃狗肉和人们对于道歉的态度来说明不同文化的差异性,用犹太法律和西藏宗教法佐证某些法律的特征在于维持宇宙哲学观念而不是解决现实争端。大量案例、事件和史实的引用则使其论述透彻生动。为了把问题厘清,罗森教授甚至采用许多跨学科知识和语言来说理。隐喻、观念、自我、理性等等,这些看似与法律并无直接关系的术语都是本书的关键词。诚然,法律与文化这一特殊论题本身就带有跨学科色彩。

罗森本人在普林斯顿大学、哥伦比亚大学教授的课程就涵盖法律与人类学、比较宗教学及文化系统理论等多个领域。总体而言,在本书中罗森教授真诚地邀请读者思考以下问题:这些在法学讲坛上所列举的事例是如何与日常生活领域中所发生的事实相联系的，法律政策的制定过程是如何分享某种特定文化据以成为整体的推理方式的，以及法院、调解人或者社会压力是如何塑造某种与生活常识和社群认同相一致的社会观念的。这些思考，涉及所有法律制度所面对的诸多问题，以及这些问题如何与其更为广泛的文化特质保持同步。我们可以由此切入，更加深刻地理解我们的法律，理解我们的社会，理解我们的文化，理解我们所生存的宇宙以及我们人类自身。

[原载《检察风云》2017 年第 4 期]

【1】［美］劳伦斯·罗森：《法律与文化：一位法律人类学家的邀请》，彭艳崇译，法律出版社 2011 年版。

【2】何勤华：《历史法学派述评》，《法制与社会发展》1996 年第 2 期，第 8 页。

【3】［美］威尔·杜兰特：《哲学的故事》，蒋剑峰、张程程译，新星出版社 2013 年版，第 133 页。

第四篇

技术与考量

"政法"与"法政"

因为学的是文科,当年高考填报志愿的时候发现能选的专业极为有限,大体就是政法、财经、中文等几大类。其中,政法类专业无疑成了男生们热衷的目标,觉得"政法"这个词听起来就带着一股阳刚之气。现在看看各高校的招生简章,就会发现一个有趣的现象,诸如中国人民大学、中国社会科学院大学设立了法学院、政法学院,而中国政法大学、华东政法大学、西南政法大学、西北政法大学等知名政法大学都设有政治与公共管理学院。政治与法律,到底谁在前谁在后呢?

这个问题不是我提出来的。"政法"这个词本来出镜率很高。接触政法工作多年,对于"政法委""政法系统""政法院校"这些词比较熟悉,大家常说的"政法机关"就是指公(公安)、检(检察院)、法(法院)、司(司法)、安(安全)这五家。近年来,忽然不断听到许多对"政法"一词的质疑声音,认为把"政"放在"法"的前面不利于法治社会建设,而且"法政"一词古已有之,从"法政"到"政法"似乎降低了"法"的地位。这个问题还真值得认真琢磨一下,因为它的确关涉到如何理解当下中国的法治建设。

的确,"法政"的说法由来已久,在中国古典文献中早已出现。如春秋时期的政治家管仲在其《管子·明法解》中说:"法政独出于主,则天下服德;法政出于臣,则民不听。"《孔子家语·执辔》转述孔子的话中也有"法政"这个词:"故官属不理,分职不明,法政不一,百事失纪曰乱,乱则饬冢宰。"清末,废科举,新式学堂逐渐兴起。与今天的政法大学不同,当时的法科专业学堂也多以"法政"命名。直隶法政学堂、广东法政学堂、江西法政学堂、山东法政学堂、北洋法政学堂、京师法政学堂等先后开办。据统计,截至1909年全国共设立法政学堂47所,占全国124所专门学堂的三分之一以上。1904年5月,专门培养中国留学生的"清国留学生法政速成科"在日本法政大学设立。中国近代第一套大型法政丛书"法政丛编"于1905—1906年间编辑出版。

然而,这并不是说"政法"就是新事物。实际上,"政法"一词也是古已有之。检索《文渊阁四库全书》,"政法"出现了三百多次。这个词至少可追溯到战国时期,《庄子·人世间》有"大多政法而不谍"的句子。《礼记注疏》中说:"周之政法,百家以上得立社。"同样地,"政法"在近代也成了流行词语。甲午战争后,一部分知识分子开始意识到学习西方"政""法"的重要性。严复说:"政法之将立也,集思广益,用其众而议之。"1898年京师大学堂建立,政法科是该学堂八大学科之一。创刊于1900年年底创办的杂志《译书汇编》中就多次出现"政法"一词,该杂志每月一期,后更是改名为《政法学报》。

总而言之,远的不说,至少在清末以来的近代,"法政"与"政法"几乎是同义词,而且使用频率也旗鼓相当,不分伯仲。新中国成立后,为了强调法律的政治性,更多采用了"政法"的说法,法政才被渐渐淡忘。据《现代汉语词典》对"政法"的解释是：政治和法律的合称。"政"在前而"法"在后似乎是有法律从属于政治的意味。从实践上看，在某些特殊时期也的确出现了法律让位于政治的情况。然而，法律从属于政治却并非马克思主义意识形态的独创。如 1895 年创办的天津中西学堂设置了初级政治学和高等政治学，法律则属于高等政治学的内容。进一步说，政治课不仅在清朝就有，而且也不是中国才有，西方国家的大学里也有政治学专业。

西方的政治学发源于古希腊，公元前 325 年亚里士多德根据他和他的学生对希腊 158 个城邦政治法律制度的调查结果写成的《政治学》，是西方政治学的奠基之作。亚里士多德说："政治的善就是正义。"而他的老师柏拉图在其《理想国》一书中其实已经开始讨论国家的政治、法律和正义的相关问题，《政治学》第二卷的内容就是专门评论柏拉图《法律篇》里的政治理想。从哲学角度看，可以说法律就是政治的一部分。在实践中，西方的"三权分立"制度就体现了这个原理。"三权分立"首先无疑是个政治问题，是国家基本政治制度的建制原则；再具体说，其核心是立法权、行政权和司法权相互独立、相互制衡，这显然涵涉法律问题。在政治框架下，有些法律问题的讨论才成为可能。既然如此，在某些语境下，称"政法"并无不妥。

我在法学院学习时，曾经有一本书对我影响很大，就是冯象先生的《政法笔记》。冯象认为，"政法"在中国"是地道的官方术语"，但是恰恰因为它被赋予无法回避的特定含义而应该成为具有学术意义的概念。是的，既然法律与政治本来就存在极为密切的关系，甚至在某种意义上说还是政治的一部分，那么在中国特色法治社会建设当中就更没有理由回避政治问题了，否则可能容易犯所谓的机械唯物主义的错误。"政法"的说法未必就降低了

"法"的地位，相反，只有了解政治环境，才能搞好法治建设。

诚然，这也并不是说"法政"就没有存在的必要。有时政治又会出现在法律的范畴当中。比如，我国《宪法》总纲中关于国家性质、国家权力归属、国家政体等问题的规定，就是以成文法形式明确政治问题。再如，美国的《独立宣言》是政治文件还是法律文件？当然都是。

所以，"法政"与"政法"并无优劣之别。这不是简单的"和稀泥"，语言的发展有其自身的规律，词语的产生、使用、流行和式微乃至消亡不是哪一个人或者组织决定的。上海三联书店近年出版了一套"法政文丛"书系，在丛书序言中何勤华教授等主编特意对"法政"与"政法"的演变进行了分析。文中指出，"法政"一词近年来又回到人们的视野，源于依法治国理念的提出和全社会高度关注法治建设的时代背景。政治与法律本来就无法截然分开、自成一体。所以，我们也没有必要人为地对二者区分高下，它们只是有时同义而有时用于不同语境罢了。

[本文写于2017年夏]

警察是不是法律人

在公安机关,我知道有许多警察是某方面法律的专家;对于一般警察来说,从事治安工作要懂《治安管理处罚法》,从事道路交通管理工作要懂《道路交通安全法》,从事刑事侦查工作警察要懂《刑法》和《刑事诉讼法》;中央电视台举办的每年一度法治人物评选活动,常常有警察入选。但有个问题在我初学法律时曾在脑海萦绕良久:警察到底算不算法律人?之所以产生这个疑问,是因为在我们可以看到的相关表述中,警察并不在所谓的"法律人"之列。

法律专家、学者提到法律人时,通常指的是法官、检察官、律师、法律学人、立法者以及社会法律服务人士等。对于"法律人"的组成,不同场合不同表述大同小异,但很少包含警察。根据国务院颁布的现行《公安机关组织管理条例》,人民警察是武装性质的国家治安行政力量和刑事司法力量,承担依法预防、制止和惩治违法犯罪活动,保护人民,服务经济社会发展,维护国家安全,维护社会治安秩序的职责。作为捍卫法律尊严的执法者,人民警察为什么不属于法律人呢?

那我们先来看看"法律人"这一概念在当下中国的由来。

2001年，北京大学法律学者强世功先生在《中外法学》发表了一篇题为《法律共同体宣言》的文章，文中首次提出"法律共同体"的概念，并将相关职业人称为"法律人"。第二年夏天，由吉林大学理论法学研究中心、国家检察官学院、国家法官学院、中国社会科学院法学研究所、北京大学司法研究中心等八家单位发起的"中国法治之路与法律职业共同体"学术研讨会在黑龙江省牡丹江市召开，专题探讨"法律职业共同体"的概念。2003年，时任吉林大学党委书记张文显教授在他编著的《司法改革报告：法律职业共同体研究》一书中，通过《法律职业共同体引论》一文对"法律职业共同体"进行了释义：

法律职业共同体是一个由法官、检察官、律师以及法学学者等组成的法律职业群体，这一群体由于具有一致的法律知识背景、职业训练方法、思维习惯以及职业利益，从而使得群体成员在思想上结合起来，形成其特有的职业思维模式、推理方式及辨析技术，通过共同的法律话语（进而形成法律文化）使他们彼此间得以沟通，通过共享共同体的意义和规范，成员间在职业伦理准则上达成共识，尽管由于个体成员在人格、价值观方面各不相同，但通过对法律事业和法治目标的认同、参与、投入，这一群体成员终因目标、精神与情感的连带而形成法律事业共同体。

由这一表述我们不难看出，学界所谓"法律职业共同体"或者"法律人"之所以成为一个群体概念，前提是"一致的法律知识背景、职业训练方法、思维习惯以及职业利益"。警察尽管是执法者，但从这一前提上说的确与那些被包含在概念中的"法律人"有所不同。目前，公安机关人民警察来源以公安院校毕业生为主，还有部分社会招录人员和军转干部，在法律知识背景上，公安院校部分专业的确开设了相关法律课程，但总体来说对于法学特别是理论法学是少有涉及的，其他方式录入的人民警察在这方面可能就更显薄弱了。而法官、检察官、律师通常是从法学院毕业的，即便不是也要进行专门学习通过国家司法考试。所谓法律人的思维习惯和模式，更多是来自法律学习的理论养成。

人民警察所受的专业训练更多是公安理论和警务实战方面的。公安基础理论概括起来说，研究的是我国公安机关在中国共产党和人民政府领导下，保卫国家安全，维护社会治安秩序的工作规律、对策及其历史与现状。无疑这是不同于具体法律知识的带有政治意义的理论探索。根据现行《人民警察法》，人民警察的任务是维护国家安全，维护社会治安秩序，保护公民的人身安全、人身自由和合法财产，保护公共财产，预防、制止和惩治违法犯罪活动。《公安机关组织管理条例》也把"服务经济社会发展，维护国家安全，维护社会治安秩序"作为人民警察的职责。可见警察除了承担一部分与法律有关的任务外，还肩负重大政治使命。政治与法律尽管有许多密切联系，但毕竟不能等同。

作为治安行政力量和刑事司法力量，人民警察必备的素质还有大量实战能力，具体要进行体能、擒拿、警械、武器、通信、侦查、布控、缉捕、救护等多方面技能和战术训练，此外还要掌握群众工作技巧，特殊情况下还要卧底、谈判，等等。这些训练和学习不仅是公安院校尚未走上工作岗位的大学生要进行的，所有在编人民警察都要定期和不定期进行相关内容的在职集中封闭培训，如初任警培训、警衔晋升培训、职务晋升培训、基层和一线民警每年实战培训等。这些素质养成也是难以和其他"法律人"形成职业共同语言的。

因此，在政治层面和技术层面，人民警察与"法律职业共同体"的其他"法律人"都存在较大差别，从学术研究的角度不被纳入该概念范畴，是可以理解的；而且学术问题本身就该各抒己见，没有绝对的对与错。但毋庸置疑的是，"立警为公，执法为民"的人民警察，捍卫正义和法律尊严的人民警察，在大众话语当中是不折不扣的法律人。

在"法律职业共同体"的概念提出后，反响强烈，许多"法律人"也为此作出了努力。然而，几年后也有部分学者指出，法律职业共同体建设遇到了困难。2016年第1期《民主与法制》杂志发表的题为《强世功再论"法律共同体"》的文章中，这一概念提出者强世功也不得不承认，15年过去了，曾经备受瞩目和期待的法律职业共同体并未出现。

笔者有一点浅见，就是在中国的社会语境下，与其称"法律人"不如称"法政人"。中国的法律类院校都叫作"某某政法大学"，还没有叫"法律大学"的。"政法"或者"法政"才是更符合中国国情的说法。无论是称"法律人"还是"法政人"，"与法治中国建设目标相适应的具有中国特色的法律职业共同体"，都应该包括"职业的立法者、职业的执法者、职业的司法者、职业律师、职业的法学教育与研究工作者，等等"[1]。在"法政人"的大概念下，再去探讨通过共同语言进行沟通，通过共享共同体的意义和规范在职业伦理准则上达成共识，探讨对于法律事业和法治目标的认同、参与、投入等问题，或许更加实际一些。

[本文写于2017年夏]

【1】徐显明：《构建法律职业共同体》，《人民日报》2014年9月23日。

"袭警罪" 离我们有多远

2015年8月29日，第十二届全国人民代表大会常务委员会第十六次会议通过了《中华人民共和国刑法修正案（九）》（以下简称《刑法修正案（九）》，其在依法严厉惩治贪污腐败、保护妇女儿童权益等多方面都作出了相应调整。值得我们关注的是，在原《刑法》第二百七十七条中增加了一款作为第五款，即"暴力袭击正在依法执行职务的人民警察的，依照第一款的规定从重处罚"。

这一变化可能令我们许多公安民警感到欣慰，认为"袭警终于入刑了"。也有谙熟法律知识者喜忧参半，喜的是法律上终于明确对"暴力袭击正在依法执行职务的人民警察"的行为有了说法，忧的是所谓"依照第一款的规定从重处罚"与"袭警罪"还是存在一定距离的。的确，新增第五款并非"袭警入刑"，这也多少让社会舆论和许多法律界人士感到意外。《刑法修正案（九）》仍旧沿用"妨害公务罪"的罪名，并作为"妨害公务罪"的从重情节区别于该罪的其他四款。我们可以从这一变化的些微细节切入，分析立法者的深层动因——"袭警罪"立法缘何缓行？

《刑法修正案（九）》第五款的增加说明，现实生活当中"暴力袭击正在依法执行职务的人民警察"的行为已经到了有可能造成"妨害公务"后果的程度，因此有必要在法律条文中作出相应规定，以保护人民警察的合法权益，进而保障人民群众生命财产安全和社会稳定。这一点不用多说，相信广大工作在基层和一线的人民警察会有切身体会。那么接下来，对于"暴力袭击正在依法执行职务的人民警察的"行为如何处置呢？《刑法修正案（九）》第五款给出答案，即"依照第一款的规定从重处罚"。那第一款又是怎么"规定"的呢？翻开法条，可以看到第二百七十七条第一款规定："以暴力、威胁方法阻碍国家机关工作人员依法执行职务的，处三年以下有期徒刑、拘役、管制或者罚金。"也就是说，"暴力袭击正在依法执行职务的人民警察"的行为属于"妨害公务罪"的从重情节，这也在稍后出台的最高人民法院、最高人民检察院《关于执行〈中华人民共和国刑法〉确定罪名的补充规定（六）》中得到确证，该规定并没有把新增加的《刑法》第二百七十七条第五款规定为"袭警罪"。

独立罪名成立的前提是独立的犯罪构成，独立的犯罪构成又称标准的犯罪构成，指的是符合刑法分则条文对具有标准的社会危害程度行为所规定的犯罪构成。刑法分则条文既要单独规定该种特殊行为，还要配置相应独立的法定刑。如果说"暴力袭击正在依法执行职务的人民警察的……"属于标准的社会危害程度行为，那么后半句"依照……的规定从重处罚"的刑罚规定表明，立法者并没有把前述行为设置为独立罪状的意图。罪刑法定是刑法基本原则，犯罪行为的界定、种类、构成条件和刑罚处罚的种类、幅度，均事先由法律加以规定。既然立法并未确定"袭警罪"，那么可以明确地说，截至目前，我国《刑法》并无"袭警罪"一说。

在刑法史上，罪刑法定原则的出现是为了限制国家刑罚权的过分扩张，进而达到保障人权的目的。刑法，无论是打击犯罪还是预防犯罪，其最终落脚点都是保障人权。按照这样的理论逻辑，《刑法修正案（九）》将"暴力袭击正在依法执行职务的人民警察"的行为作为"妨害公务罪"的从重情节而未单独设罪，是否也是出于保障人权呢？

当今世界，对袭警行为有明确的处罚规定是国际通例，特别是在美国、中国香港等英美法系国家和地区都设有袭警罪。以美国为例，当美国警察要求对方举起手来的时候，除了慢慢举起手以外的任何动作都将被视为有袭警嫌疑，警察即可根据现场情况判定自身安全是否受到了威胁，进而对其采取必要的措施。如果对方因此受到伤害，警察不承担法律责任。需要强调的是，所有这些发生的前提是，美国是个持枪自由的国家。那么，我们据此认为，美国袭警罪的设立是为了保护警察在执法过程中的人身安全。所谓刑法保障人权，在这里突出的是警察的人权。

现在让我们把目光再拉回中国内地，在犯罪嫌疑人持有枪支、管制刀具等武器的情况下，公安民警是无须"袭警罪"授权即可对其行使强制性或暴力性执法行为的，此时谈论袭警罪显然多余；另一种情况，也是通常状况或者说多数情况下，公安民警在处置群体性冲突事件、违法案件时，如果当事人对警察的谩骂、推搡和冲撞等行为升级到"暴力袭击"，"依照第一款的规定从重处罚"是恰当的。若据此在立法上规定类似美国的袭警罪，恐怕是弊大于利，那很可能对更多人的权益产生威胁，包括警察自身。这一点不难理解，袭警罪一旦设立，必须有一整套规范、制约、救济等相关机制随之出台，否则就等于是把一线警察推到了另一个风险地带。显然，我们还没有做好那样的充分准备。即便在美国，围绕袭警罪产生的对警察在执法中是否过度使用权力问题的拷问，至今依然是警察司法实践中的一大困局。同时，美国的袭警罪更多是保障警察的人身安全，而我国《刑法修正案（九）》"妨害公务罪"从重情节的立法规定，其出发点应为在警察人身安全能够得以保障基础上，对相关行为的惩罚和警诫，而这种惩罚和警诫至少在目前还不足以从"妨害公务罪"中分离出"袭警罪"来。

无论如何，对"暴力袭击正在依法执行职务的人民警察"行为的新增刑法规定，都是有利于广大公安民警规范而有效地执法的。事实上，最关键的问题是，不管在法条上是叫作"袭警罪"还是"妨害公务罪"的"从重情节"，对于广大民警来说，我们关心的不外乎执法中的自身安全和执法行为的限度。或许"袭警罪"在将来的某一天可能会成为我国《刑法》中的一个独立罪名，但诚如中国社会科学院法学所研究员王敏远教授所言："在'袭警罪'之前，首先要解决的是警察在履行职责时的免责问题，这个问题不解决，警察在执法办案过程中就只能谨小慎微，甚至连自身安全都是问题，依靠'袭警罪'的设置，难以奏效。"[1]

[原载《现代世界警察》2016年第7期]

【1】李敏：《"藐视法庭罪"和"袭警罪"入刑考量——访中国社会科学院法学研究所研究员、博士生导师王敏远》，《中国审判》2015年第20期。

当警察未戴执法记录仪

朋友给我讲了一个段子，说的是一民警下班回家路遇醉汉行凶，刚要挺身而出，却想起没戴执法记录仪，管不管？管吧，对方是个醉汉，万一出什么意外自己说不清，担心被诉警察打人，更重要的是公安部现在要求执法佩戴记录仪；不管吧，眼看人民群众人身和财产安全受到威胁！管，不管；管，不管……一着急，这位民警兄弟晕倒在地。

乍一听有点尴尬，毕竟这与人民警察的光辉形象有些距离。但仔细一琢磨，这还真不只是一个笑话。不久前网上曾经流传一段视频，某地两名交警在闹市街区依法查处违章车辆过程中，被当事人殴打。视频中可以看到，一名交警倒在地上，一男一女两人对他进行攻击。但围观之中仅仅有一名女子上前试图劝解。更令我们心痛和反思的是，有另外一名交警手持执法记录仪在全程拍摄倒在地上的同事如何被对方侵害，却没有上前制止。这不免让人产生疑问，执法记录仪的使用目的到底是什么？它比警察自身的生命还重要吗？如果它的使用是为了固定现场证据、有效保护执法警察合法权益，那么当同事处在危险之中，当法律尊严遭到侵犯，我们是否可以把人的生命安全放在首位？

2016年7月1日起，公安部制定的《公安机关现场执法视音频记录工作规定》（以下简称《规定》）在全国施行。《规定》中明确了六种应当进行现场执法视音频记录现场执法活动的情况。那么问题来了，《规定》所说的"应当进行现场执法视音频记录"是不是必须为之呢？是不是没有执法记录仪就不得执法呢？

答案是否定的。《规定》第八条称："现场执法视音频记录过程中，因设备故障、损坏，天气情况恶劣或者电量、存储空间不足等客观原因而中止记录的，重新开始记录时应当对中断原因进行语音说明。确实无法继续记录的，应当立即向所属部门负责人报告，并在事后书面说明情况。"笔者以为，在上面的案例中同事的生命安全受到威胁显然属于"等客观原因"之列，没有执法记录仪的警察依然具有执法权，依然可以履行职责。执法记录仪一般规定佩戴在左肩部或者左胸部，网传视频中的民警为何手持不得而知。事实上，如果记录仪佩戴在左肩部或者左胸部，也是不能百分之百保证所摄录视频是完整清晰的。比如，民警与执法对象或犯罪嫌疑人近距离贴身接触，那很可能视频无法摄录清晰完整的现场视频。那此时我们的警察难道就要停止执法吗？当然不能。执法记录仪的功能是辅助执法，而非决定是否执法。

我们再回过头来说说那个下班路上的段子。尽管这是个段子，但的确我们有许多民警是存在这个困惑的。《人民警察法》第十九条规定：人民警察在非工作时间，遇有其职责范围内的紧急情况，应当履行职责。《公安机关现场执法视音频记录工作规定》又规定执法时应当进行现场执法视音频记录，要求配备执法记录设备。如果下班路上没有佩戴执法记录仪，甚至没穿警服，那么路遇警情到底该不该管？答案是肯定的。首先，二者并不冲突。如上所述，现场执法视音频记录允许有特殊例外，并不是没有佩戴执法记录仪就不得执法。其次，即便二者有冲突，按照上位法优于下位法的法理原则，也要遵循《人民警察法》的要求。警察的职责是《人民警察法》赋予的，而不是执法记录仪赋予的。换个说法，没有佩戴执法记录仪的警察是不是警察呢？当然是。笔者与从部队转业的同事探讨这一问题时，他反问我："1998年抗洪，我们战士都脱了军装穿背心短裤扛沙袋，你说这些脱了军装的战士还是军人吗？"答案不言自明。没有佩戴执法记录仪的警察也是警察，那么是警察就要遵守《人民警察法》。

其实，如果抛开职业视角来看这个问题，作为普通人，路遇不法该不该管呢？当然，与不法行为作斗争是每个公民应尽的义务。没戴执法记录仪的警察不仅是警察，更是人。既然人人都该管，警察还有必要纠结戴没戴执法记录仪吗？从这个角度说，段子里的问题其实是个伪命题。诚然，执法记录仪作为执法辅助工具，既可以监督和规范警察执法，同时也可以保护严格依法执法的警察，在很大程度上能够避免因为"说不清"而遭受执法对象和广大人民群众质疑。也正因此，还会有声音说对于执法记录仪的佩戴如果不严加要求，就会有"坏警察"钻漏洞故意不戴或者不开记录仪。实际上这依然是个伪命题，假设一个警察甚至一个人的坏，可以有无数种可能，岂止是执法记录仪能解决得了的？也就是说，警察的职业操守是另外一个问题，与是否规定必须佩戴执法记录仪无关。正如同我们不能因为个别警察渎职滥用枪支而不能禁止所有警察配枪一样，是并无因果关系的两件事。

毫无疑问，执法记录仪的使用对于保护人民警察权益和促进公正执法具有重要作用。同时也应看到，对于执法记录仪，如果规定必须佩戴而不考虑特殊情况，它所带来的消极作用将极为巨大，那么"晕倒"就不会只是出现在段子里，不顾同事生命安全而去保护执法记录仪也不会是个别现象。因此,《规定》强调了六种情形,而且设置了特殊例外。《规定》的出台是非常适时和必要的,有利于公安机关人民警察公开、透明、规范地去执法,但我们具体执行的时候不能对《规定》作过度解释,导致矫枉过正、因噎废食,不能使执法记录仪反过来成为警察依法执法的束缚与障碍。

[原载《现代世界警察》2016 年第 12 期]

那些必须承受的委屈

前一时期几起警察开枪事件引发舆论热议，即便是公安民警为了保障人民群众利益依法行使职责，也会引来部分质疑的声音，类似的质疑其实由来已久。在基层和一线也经常听到同事们倾诉委屈，甚至说现在我们警察已经成了弱势群体。他们在工作中遇到了少数人的不满、指责甚至谩骂，严重者还会有不法侵害，而与之形成反差的是工作任务繁重，心理压力不断增大，许多民警长期带病坚守在岗位上等。一方面打击犯罪不被支持，另一方面服务群众遭到责难，于是难免在心理上产生不平衡。

首先应当明确的是，我们要看到大部分人民群众是支持和理解公安队伍的，不能只注意负面反应而忽视主流声音。打个比方，并不是"洗车就下雨"，而是洗车不下雨的情况没有引起我们的关注。而且，有一部分质疑和批评实则是群众行使对警察这一国家机器监督的权力，现代法治国家理应存在这样的监督，我们需要接受这样的监督。当然，不理解、不信任也是真实存在的，这就需要我们认真加以分析，冷静面对，谨慎处之。

在当下社会，人们从一出生就开始跟警察打交道，公安工作遍及个人的起居出行和社会生活诸多领域。打击犯罪、治安防范、社会管理、化解矛盾、服务经济等，当前没有任何一种职业比公安工作接触群众的机会更多。理论上，接触机会越多，出现问题、发现问题的概率就越大，这也是无可否认的客观事实。在工作涉及面广的同时，公安机关还属于权力部门，是国家的行政执法机构和刑事司法力量，掌握着审批权、处罚权、强制权、收费权等多种权力。居于权力体制之中，当然容易引起群众的关注，进而成为舆论的焦点。

更重要的是，我国社会目前正处于巨大变革时期，这使公安工作面临许多艰巨的挑战。随着经济转轨和社会转型，日益凸显的法治问题不可避免地为民众持续热议和学界高度关注。究竟该以怎样的心态和眼光看待中国的法治问题，进而提出切实可行的促进之道，不仅要提上专家学者的议事日程，也应是警界人士必须面对的一大课题。公安机关人民警察处在执法和司法工作的最前沿，法律规则、程序、制度和实践，在现实中如何呈现并且发挥作用，群众在很大程度上就是要看这些前沿阵地的执行者。换句话说，在法治中国建设的进程中警察的所作所为无疑是包括普通群众在内的社会各界极为关心的问题。而众所周知的是，在新中国成立半个多世纪以来，我们的法制建设与法治发展经历了一个艰难而曲折的过程。当我们走下中华法系的蒸汽机车换乘无产阶级专政的快轨之后，经历了新社会之初的破旧与立新、20世纪六七十年代的困顿与迷失，以及八十年代之后的反思与重构，新世纪以来逐步形成了中国特色社会主义法律体系。想让从这样的路途中走出来的民众一下子消除所有疑虑，显然并不客观。

然而，变革时期的中国社会今天依然处在日新月异的变化之中，这种变化在相当长的一段时期内还会愈演愈烈。与之相适应，法治建设无疑也是一个不断发展的动态过程。也正因如此，党中央已经把"依法治国"提到了前所未有的高度。党的十八届四中全会明确提出了全面推进依法治国的总目标、重大任务。专家普遍认为，在"依法治国"方略提出 17 年之后，党的全会首次以"依法治国"为主题，无疑为未来中国建设法治国家描绘出新的路线图，中国走向法治国家的进程有望加快。

中国法治所处阶段决定了出现这样或者那样的问题在所难免。具体反映到公安工作中，尤为突出的一点就是群众对警察的不理解。传统的中国法制，重刑罚而轻服务，刑法体系特别发达而民法体系极为弱化。我们曾在相当漫长的时期内片面强调警察机构打击治理的"硬"职能，而公安机关服务管理、调解矛盾等"软"职能直至新世纪才逐渐被提到重要位置，不排除时至今日我们很多从警者依然没有从根本上转变观念。与之形成鲜明对比的是，在这个信息大爆炸的时代，在这个电子智能化的社会，我们的群众早已是新人类、新新人类，他们的诉求不断变化和丰富着。以旧有的，甚至略显滞后的思维方式去考虑和解决现实的问题，都会导致困惑、迷茫和被动，进而落入"弱势群体"的思维模式。

我们必须承认的另一个事实是，部分群众对公安机关权威性的质疑在更深层次上缘于人民警察的公信力不足。这一方面是由于公安工作的确仍有可待完善之处，个别问题让群众感到不满；另一方面，其实那些质疑与不满不单单是针对人民警察、公安机关的，更是针对社会变革中出现的权力腐败等诸多负面问题以及体制弊端，而恰好站在面前频繁与群众打交道的是公安民警。群众于是通过警察表达情绪、释放不满。如果恰好此时我们的民警暴露了自身某些方面的不足，或者执法行为有瑕疵，那毫无疑问就极有可能点燃少数人情绪的爆点，引发各种针对警察的不当言行。在履行打击、治理等"硬"职能的时候，我们是钢铁战士，我们冷面铁血；但是在履行服务、管理等"软"职能的时候，我们扪心自问是否还有差距？

在特殊时期，群众对以公安部门为突出代表的权力机关产生不满情绪是社会发展的必然，这是警察这一职业必须面对的客观情况，这是所有现代国家都要经历的一个过程，选择从警就要做好足够的思想准备；对此，国家、政府自有应对办法和化解之道，而对于警察队伍中的每一个成员来说，只有自己多多提高职业素养，真正做到规范执法、文明服务，方能最大限度降低群众的不满，构建起和谐的警民关系。

[原载《现代世界警察》2016 年第 1 期]

生死边缘的反思

死刑是自古就有的最原始的刑罚之一,我国先秦史籍中已有相关记载。据清代《历代刑法考》,商朝已有30多种死刑。当年刘邦入关,与咸阳百姓约定"杀人者死,伤人及盗抵罪,俱悉除去秦法",是为"约法三章",尽收关中百姓之心。所谓"杀人者死"即通常所说的"杀人偿命",是中国传统社会朴素正义观的一种体现。然而当时间进入21世纪,当世界上已有100多个国家和地区在法律或事实上废除了死刑,我们不得不面对这样的问题:在中国,死刑何去何从?

2010年8月《中华人民共和国刑法修正案(八)(草案)》提交给全国人大常委会审议,因其涉及若干有关死刑条款的修改,在学术界和社会上引发了关于死刑存废问题前所未有的关注与讨论。该草案于2011年2月25日通过,最终取消了13项死刑罪名。同样是在2010年,台湾发生了一系列与死刑有关的重大事件,死刑亦迅速成为台湾民众热议话题。作为台湾"废死联盟"成员,张娟芬女士不仅积极参与其中,而且用文字记下了台湾死刑制度改革与发展过程中的焦点争议、热点案例和关键事件,对死刑制度进行理性剖析,对公平、正义等一系列终极命题进行敏锐而深刻的思考。她给自己的定位是思考者、行动者、记录者与见证者，《杀戮的艰难》便是以此为纲。[1]

在这本被媒体称为"中国第一本拷问死刑的书"中，张娟芬尽管明确宣示了自己的立场，但她的写作尽可能保持着理性与冷静——对杀人者"同情不能过量"，否则对被害者无法交代。张娟芬并非专业法律学者，早年获得丹麦阿胡斯大学与德国汉堡大学联合授予的新闻学硕士学位，并且多年来积极参与社会运动，关注司法、人权问题。这样的身份和阅历使得她的文字真实生动，而且没有晦涩艰深的学术气。

书中记述了许多真实案例，让我们得以走近一个个鲜活的生命，真正以换位的方式去思考犯罪与刑罚的辩证关系，如邓武功杀妻案。邓武功曾经是一个事业有成、吃苦耐劳、深爱妻子的男人，他的罪行是怀疑妻子出轨而将其杀害，自杀未遂后被捕并判死刑。在等死的日子里，邓武功写了一份长达13000字的自传。他说："我想透彻了解爱是什么？我爱我的子女，爱我的家庭，日夜奔波于高速公路，南北驰骋，为我仅有的家庭去营建，我尽心尽力付出着。有人道'节妇失足，半生坚真（贞，本文作者注）无助，妓女从良，一生烟花无碍。'生平无不良之前科，岂是恶性重大之徒？连鸡都不忍宰杀之人，为何竟然杀了人？伤心吗？后悔吗？——'在不知不觉中，泪已成行。'"张娟芬去狱中探访他，与他进行了90分钟的谈话，而后为我们刻画了一位死刑犯的立体肖像。当我们读到这个一直用"爱"来解释自己罪行的男人，在生命的尽头发出"我想透彻了解爱是什么"的疑问，不禁令人唏嘘叹惋。

此书在大陆出版时，正是张高平叔侄案的大转折引发舆论哗然的当口。张娟芬在书中提到1998年台湾发生过的卢正案，与张高平叔侄案极其相似。歹徒绑架被害人詹春子后勒索其夫，其夫报警，歹徒遂撕票弃尸。警方仅凭当日卢正到过詹春子的公司而认定其为作案人，尽管经检验指纹、毛发和血液都不是卢正的，但最后卢正还是写下自白认罪，因而被判死刑。就在其家属控告警员私刑逼供时，卢正被迅速枪决。张娟芬在《杀戮的艰难》中评议卢正案说："'国家'的司法权与死刑令不是用来实现正义，而竟然是用来'灭口'的。"相较之下，不幸的张氏叔侄何其幸运，他们的生命等到了沉冤昭雪。然而这种幸运是不是偶然的，其概率又能有多大？

除了这些案例外，作者还借用一些经典文艺作品参与论证，适当的修辞和独特的视角不仅使文章具有很强的可读性，而且更能使读者理解其观点所指，如对电影《朗读者》的分析和评论。那是一个法律学者麦克与纳粹战犯汉娜之间的情感故事，纳粹战犯汉娜诚心悔过，在重获自由那一天选择自杀。张娟芬认为，她的醒悟"来自获得知识启蒙之后的内心谴责，而不是外加的重刑"。因此，"这个故事犀利地呈现出刑罚与审判的有限性"。《朗读者》原著小说的名字是《我愿意为你朗读》，听来深情款款，但其实"我只愿意为你朗读"，张娟芬在《杀戮的艰难》中诠释道："其他的，我什么都不愿意。我不愿意多跟你讲两句话，不愿意问候，不愿意诉说，也不愿意写下只字片语。我只愿意为你朗读。"因为他在心底谴责她；可他又似乎理解她，至少他还愿意为她朗读，直到她刑满，因为他知道"他有他的罪"。有罪的，不只是法官宣判的罪犯。

在系统学习法律之前，笔者也曾经一度认可"杀人偿命，天经地义"的民间正义观。然而读到张娟芬的这本书，我至少发现原来的我面对如此严肃与重大的命题还是不够理性。她说："对于一个向往正义的人，死刑多少构成一种诱惑。"是的，抛开情绪冷静思考，死刑确有许多可疑之处。诸如，死刑与正义究竟在何种程度上能画等号？除了假以宣泄复仇的激愤外，死刑还有哪些实质意义？真正被死刑所惩罚的是被惩罚者还是他的家人？死刑对于犯罪是否真的具有震慑作用，会有人因为杀人不判死刑而去杀人吗？如果杀人是不对的，我们是否有足够的理由用犯罪者的犯罪方式惩罚他？我们能否确保我们的司法机器一定公正有效吗？所有的罪应该都由犯罪者一个人承担责任吗？"如果您还没决定要支持还是反对死刑，如果您心里还是有七个支持与八个反对死刑的理由，老实说，我觉得很正常。但是下次舆论又喊杀的时候，我们至少可以，停下来，想一想。"张娟芬如是说。不知人们是否还记得"恶人"药家鑫，如果说他致命的错误在于"想当然"，如果我们自认为不是恶人，那就应该"停下来，想一想"，而不是"想当然"地认为谁该死。

对于中国大陆的法治建设来说，本书的镜鉴意义不仅在于其对死刑制度的拷问，还在于它对台湾地区司法审判制度的反思。死刑的存废实际上关涉正义观、人性论和生命的价值判断等诸多问题。对于个体读者而言，我们至少还能得到这样的启示：一个人的思维永远具有局限性，只有不断使激情趋向冷静，人才能守住生命的尊严。

[原载《检察风云》2013 年第 13 期]

※ 本文写于 2013 年，两年多后，也就是 2015 年 8 月 29 日，《中华人民共和国刑法修正案（九）（草案）》经十二届全国人大常委会第十六次会议表决通过，该修正案再减少 9 个死刑罪名。

【1】张娟芬：《杀戮的艰难》，中国人民大学出版社 2013 年版。

时光盗影

盗窃是中外电影中常见的题材和情节模式，从较早的法国新浪潮黑白片《偷自行车的人》到后来的《扒手》，再到好莱坞的《偷天换日》《猫鼠游戏》《偷天陷阱》《十一罗汉》《局内人》，以及几年前的波兰电影《盗走达·芬奇》，还有港片中的《纵横四海》《宝贝计划》《十二生肖》，盗窃电影异彩纷呈，007、碟中谍系列中盗窃情节也占据了大量篇幅。那么我们中国各个时期的"盗影"（不包括港台地区）又是怎样的呢？

五十年代——和谐大同，天下无贼。新中国成立初的二十世纪五十年代，中国电影并未出现过盗窃题材作品。那是刚刚从黑暗中走进光明的新中国，经历了一个民风淳朴、人心向善的时期，全国人民均贫富，一心建设新社会，街道和农村的基层组织的工作扎实，即便有个把"坏人"也不敢轻举妄动，社会治安状况相对较好。从另一个角度讲，那时社会物质匮乏，也没什么可偷的。本身盗窃行为就不多见，反映在电影中的盗窃情节也就几乎没有了。我们看到的公安电影，是《今天我休息》（1959）这样的反映新社会、新风尚的片子，其乐融融，皆大欢喜。有趣的是，影片中老罗丢失了放有重要资料的皮夹子，几位小朋友在放学路上拾到后送到了派出所，马天民几经周折终于找到了老罗。电影里不仅没有偷盗，相反，捡到东西还要想尽办法物归原主。

六七十年代——不偷则以，要偷就偷国家机密。经历了二十世纪五十年代的静默，六七十年代的中国电影井喷一般出现了大量盗窃题材作品。但是这类盗窃并不是为了经济利益而盗窃公私财物，而是为了政治目的盗窃情报、信息、文件、资料等国家政治、军事机密，这类电影在传统分类习惯上属于反特片。当时国民党力量退守台湾，但是国共斗争依然在隐秘中进行，我公安人员侦破了大量特务渗透颠覆案件。电影则适时对这些案件进行了艺术反映（当然也有部分影片是以抗日战争为背景），不可避免地吸收了特务盗取国家机密的情节元素，代表作品有《冰山上的来客》（1963）、《秘密图纸》（1965）、《南海长城》（1975）、《黑三角》（1977）、《熊迹》（1977）、《东港谍影》（1978）、《猎字99号》（1978）、《保密局的枪声》（1979）等等。此类电影在八十年代初仍有余音：《戴手铐的旅客》（1980）、《蓝色档案》（1980）、《东方剑》（1982）、《蓝盾保险箱》（1983）。以上这些，几乎都是当时中国电影的优秀作品。

八十年代——盛世古董乱世金，文物此时最扎眼。随着二十世纪七十年代中国重返联合国，日本首相、美国总统相继访华，中国的国际地位迅速提升，国民党高层发现"反攻大陆"还要从长计议，特务派遣工作可以不那么急了，反特电影也随之减少。而众所周知，进入八十年代的中国社会改革开放如火如荼，从十年浩劫中浴火重生的中华大地呈现勃勃生机。所谓"盛世古董乱世金"，盗贼的思想也在改革开放的大潮中得到解放，文物、古董、珠宝成了炙手可热的偷窃目标。在动乱时期就已经兴起的盗墓风潮，在八十年代迅速发展，在陕西、甘肃、河南、山西等文化大省，民间就流行过这样的顺口溜："要致富，去挖墓，一夜就成万元户！"查找八十年代中国电影资料，较有影响的优秀作品的确都是此类题材：《神女峰迷雾》（1980）、《神秘的大佛》（1980）、《智截玉香笼》（1981）、《蛇案》（1983）、《翡翠麻将》（1987）等。值得一提的是，1983年的《蓝盾保险箱》是一部承前启后的片子，讲的是国民党特务策划江洋大盗偷取某国驻华大使藏有珍贵宝石的"蓝盾保险箱"，既是反特，又是盗宝。当然，这一时期的电影中也有反映生活中小偷小摸盗窃行为的，如《少女与小偷》（1985）、《业余警察》（1987），具有浓郁的时代气息，但盗宝题材作品占据着公安电影主流位置。

九十年代——只有一个贼，结局很可怜。1992年上映了一部电影叫《京城劫盗》，但盗窃目标依然是古董珠宝——祖传的龙宝石球，因此这还是二十世纪八十年代盗宝电影的余晕。除此之外，大略翻看九十年代电影资料，勉强找到一部片子，是1998年的一部独立电影，叫《小武》，是如今名满天下的国际著名导演贾樟柯的早期作品。比起八十年代纵横四海的江洋大盗，九十年代这硕果仅存的一个小毛贼实在是可怜：他生活在社会底层，重情重义却姥姥不亲舅舅不爱，被爹妈认为是"忤逆不孝"，爱上了一个KTV歌女，最终却因为她打来的一个传呼在行窃中被擒，影片结束时被临时办事的警察铐在路边，任人围观。是什么原因令风光一时的盗窃题材电影沦落到如此境况？这还要从社会现实找原因。1991年2月，中共中央、国务院发出《关于加强社会治安综合治理的决定》，随后七届全国人大常委会第十八次会议通过了该决定。在中央文件精神的引领下，中央综治委、公安部等社会治安管理的各个组织和部门连续开展了多次社会治安管理专项行动。其中就包括1991年9月中央综治委部署的为期三年的反盗窃斗争，以及 1994 年 7 月至年底在全国城乡开展的一场严厉打击严重刑事犯罪、大力整顿治安的斗争，俗称"严打"。试问在这样的社会背景下，盗窃活动还能猖獗吗？盗窃题材电影还有市场吗？如此看来，仅有一个可怜的、地下的"小武"就可以理解了。

二十一世纪——崭新的人类纪元，多彩的盗贼世界。到了二十一世纪，人类社会空前纷乱繁复。而此时的中国已经加入WTO，并以平均 10% 左右的经济增速进入社会高速发展时期。伴随而来的是各种沧桑巨变：有北京奥运、上海世博、神州飞天、嫦娥奔月，也有海啸、地震、泥石流，更有"非典"、甲流、禽流感和金融危机。世间乱象使得盗贼世界也变得丰富多彩：丢钱包，丢自行车，丢手机，几乎我们每个人都经历过；而对于国家来说，丢矿产，丢树木，丢珍禽稀兽，也不时出现。（在社会的大视野下，我们还丢妇女，丢儿童，丢外逃贪官，等等。当然了，这已经不是简单的盗窃与丢失的问题，不在此赘述。）反映在银幕上，这十多年来的盗窃题材电影也的确是情况复杂：《十七岁的单车》（2000）、《寻枪》（2002）、《可可西里》（2004）、《天下无贼》（2004）、《天狗》（2006）、《疯狂的石头》（2006）、《守望平安》（2007）、《倔强的萝卜》（2009）、《夜·店》（2009）、《一路惊心》（2011）等，这些电影中的盗窃情节，不仅盗窃目标品类繁多，而且盗窃手段丰富多样。有继续偷钱盗宝，也有偷树、偷珍稀动物、偷科学实验品；有原始的挖地道、传统的掏包，也有炸药、电子高科技；有武装团伙惯犯，也有贫民一时失足；有跟学生偷，也有偷到警察头上，等等，真可谓异彩纷呈，令人眼花缭乱。

尽管和西方大片比起来，我们的盗窃题材电影还略显逊色，但是文艺就是时代的晴雨表,透过电影看社会,别有一番趣味。当然,从道德的角度讲,盗窃也并不都是邪恶行为,中国古代文艺作品中还有侠盗形象,他们劫富济贫、施财行善,但那也是社会黑暗现实的一种反映,"和谐大同、天下无贼"是人类的一个梦想。

[原载《电影画刊》(上半月刊)2013 年第 5 期]

旋律主题下的变奏

自从1903年鲍特拍摄了世界上第一部警匪电影《火车大劫案》开始，警察与电影便结下了不解之缘。警察的工作充满惊险、刺激，并且涉及社会生活诸多领域，这样的职业特性使其成为电影艺术创作的一类重要题材。新中国成立以来的警察题材电影经历了艰苦的艺术探索与文化建构，使得警察题材电影成为中国国产电影中特征显著、数量较大的一个重要电影类型。根据我国警察职业和公安工作发展的历史轨迹与现实情况，这里主要使用"公安电影"这一称谓，特指1949年10月新中国成立以来在大陆地区拍摄的公安题材影片。

一 特务间谍引领大银幕时代潮流

从新中国成立至1966年，是中国公安电影的崛起期。"二战"结束以后，无论是国际还是国内，都出现了不同阵营的对立与博弈。因此，政治上的渗透与反渗透渐次展开，军事对峙背后的隐蔽力量博弈成为当时社会主要的政治语境。于是，国营电影厂里的中国电影人在党和国家为巩固新生人民政权开展一系列政治斗争的宏大叙事背景下，在冷战思维中的苏联及东欧电影的影响下，掀起了公安反特片（或称间谍片、卧底片）的创作热潮。

1949年年底由伊明编剧并导演、东北电影制片厂摄制的《无形的战线》横空出世，成为新中国间谍片、反特片、惊险片的开山之作。以这部影片为发轫，上影、八一、长影、珠影等各大电影厂纷纷涉足反特、谍战题材电影，呈现一派百舸争流的繁荣景象，形成新中国间谍片的第一次浪潮。尽管政治印记鲜明，但这些影片建立了中国一类电影题材的艺术范式，在电影史上具有开创性的意义；并且就个体而言，这一时期影片并不缺乏经典之作，如这一时期代表作品《神秘的旅伴》《寂静的山林》《冰山上的来客》《羊城暗哨》《永不消逝的电波》《铁道卫士》等。

有趣的是，这一时期影片有两个特点值得注意：一是，这是新中国成立至今中国电影与国际电影唯一一次真正的"神交"——并无实际合作与交流但却保持了同步。间谍片当时也是全球银幕的最突出片种，这是冷战世界背景下文化异质同构的表现。二是，严肃的意识形态指向却带来了大众娱乐的视觉效果——反特、间谍片情节构制恰好符合观众的审美心理需求。情节紧张刺激，人物英俊潇洒，英雄孤胆，险象环生，等等，这些特点至今依然是观众喜闻乐见、津津乐道的电影表现要素。

另外，这一时期有一部电影必须单独关注——上海电影制片厂1959年摄制的《今天我休息》。这是在间谍片的大潮中难得的一部，也是新中国第一部反映警察普通生活的电影，这部电影同时成为新中国喜剧片的成功范例，在新中国电影史上影响深远。

二 在森严壁垒之下绽放点点流光

1966年至1976年，中国电影进入十年低谷期，公安题材电影也不例外。这一时期能够称得上是公安电影的只有"文革"末期的《海霞》《小螺号》《南海长城》三部。众所周知的时代背景，使得我们在这三部影片里看到在"以阶级斗争为纲"和"全民皆兵，常备不懈"的政治要求下鲜明的思想主题，"革命性"发展到了一个极端。如《小螺号》，既是一部公安电影，又是一部儿童电影，故事的主角是孩子。在意识形态统摄的影像里，孩子们的语言、行为带有明显的成人化色彩，他们常常做成人的事、说成人的话，他们是在学习之余肩负甄别特务、保护祖国艰巨任务的红小兵，是"被长大"的"小大人"。

值得肯定的是，《海霞》等三部影片在艺术上可以看到创作者的突破意识，即努力按照生活逻辑构制情节、塑造人物，在不同程度上有意回避"三突出"的人物塑造原则，质疑"高、大、全"的人物塑造标准，这在当时是十分有意义的探索。如《南海长城》中的一堂党课，没有枯燥的长篇大论与简单说教，赤卫伯的演说真实生动，而且前后情节连接紧密。赤卫伯用了仅仅不到五分钟的时间，就感染了全体民兵，如此具有政治色彩的情节却给人留下了深刻印象。

三 大时代到来之前的全面彩排

"文革"结束后，中国进入社会主义建设新时期，中国共产党的工作重心由阶级斗争转到经济建设上来。随着改革开放逐渐展开，经济转轨、政治转型成为时代强音。与之相适应，文化复苏便成了历史的必然，公安电影进入了一个特殊的过渡时期。在这样的背景下，二十世纪七八十年代之交公安电影的关键词是继承、反思与开拓。

所谓继承是对间谍片的继承，是"文革"前反特谍战电影的一种惯性发展。如《黑三角》《东港谍影》《保密局的枪声》《与魔鬼打交道的人》等。与十七年间的间谍片相比，七八十年代之交的反特谍战电影并无太多超越，艺术成就旗鼓相当。但是，在思想内容的旨趣上，这一时期的间谍片却发生了一些微妙的变化：一是人性自我强化，主人公不再是不食人间烟火的"超人"，而是也有感情的凡人，人物开始呈现丰满、立体的形象。二是敌人形象弱化，敌我两大阵营面对面的短兵相接逐渐演变成了我方强大阵营同敌方散兵游勇的交手，对手更多是躲躲闪闪的"暗礁"，甚至是缺席。三是意识形态淡化，谍战开始从政治层面转向经济领域。如《客从何来》讲的就是女间谍骗取商业情报的故事。这一转变可视为国家政权关注点由阶级斗争转向经济建设的一个有趣反照。

所谓反思是对"文革"期间各种社会乱象的反思，对"文革"留给整个社会包括公安领域的伤痕的反思，如《神圣的使命》《第十个弹孔》《戴手铐的旅客》等。在这些影片中，不仅反思、控诉了"文革"的各种丑恶，而且表现了公安干警在民族危难时刻与人民同呼吸、共患难的悲壮境遇，并坚持秉公执法，最终完成伸张正义的神圣使命。这些带有强烈反思色彩的公安电影既带有人文关怀的文化旨趣，同时也义不容辞地肩负起了审视家国命运的时代使命，具有深远的历史与现实意义。

在继承与反思之外，一部分电影人开始把目光放得更远，在思想内容上进行了在当时看来较为大胆的探索，对公安题材电影进行了进一步发掘和开拓。这一时期最为成功的探索是开创了刑侦破案题材电影（侦探片）的先河，如《神女峰的迷雾》《潜影》《智截玉香笼》《蛇案》等。此外，这一时期还出现了诸多从不同侧面、多个角度展现警察职业特色的公安电影。如《苦果》《再生之地》《预备警官》等，都不失为公安电影的有益探索，为新时期公安电影的大发展起到了投石引路的积极作用。

四　更丰富的生活与更生动的影像

二十世纪八十年代中期以后，可以说公安电影进入了一个空前繁荣的大发展时期。随着改革开放的日益深入，社会经济迅速发展，人民生活不断丰富，警察也随之成为当代社会接触社会面最广的职业之一。作为执法者，其职权范围涉及日常生活、政治、经济、文化等各个方面。因此，表现这一职业的警事电影也就愈加丰富多样了。新时期警事电影的显著特点是在政治化、艺术化与市场化的不同道路上并行，并渐渐互相交会。当下警事电影的主流题材创作包括侦探片、写实片、传记片和谍战片等类型。

侦探片在八十年代初登上中国银幕以后，此类电影迅速占领了公安电影的主阵地。据不完全统计，1984年至今，已有上百部此类题材影片上映。其中不乏优秀作品，如《伏虎铁鹰》获1995年度中宣部"五个一工程"提名奖、珠影最佳编剧奖；《玉观音》作为唯一的中国电影应邀成为2004年莫斯科电影节参赛影片，同时也是第二十八届香港国际电影节开幕电影；《西风烈》作为高群书"风字三部曲"的第二部，也被媒体称为中国首部硬派警匪动作大片，获得业内颇高评价。

写实片是指改革开放以来，越来越多的公安电影开始把视角放在警察的日常工作和生活中，以写实的风格站在更广阔的视域全面审视这一特殊群体。如《龙年警官》《押解的故事》《刑警张玉贵》《警察有约》《疑案忠魂》《千钧一发》等。此类电影在紧扣警察为民服务这一具有政治色彩的思想主题的同时，从侧面展现了当代警察的真实工作与生活状况。如2008年上映的由高群书指导的《千钧一发》，是根据发生在齐齐哈尔的民警排爆真实案件改编而成，该片获得第十一届上海国际电影节金爵奖评委会大奖。2012年，高群书又指导了根据民警张惠领真实事迹改编的"新写实主义"电影《神探亨特张》，获得业内好评。

传记片是通过电影艺术手段塑造真名实姓的公安英雄形象，这是最具意识形态指向功能的公安电影类型。如以北京公安派出所所长崔大庆为原型的《警官崔大庆》，以江西公安英模邱娥国为原型的《阳光小巷》，以河南省登封市公安局局长任长霞为原型的《任长霞》，以辽宁省丹东巡警支队五大队为原型的《守望平安》，以及以湖南湘西花垣县公安局刑警大队民警谢昌忠为原型创作的电影《边城警魂》等。

如前文所述，间谍片在中国经历了两次创作热潮，但间谍片并未在辉煌过后就偃旗息鼓，从全球到中国都是如此。香港《无间道》、《黑白森林》、《双雄》、《线人》、《窃听风云》（1、2）、《听风者》和好莱坞《碟中谍》系列、《007》系列、《谍影重重》系列等影片密集上映是为例证。在国产电影中，《红色恋人》《英雄无语》《周恩来万隆之行》等谍战片相继出现。大制作、全明星阵容的《风声》《秋喜》《东风雨》等谍战片热映，大有形成第三次间谍片浪潮之势。

诚然，尽管公安电影已经在类型转换上日益繁复、在文化特质上渐趋多元，但是目前的公安电影依然处于不尽成熟的发展时期，电影人惮于体制约束、后备人才匮乏、优秀剧本和作品不多以及整体质量不高，依然是当下公安电影面临的困境。作为中国电影的主要类型和片种，公安电影的政治性、艺术性和娱乐性怎样才能更好地融合起来，真正发挥其潜在优势，展现其特有魅力，是需要我们不断探索的问题。中国电影既要立足中国实际，同时又要面向全球市场，行进其间的公安电影要走的路还很长。

[原载《电影画刊》(上半月刊) 2012 年 12 期，发表时题为《新中国警事电影回眸》]

※ 相关研究论文《旋律主题下的变奏——新中国成立以来公安电影的类型转换与文化特质》获第三届（2013 年）东北三省电影论文评比二等奖，收入《东北三省电影评论文汇》，沈阳出版社 2016 年版。

从亨宁森案的审理看法律的审美旨趣

提到法律，人们首先联想到的常常是法庭、监狱、警察、暴力、强制等语词意象，多少带有冷硬、灰暗的意味。事实上，法庭、监狱、警察等暴力机器和强制手段只是法律行为规范体系中的部分内容。从哲学意义上看，法律的终极目的是通过其行为规范体系为个人创设并维续一个安全领域，以保障其人的福祉与尊严。因此，法律是人在社会上能否获得幸福的先决条件。人只有幸福才有存在的意义，只有幸福才能够诗意地栖居——这应该是法律的本来意思。

1960年，美国新泽西州高等法院审理了一件汽车合同纠纷案，原告亨宁森夫妇诉布洛姆菲尔德汽车公司。事情是这样的：原告亨宁森夫妇用多年的积蓄购买了一辆布洛姆菲尔德汽车公司生产的家用汽车。一个周末，他们应邀去朋友家做客。但是就在快要到达目的地的时候，汽车因机械故障突然失控，撞向路边的一个广告牌，汽车没有多大的损失，但亨宁森却受了重伤，医药费花掉了他一年的工资。亨宁森夫妇认为汽车刚买不久就发生事故，汽车公司负有责任，于是一纸诉状把布洛姆菲尔德汽车公司告上法院，要求汽车公司赔偿医药费和其他损失。然而，在法庭上汽车公司拿出亨宁森夫妇当初购买汽车时与该公司签订的合同，上面规定：汽车公司的责任限于更换有瑕疵的零件，其他一切概不负责。这有点像我们现在所说的"霸王条款"，然而案件事实清晰，证据充分，根据当时美国法律的相关规定亨宁森夫妇是要败诉的。亨宁森夫妇也明白合同的规定意味着什么，但是他们觉得这样很不公平，希望法院给一个说法。

法院经过审理，最终判决亨宁森夫妇胜诉，布洛姆菲尔德汽车公司对原告的损失承担全部责任。法院的判决理由是："契约自由并不是不受限制的一成不变的原则；在美国这样的社会里，生产人们广泛使用的、必需的、复杂的、有潜在危险的产品（如汽车）的商号，对其产品的构造、宣传和销售都负有特殊的责任；法院不能允许别人利用法律把自己当作不公平和不公正的工具使用。"[1]

从诗性哲学的角度来说，无论是海德格尔的"人诗意地栖居"，还是马尔库塞的"现实艺术化"，其着眼点都是人的诗意化存在。康德的"人是目的论"则肯定了人的地位、价值、境界和操守，揭示了人作为自在与自为的统一体区别于动物的本质，确证了人本该具有诗性。因此，当法律真正地以人为主体、对人的主体感受进行审美观照，使人能够在这样的法律规范下实现理想化、诗意化的生活，体现人文主义精神，可以说这样的法律就具有诗性。"作为现实的人的一种生活方式，法治所寻求的也正是一种立足于人性并体现着人性、伦理与法的协调统一的和谐的社会秩序，这也是法治的审美旨趣之所在。"[2]在这样的思维中，法律当然不是具体的法律规定，不是一成不变的判例或者法条，或者说那些都代表不了法律，那充其量只是法律的一小部分。法律是以"人"作为主体的一种动态建构，在这个意义上的"法律"就更接近于我们通常所说的"法治"。

新泽西州高等法院的判决出乎布洛姆菲尔德汽车公司的意料,甚至也出乎亨宁森夫妇的意料,因为这样的判决使法律在关键时刻不惜以否定自我为代价来保障人的福祉与尊严,为人的幸福创设条件。当然,这样的判决也使法律因之自我否定而涅槃重生成为更加接近公平与正义的法律。法院的审理与判决对法治与情理两相兼顾,体现了法意与诗性的和谐统一。"法院不能允许别人利用法律把自己当作不公平和不公正的工具使用。"这是一种动人心弦的判词,其字里行间浸润着的诗性的光泽。

由此案我们看到,法律的诗性是通过法官的审理与判决显现出来的,是存在于法治的过程中的。如果新泽西州高等法院的法官照章办事,我们绝不能说法官有什么错,尽管我们心里不舒服。我们不舒服的原因就是法律因其无法实现公平正义而不具有人文主义情怀,进而毫无诗性可言。"表面上看同是依法行事,实际上却有深浅之分,真伪之别。如果拿不伤物情,不害事体做一项标准,执行法律这件事情便是一种艺术,必须创造,不能照搬。这时,法官的人格与识见,就像艺术家的修养与趣味一般,乃是他们创造活动中最重要的一些因素。"[3]法律是由法官来具体操作的,既然法律具有诗性,那么好的审判就该是趋近艺术的。

那么,怎样才能让法律显露其固有的诗性,让审判如同艺术呢?

所有法律规定都不能说是完美无瑕的,因为那并不是上帝预设给人类的裁判标杆,而是人类自己依据现实情况所作的规定,它只能无限接近公正而不可能成为公正本身,人类社会总是以自己的快速发展证明现有法律的不足。如果法院、法庭、法官总是一味地依照教条去审理、判决,就难免出现与法律初始精神和终极目标相悖的结论,一如此案。若法院依据当时法律规定判决亨宁森夫妇败诉,我们会觉得亨宁森夫妇很冤,即不符合大多数人的"法感",我们多少会觉得这样的法律有点可憎。换言之,法律必须同道德、人情、公理等诸多因素结合起来,在此基础之上构建和谐有序之社会生活。如梁治平先生所说:"法意与人情,应当两不相碍。只是,具体情境千变万化,其中的复杂情形往往有我们难以理会之处。即以'人情'来说,深者为本性,浅者为习俗,层层相叠,或真或伪,或隐或显,最详尽的法律也不可能照顾周全。况且法律本系条文,与现实生活的丰富性相比,法律的安排总不能免于简陋之讥。因此之故,即使立法者明白地想要使法意与人情一致,此一原则的最终实现还是要有司法者的才智与努力方才可能。这也就是为什么,历来关于明敏断狱的记载,总少不了善体法意,顺遂人情这一条。"[4]

我们的"法"或者"法律"在英文里一般对应单词 law。而每当看到 law 这个单词,我们也首先蹦出"法律"这一汉语释义,而 law 在英汉词典里的释义除了"法律"之外,还有"规定""规则""定律""规律"等。"土生土长说英语的人在说 law 这个词时,总是把法律和规律联系起来,甚至把它们看作一个东西;他们头脑中总想到'法律的规律性'。"[5]我们通常认为法律与规律远不是一回事,规律是自然的、客观的、不以人的意志为转移的,如万有引力定律(the law of gravity);而法律带有鲜明的人的主观色彩,无论是立法还是司法。但是,恰恰是因为这种区别,使得法律必须向规律靠拢,法律符合客观规律才能更加接近公平与正义。

在古希腊戏剧《安提戈涅》中,女主人公面对国王的诘问时说:我服从的法律是更高的永恒的法律;我不会因为害怕你的反对而放弃自己的责任;你认为我干了傻事,其实你才是真正的傻子。她不仅逼迫克瑞翁尽快处死自己,而且声称自己的做法得到民众的普遍支持。[6]在《安提戈涅》诞生的时代是自然哲学盛行的时代,那时自然常常被等同为神,"但这不是神话里与人同形同性的神,而是统摄世界的最高抽象原则"[7]。"永恒的法律"在很大程度上具有"自然"的"神性",这个故事也从此成为自然法学派与法律实证主义之间论战的经典。自然哲学关于"自然"是世界本原的学说后来发展为形而上学的最高原则。理性主义不仅以形而上学为信仰基础,而且自柏拉图创立理念学说开始,理性主义就开始了对现实世界进行诗意的表达。受理性主义的深刻影响,在西方法律文化中有这样一种认识:此岸是不完善的,彼岸才是理想国度,那里有全知全能的神明,那里有公平正义的法则——永恒之理性,这就是安提戈涅所说的宗教法的"所指",而彼岸法可以评判此岸世俗法的善恶优劣。在这样的语境下,理性与诗性不仅没有相斥,而且实现了完美融合,理性的法意得到了诗性的表达。

诚然,我们不必讨论"全知全能的神明"抑或上帝是否真的存在,但法律来自规律进而享有至高的权威这一思想,是值得身处当代中国的我们研究与学习的。"永恒之理性"在今日之法治社会即通过客观规律显现其光芒。在西方法律实践中,法的这种合规律性常常表征为对"自然正义"的信奉。自然正义就是显而易见的公平与正义,哪怕在判例与法条中并未直接体现。因此,在某些特定情况下,自然正义甚至可以超越判例权威或者法律条文。如果因为恪守法律规定而忽视了显而易见的公平正义,那么这样的法律又有何意义?亨宁森夫妇当初购买汽车时与该公司签订的合同规定:汽车公司的责任限于更换有瑕疵的零件,其他一切概不负责。但这样的规定是汽车公司一厢情愿的事情,尽管亨宁森夫妇签了字，但那是"不平等条约"，如果不签，车就没得买。这样的合同违背了显而易见的公平正义，法院判决亨宁森夫妇胜诉就是自然正义的胜利。这一胜利昭示了一个发人深省的法律观念：法律的目的不在于遵循法律本身之规定，而在于实现公平与正义；当法律本身不能实现公平与正义时，公平与正义便可成为超越法律的判决依据。

"在法治的追求与践行之中，作为主体的人的坚定的审美立场便是：以人自身的生存、发展和完善为真实的地基和根本的标准。也就是说，法治的审美立场是也应当是以现实的人的现实的生存与生活为基础与出发点，而以现实的人的未来的理想生活为目标指向和参照。"[8]因此，法律的诗性体现在"立足于人性并体现着人性、伦理与法的协调统一的和谐的社会秩序"中，更体现在法治社会的动态建构中，它使人类社会的法无限接近法意的"澄明之境"，却永不可能真正抵达"彼岸"，这便是法律的审美旨趣所在。这种建构不仅需要立法者和司法者的努力，同时更需要全社会健全法治心态，完善法治人格，梳化法治情感。唯其如此，"人"才能建立起对法律的真诚的信仰；唯其如此，"人"才能诗意地栖居在这大地上。

[原载《法制与社会》2012年第12期，发表时题为《法意与诗性——从亨宁森案的审理看法律的审美旨趣》]

【1】参见刘星：《西窗法语》，法律出版社2008年版，第65页。

【2】姚建宗：《法治的审美旨趣与美学意境》，《法学》2000年第7期。

【3】梁治平：《法意与人情》，海天出版社1992年版，第152页。

【4】梁治平:《法意与人情》,海天出版社1992年版,第149页。
【5】参见刘星:《西窗法语》,法律出版社2008年版,第83页。
【6】参见罗念生:《罗念生全集》(第2卷),上海人民出版社2004年版,第307—309页。
【7】赵敦华:《西方哲学简史》,北京大学出版社2001年版,第4页。
【8】姚建宗:《法治的审美旨趣与美学意境》,《法学》2000年第7期。

因父之名， 民间复仇的正当性与有效性

成龙在其与皮尔斯·布鲁斯南联袂主演的新片《英伦对决》中，再一次放弃他曾经标志性的喜剧风格和激烈的动作场面，用严肃与悲情演绎了一位深沉、老态的父亲。成龙饰演的华人关玉明和他唯一的亲人——女儿生活在伦敦，开了一间小饭馆，父女情深，生活幸福。然而，在一次恐怖袭击中女儿不幸遇难。几近崩溃的父亲，在求助官方无果的情况下，走上一个人的复仇之路。当然，结局是他成功了，除了一名女子外，制造这起恐怖事件的极端分子——毙命。

影片最后的结局颇耐人寻味。关玉明完成复仇计划返回餐馆，远处的特种部队狙击手已经把枪口对准了他的脑袋，并请示是否开枪，指挥官下达了禁止命令："等等，也许我们欠他个人情。"也许是专业思维习惯，我在此前预想的故事结局是关玉明很可能在完成任务后从容自首，而不是回到餐馆和刘涛饰演的红颜知己亲吻拥抱。因为自从关玉明开车离开餐馆后，我都在思考这样一个问题：民间复仇，在何种程度上具有正当性和有效性？

无论是指挥官放了他一马还是法庭有可能放他一马，都是因为关玉明是站在正义的制高点为无辜的女儿和其他遇难的平民报

了仇。复仇在东西方人类早期社会漫长时间里都曾因其"自然状态"而具有正当性，因此也是合法的。古巴比伦王国的《汉穆拉比法典》保留了同态复仇的原始习俗，"自由民损毁任何自由民之眼则应毁其眼"，"打死自由民之女则应杀其女"。古希腊雅典刑法也带有血亲复仇的遗风。日耳曼法对于杀人的处罚就包括血亲复仇，是由被害人亲属团体对加害人或其亲属进行对等报复。中国至少在战国中期以前，复仇是合法的。《周礼·秋官》载："凡报仇雠者，书于士，杀之无罪。"孔子及先秦儒家主张以直报怨、正义复仇。商鞅变法以后，刑罚诉诸国家司法，禁止民间私斗，"为私斗者各以轻重被刑"。自此，一度被视为孝义的血亲复仇行为归于非法。

在《英伦对决》影片故事发生地英国，盎格鲁-撒克逊时代已经存在以血亲复仇的方式惩罚犯罪者的法律制度，直到 1066 年诺曼征服以后开始限制了血亲复仇，逐步代之以罚金抵罪。纵观历史，法律愈发达就会愈加禁止民间复仇行为，国家不会把生杀予夺之权交给私人。也就是说，关玉明的复仇行为有违现代法治文明。至少，他此前对副部长的办公场所、住宅等地实施的警告性爆炸行动毫无疑问具有危害他人和公共安全性质，即便法庭很可能鉴于其在剿灭恐怖组织中的立功表现而还他个人情，因此判其无罪、免于起诉或者从轻处罚，但在一个法治社会这个程序还是要走的。如果说复仇的正当性来自实在法之上的自然正义，对其有效性的检视则无法背离实证主义精神。那么，在今天的英伦土地上，关玉明的行为可能依然正当，却并不具备法律意义上的有效性。

然而，对于这部影片，我们还要考虑另外两个故事背景：一是关玉明的人生经历，二是政府高层的政治阴谋。特种兵炸弹专家关玉明在越战中被美军收编，前妻和两个女儿被海盗杀害，第二任妻子难产而死，女儿此次又死于恐怖袭击，而这次恐怖袭击又与政府高层的政治阴谋有直接关系。作为北爱尔兰反政府组织"真UDI"前首领的汉尼斯，投靠英国政府后谋得高官职位，又利用双重身份在两个政治力量的矛盾冲突中渔利。战争，海盗，政治阴谋，恐怖袭击，在这样一个法律被边缘化的生态环境中，我们还有充分的理由要求失去所有至亲的关玉明做一个守法父亲和模范公民吗？

　　写下这篇文章题目的时候，我想起二十多年前曾经有一部就叫《因父之名》的影片，同样以北爱尔兰人与英国政府的对抗为背景，讲述男主角爱尔兰青年格里遭英国警察诬陷为恐怖分子，受到极不公平的虐待和逼供，被判无期徒刑，善良忠厚的父亲为救儿子也被关进牢中。在父亲的鼓励下，格里坚持不懈地抗争，多年以后终于得以平冤昭雪。而这，来自真实的事件。如果在法律文明高度发达的社会，关玉明的行为不具备有效性，那么当被政治左右的司法在黑暗与腐朽中缺席，有一位关玉明那样的父亲就是每个受难者的渴望。

[原载《检察风云》2017年第23期]

极端工具理性与人的身份确证

　　1996年7月5日,世界上第一只克隆成功的哺乳动物——绵羊多莉诞生。克隆羊的诞生,引发了人们的很多思考,其中一个焦点问题就是人可不可以克隆。诺贝尔文学奖获得者石黑一雄原著并参与编剧的好莱坞科幻电影《别让我走》,讲的就是一个关于克隆人的故事。

　　凯茜、露丝和汤米三个少年是好朋友,他们一起生活在英格兰乡村的黑尔舍姆寄宿学校。这所学校很隐秘,近乎与世隔绝,他们对世界的认知完全通过课堂学习和模拟表演来实现。直到有一天,一位老师忍不住告诉他们真相:黑尔舍姆学校里的孩子都是为了给人类捐献器官而被创造出来的——他们是医学实验品克隆人。通常在进行三四次捐献之后,他们的生命就会终结。

　　接下来,影片并未如很多好莱坞大片一样讲述这些"异类"如何为了获得自由与人类展开斗争,而是展现了凯茜、露丝和汤米这三个青年男女的感情纠葛。这就常常让我们忽略了他们是克隆人的属性,因为他们的内心世界和我们正常人类并无二致:他们有爱,他们有恨,他们也有嫉妒、孤独和自我迷失。于是我们会恍然发现,所谓克隆人,除了不是胎生外,其他和我们并无二致，没有家人的克隆人甚至渴望找到那个和他们一模一样的人类母体。此时，当我们和凯茜一样，看着他深爱的汤米被推上手术台，任凭医务人员摘取器官，不禁会问：他们只是人类的医学试验品吗？作为和人类相同的生命个体，他们何以没有人的权利和自由？

是的，二十多年前克隆羊的成功降生，预示着从科学技术上讲对人类进行克隆已经不是难题。这对人类的确充满诱惑，用技术手段解决人类自身的衰亡问题，从科学、现代化的角度又完全合理。试想，如果克隆一个人不可以，那么克隆一个器官可不可以？克隆一只手臂，克隆一个内脏呢？貌似可以，因为这好像和生产义肢是同样的道理。那么克隆一个大脑呢？好像又不可以。是什么原因抑制着这样的技术发展呢？是道德、伦理。马克斯·韦伯将合理性分为价值理性和工具理性。人类反思生死，考量生命，建立信仰，这些都属于价值理性范畴。当人们不再思考生命的意义，而只是为了活着而活着，那就可称为工具理性。如果为了活着把科技推向一个极致的高度，而价值考量化为乌有，这就是工具理性的极端表现。于是，就会出现克隆人。

影片没有让黑尔舍姆学校里的年轻人选择逃亡，甚至与人类为敌，但从情节上看，成年后他们并没有被严格管控。那么他们为什么不反抗？他们为什么不逃跑？故事开始时有这样一个情节：足球被踢出了操场的栅栏外，尽管那是一道很矮的栅栏，但包括汤米在内的所有孩子没人敢越过那道栅栏。因为有一个关于栅栏的魔咒已经深深种在了他们心中——越过栅栏，将被肢解而死。这是人类对他们的规训，这样的规训似曾相识。这样的克隆人和人类早期社会里的奴隶又有何本质分别？这值得我们每个人反思。黑尔舍姆"人"没有父母家人，不必为衣食烦恼，读书、学习，接受艺术教育，每天过着看似快乐无忧的生活，这里几乎成了柏拉图的理想国。然而他们的宿命就是为智慧的人类献祭。当年的希特勒不就是这样利用尼采的超人哲学的吗？

诚然，从目前情况看，克隆人一时半会儿还不会出现，因为我们还没有充分的准备。或许我们永远也无法有这样的准备，但人类科技的发展是不可能停滞的，面对类似的关口是迟早的事情。事实上，工具理性的表现远不止石黑一雄笔下克隆人这一桩假想案例。从当年希特勒的"生命之源"计划到当下的青年人为了找工作而报考热门专业，都可以看到其幽灵般的身影。当所谓科学、所谓技术、所谓现代文明越来越强势入驻人类思想、生活的每一个角落，我们就越来越少地进行"价值""意义""信仰"的思考，取而代之的是有关"工具""效率""程序"的行动。利用克隆人来满足自己的生存意志，人还成其为人吗？

[原载《检察风云》2018 年第 3 期]

性审判视角下的禁忌与文明

毫无疑问，自有人类以来，与性有关的问题就相伴始终。性不仅给人类带来了生命的愉悦和繁衍的可能，也给人类带来了诸多的困惑与难解的命题。博登海默说"法律让人类学会了如何驾驭自己"，法律作为解决人类基本问题的最终手段，显然要承担起它的职责，进行性的审判。《性审判史》就是一部讲述人类历史上各种性法律案件的书。[1]

在书中，作者埃里克·伯科威茨写作的起点是四千多年前的美索不达米亚平原，那里曾是人类文明最早的发源地。作者关于性的审判史的叙述从迄今为止所发现的世界上第一部成文法典苏美尔王朝的《乌尔姆法典》，经由楔形文字法的典型代表巴比伦人的《汉谟拉比法典》，过渡到希伯来人的《旧约》，再到古希腊雅典城邦法、古罗马人酒神崇拜下的性政治，直到中世纪赎罪规则手册、查士丁尼法典，及近代美国色情文学和欧洲女巫审判，最后到"新世界"形态更加丰富的性与法律。在性的审判史中，我们看到野蛮与蒙昧，图腾与禁忌，还有罪恶与阴谋。

正如人类追寻正义的道路并非一路坦途，法律的发展与完善是一个漫长而曲折的过程。无知与蒙昧曾经左右性的审判，如罗马时代人们对女性贞操的态度。当时,如果贞女违背誓言失去贞操会被认为将给民众招来灾祸。公元前 483 年,本来占有优势的罗马军队在战场失利,罗马人在经过一番占卜分析之后,认为"一定是某个维斯泰贞女行为失当",导致维斯泰贞女奥皮亚被判乱伦罪而被处决。一个世纪之后,老加图的军队吃了败仗被摧毁后,三名贞女被审判,因为"三个人都与男人熟识"。

然而,法律作为人类文明的重要载体和保障,迟早要在性的审判中彰显其自身的价值与意义,如中世纪修女性行为问题引发的一系列案件。当时许多修女是被迫进入修道院的,因此,她们并非发自内心遵循教规,有的则交了情人,并发生了性关系。通常这种情况下,修女们会受到教会法庭的审判,她们的情人则由世俗法院审判,并极有可能给予极端判决。1395 年,男子安东尼奥·维亚纳就被起诉多次进入圣克洛斯修道院,与修女希亚·特丽莎同床共眠,法庭承担了为造物主的荣誉而辩护的责任,维亚纳被判刑两年。然而,在另一起类似案件中,修女波莉塞娜·卡瓦托塔与男子乔瓦尼·维里尔相恋,并怀孕生子。维里尔被判刑两年并处以罚款,但是法庭补充说,如果维里尔补偿卡瓦托塔一定金币并娶她为妻则予以免刑。对此,作者评论道:"似乎有理由认为爱情赢得了胜利,而上帝的荣誉被忽视了。"上帝终究也是要他的子民幸福的,从这个角度看法律审判与他的意旨是吻合的。

因写作题材历史跨度长,作者在法律史上涉猎楔形文字法、教会法、古希腊法、罗马法、印度法、中世纪城市法、伊斯兰法以及近现代英美法系、大陆法系等各大法系。除了众多构成文本主体的著名案件外,参与叙述的还有诗歌、戏剧、小说、百老汇舞台剧等多种文艺素材和事件。我们由此在书中得见福楼拜、波德莱尔、王尔德以及因《钢琴家》获得奥斯卡最佳导演奖的电影大师波兰斯基等文化巨匠的逸闻逸事。

性的审判史也折射着西方法哲学的发展与演进历程。作者在最后一章进入19世纪，一系列与性有关的犯罪与刑罚的问题提升到了考验人性的高度，而在当时西方法治的方向正是以人的存在与需要来评价法律的合理性，法治在理论上应是与人性相一致的规范体系。在书中提到的著名的波兰斯基案件中，人们所追问的与少女发生性关系的罪与非罪，所论证的少女性行为"未到法定年龄"问题，其实是19世纪最容易引起激烈争论的法律问题之一。19世纪中叶法律实证主义兴起，使法哲学从自然法哲学变成了实在法哲学，简单概括这一转变就是从正当性到有效性。正当性带有道德哲学的意味，有效性则是在道德之外完成单纯的法律建构。简单地说，波兰斯基是否有罪的关键并不在他的行为本身，而在特定历史和社会条件下法律如何规定——人们要的是"看得见的正义"和"可实现的正义"。

风俗、伦理、道德、文化、政治、人性等等这些因素在人类历史上对于性的问题都产生了重要影响，然而法律作为捍卫人类幸福的最后屏障与促进社会发展的强力保障，对于性问题的态度与处理方式显得尤为重要。性与法律的关系，在很大程度上印证并推动着人类社会的文明与进步。因此，《性审判史》的副标题是《一部人类文明史》。透过性的审判史，我们看到的是西方法律的发展历程，是整个西方文明发展过程中最为真实与生动的一面，是一条人类文明的进化轨迹。

[原载《检察日报》2015年7月9日，发表时题为《性审判史：一部人类文明史》]

【1】［美］埃里克·伯科威茨：《性审判史：一部人类文明史》，王一多、朱洪涛译，南京大学出版社2015年版。

法律阅读新时代或将到来

关注近年来各类人文社科图书榜单不难发现，法律图书已成为大众阅读的一个新热点。出版产业门户网站百道网于2014年年末推出"法治中国从阅读开始——中国好书榜之法律主题图书推荐"专题。该专题中"被推荐最多的法律书"有69本上榜。这类书的特点是：思想深邃，但语言通俗，能够深入浅出地把较为深奥的法律问题阐释明白。

如今的法律书已经不都是板着脸孔的学术模样，其种类越来越多，内容和形式都愈加丰富，如随笔集、案例集、访谈录、演讲录、回忆录、人物传记等。很多这些种类的法律书甚至成为畅销书，如广西师范大学出版社的"新民说"系列，就有好几本是法律随笔集，都非常畅销，其中王人博的《孤独的敏感者》出版一年多就已加印两次。再如上海三联书店出版的《九人》《誓言》等译注也引发了阅读国外法律书籍的热潮。上文提到的69本上榜书大都属于这样的通俗法律书。列在榜首的是《审判为什么不公正》，作者卡德里身为律师同时又是一位优秀的记者和作家，他以丰富的史料、翔实的案例、生动的叙述为我们展开了一部漫长而又曲折的西方审判史的精彩画卷。还有被媒体称为"中国第一本拷问死刑的书"——《杀戮的艰难》,媒体人张娟芬以第一手采访资料对死刑制度进行了深刻反思,探讨了正义、人性和生命价值等诸多问题。

据出版界朋友说,法律随笔类的书销几万册已经不足为奇,这在前些年是无法想象的。毫无疑问,法律书的通俗化可以使更多读者认识法律、了解法律,这是出版界的功劳。但是反过来,这些书的出版与畅销也恰恰说明它们有市场,读者需要这些书。令人振奋的是,民众对法律书的渴求与党和国家的大政方针是遥相呼应的,执政党已经把"依法治国"提到了前所未有的高度。媒体评论,在"依法治国"方略提出17年之后,党的全会首次以"依法治国"为主题,这无疑为未来中国建设法治国家描绘出了新的路线图。中国走向法治国家的进程有望加快。据此,我们有理由相信"法治中国"新时代的到来也将开启一个法律文化传播与法律阅读的新时代。

可以说,我们国家已经到了一个关口,从执政者到知识阶层和文化传播界,再到普通民众,都已经开始意识到法律文化的重要性,这大概是我们所处时代的一大特征。广义上说,人类作为一个群体之所以区别于各种动物种群,是因为人类在其发展过程中形成了人类社会活动的规范体系,即制度,从而进入文明时代。制度是人类文明的载体和保障,而法律则是制度的主要组成部分。法律文明的发达程度是社会发展阶段判定的重要标尺,反过来,一个社会的发展离不开法律制度的建设和不断完善。传播法律文化的意义由此可见一斑。

那么,在这样一个大时代到来之际,在社会普遍关注法治建设,关注法律文化、法律书籍的大环境里,法律人如果还在闷头工作而忽略读书,无疑将会落伍。读书,一方面是提高专业能力和职业素养的有效途径之一，这是无须论证的普遍认知。另一方面，随着时代的变迁和社会的进步，我们需要不断了解个体之外大环境的发展与变化，了解国家和民族在法治建设进程中所处的历史节点。有了这样的视野和高度，我们才能在处理具体问题时正确把握方向和尺度。再具体一点说，随着经济转轨和社会转型，日益凸显的法治问题不可避免地被民众持续热议和学界高度关注。而身处法治事件当中或与之有密切联系的法律人应该怎样面对这些状况？

我在阅读当代法学家梁治平先生的《法律史的视界》及《法律何为》两本书时，对此深有感触。梁先生把当代中国法治问题置于历史和世界的纵横坐标系中加以考察，很多问题豁然开朗。在种种矛盾之中，我们究竟该以怎样的心态和眼光看待中国的法治问题，进而提出切实可行的促进之道？如何理解"中国特色"的法治？怎样看待转型时期的法律与社会公正？法律在现实中如何呈现并且发挥作用？在法治较为发达的国家，公平与正义如何成为人们普遍的信仰？这些已经不仅仅是学者们闭门思考的问题，更与每一位法律人乃至普通公民休戚相关。法治建设不是领导人几句话的事情，更需要每一位法律人、每一位公民一步步去实践。只有对这些问题不断追问、反思，我们才能在中国法治化建设的进程中有的放矢、有所作为，而这些追问与反思都离不开读书。

说起读书，还有一种消极观点认为，读书才是落伍的表现。的确，科技进步把我们带到了电子时代、数字时代，二十世纪八十年代读书最时髦的现象已经成为历史。曾几何时，随着独立书店一间间倒闭，很多人认为读书时代结束了。其实，恰恰相反。数字阅读的确有其方便快捷等优势，但它的弊端也逐渐显露。与方便快捷相对应的是浅阅读，越来越多的人发现数字阅读只是体会到一时之乐。真正的阅读还是要读纸质书。实际上近些年出版业竞争越来越激烈、发展越来越快。也就是说，即便表面上书店是少了，但真正读书的人并未见得少，只是人们的买书渠道发生了变化。反过来想，书籍代表的是文明、进步，如果一个社会人们都不读书，那迟早人人深受其害，那就必然要回头把书捡起来。所以，读书永远是正确的。

民族正待复兴，国家怀揣梦想。许多优秀的法律书里面不仅有法律，更有文化、思想、智慧和情怀。在法律阅读的新时代，做一个爱读书、有情怀的人吧！

[原载《检察风云》2015 年第 4 期]

第五篇

余音与回想

传奇， 刺客， 聂隐娘

日前，著名台湾导演侯孝贤的《刺客聂隐娘》摘得2015年戛纳电影节最佳导演大奖。前有"侠女"，后有"隐娘"，加上笑傲"奥斯卡"的《卧虎藏龙》，武侠文学这一独具中国传统文化特色的文艺样式在现代科技的光影技术里薪火相传，不断令世人耳目一新，着实令人振奋。聂隐娘的故事在中国武侠文学源流中具有极为特殊的意义，如今终于隆重登场。

一 聂隐娘其人其事

武侠小说故事搬上大银幕，向来是很吸引眼球的事情。我们可以从耳熟能详的金庸、梁羽生、古龙、温瑞安等人为代表的新派武侠诸多作品，上溯到还珠楼主《蜀山剑侠传》（电影"蜀山"系列）、平江不肖生《江湖奇侠传》（电影《火烧红莲寺》等）、王度庐《卧虎藏龙》等民国武侠经典，再到古代不同时期的小说、史传、笔记中带有武侠元素的篇章、段落，如《史记·刺客列传》中荆轲的故事衍生出多部电影作品，港台电影人根据清人文康所著《儿女英雄传》拍摄了《儿女英雄传》（李翰祥导演，1959年）、《十三妹》（黄卓汉导演，1969年）等影片，胡金铨则根据

《聊斋志异·侠女》拍摄了电影《侠女》，该片1975年荣获法国戛纳影展"最高综合技术奖"。此番获奖的影片《刺客聂隐娘》改编自唐代传奇故事《聂隐娘》。

唐代传奇故事《聂隐娘》讲的是侠女报恩行刺的故事。大唐贞元年间，魏博大将聂锋有个女儿，名唤聂隐娘。聂隐娘长到十岁的时候，被一位乞食的尼姑看中，要收其为徒。聂锋很生气，呵斥驱赶了尼姑。尼姑临走时说，你就是把她藏到铁柜里我也能偷去。聂锋不以为意，没想到当天夜里，隐娘果然失踪。原来，那位乞食的尼姑是云游觅徒的方外神尼。五年后完活出徒，神尼将聂隐娘送归。五年间，聂隐娘与神尼及其另外两位女弟子隐居深山，服食丹药，学习飞行术、剑术、变幻术、化尸术、脑后藏匕术，乃至进行实战训练、经受破除诸种欲念的考验。回家后，聂隐娘常常晚出早归，似乎夜里很忙，聂锋也不敢多问。不久一个从事磨镜工作的少年手艺人到了聂家，聂隐娘就跟父亲说要嫁给他，父亲也不敢不从。结婚后，少年除了磨镜子外也没有其他本事，收入不多，基本靠老丈人供给丰厚衣食。

几年后隐娘的父亲聂锋去世，魏帅知其异能将夫妻二人收入麾下。又过数年，魏帅因与陈许节度使刘悟（学者卞晓萱考证刘悟就是后文的昌裔——原型为唐代陈许节度使刘昌裔）不和而派聂隐娘去刺杀之。不想刘悟亦非等闲之辈，神机妙算，早有预料。聂隐娘被刘的人格魅力打动，偕夫弃魏从刘，刘每天发给他们薪水二百文钱。月余后的一个月黑风高之夜，魏帅又派精精儿、空空儿前来行刺。精精儿被聂隐娘击毙，并化尸为水。空空儿技高一筹，聂隐娘用于阗玉环住刘的脖颈，然后化作蠛蠓飞入刘的肠中，逃过了空空儿的"神术"。刘悟自此厚礼相待。元和八年，刘悟负笈京师，隐娘不愿跟从，从此访山寻仙，游居世外。后来刘悟亡故，聂隐娘驾驴忽至，吊唁之后恸哭而去。

距刘悟赴京大约二十多年后，刘悟的儿子刘纵出任陵州刺史，在蜀地栈道上邂逅聂隐娘，非常高兴，但见她容貌一如当年。隐娘却不无担忧地告诉他：你不适合在这里工作，眼下就有大灾，我给你一粒药丸，但只能保你一年无事，一年之后立即辞官回家。刘纵要送给隐娘贵重丝帛，隐娘没收。第二年，刘纵没听信隐娘的嘱咐，果然死于陵州。后来再也没有人见过聂隐娘。

二 聂隐娘与文学叙事

说聂隐娘的故事在中国小说史、武侠文学史上地位重要，是因为它集中反映了道教文化对文学创作的浸淫，同时又开启先河，深刻影响了后世的武侠文学创作与发展。

故事中蕴含了许多道教文化要素。首先，它是"剑仙求贤"文学母题的代表文本，故事中的神尼收徒情节与道教所讲度人成仙关系密切。道家剑仙对收徒授艺有严格的要求，因为一旦仙术传人，就不由师父掌控，如果弟子以此行恶，危害天下，后果不堪设想，而且有辱师门，收拾起来相当麻烦。确立了道教神仙理论体系的经典著作《抱朴子》一书就有相关论述。《聂隐娘》中神尼为了识别良才，不惜化作乞丐，最后慧眼选中聂隐娘，就是这个道理。这一道家文化习俗进入文学创作后，对后世影响很大，如《聊斋志异》中的崂山道士就是这样的故事。众所周知的金庸武侠小说中也有大量类似情节，如《射雕英雄传》中洪七公先后传授郭靖、黄蓉武艺，而此前已是对二人从人品到资质进行了多方考验，而丘处机收了杨康为弟子，杨康品行不端令他极为后悔；这也可以解释武侠小说中许多超一流的武学大师为何门徒稀少、门丁不旺,如《倚天屠龙记》中,亘古烁今的一代宗师张三丰也不过收了七个弟子,即便如此第三代门人还出了宋青书这样的堕落子弟,为祸武林,最后还得清理门户。

传奇《聂隐娘》当中出现的"入山修炼""服食长功""学成考验"等情节与道教文化紧密相连,后来都成为小说创作的因循范式。清代唐芸洲的《七剑十三侠》开篇就说:"那剑术一道,非是容易。先把'名利'二字置诸度外,抛弃妻子家财,隐居深山岩谷,养性炼气,采取五金之精,炼成龙虎灵丹铸合成剑,此剑方才有用,已非一二年不可。"今人徐皓峰描写民国武林的另类画卷的《道士下山》中,也有何安下十六岁时因仰慕神仙而入山修道的叙述。

"服食长功"的例子在金庸小说里屡屡出现:郭靖吸了梁子翁的蟒蛇血,杨过吃了神雕衔来的蛇胆,段誉吞了万毒之王莽牯朱蛤,石破天被骗喝了"赏善罚恶"二使者的药酒,等等,主人公因之战斗力大大增强。这一母题脱胎于道教"服食飞升"的传说,最早是在刘向《列仙传》中记载。说是毛女王姜在秦灭后,"流亡入山避难,遇道士谷春,教食松叶,遂不饥寒,身轻如飞,百七十余年,所止岩中,有古琴声云"。聂隐娘在即将学满结业的时候,神尼派她真刀真枪行刺某大僚作为毕业考试。可当聂隐娘看到她的行刺对象正与小儿玩耍,未忍下手,神尼严厉责备,告知她应该"先断其所爱,然后决之",这是"学成考验"母题的典型情节。《抱朴子·论仙》是这么说的,"仙之法,欲得恬愉淡泊,涤除嗜欲,内视返听,尸居无心"。葛洪在《神仙传》中讲述蓟子训得道的故事也有类似情节。金庸《倚天屠龙记》里的另一位"神尼"灭绝师太是把这个考核制度运用到极端的代表,由于考验过于残忍,纪晓芙主动放弃,周芷若则乖乖就范。当然,金庸在其作品中加进了人性反思,这是另外的话题了。

《聂隐娘》中的"脑后藏匕""化蠓入肠""化尸成水"等情节,对后世文学创作也有很大启发。《封神演义》中杨戬擅八九玄功,随心变化;《西游记》中孙悟空不仅会变化,而且耳朵眼里藏金箍棒,动不动钻到别人肚子里,这些都是聂隐娘使过的手段。"化尸成水"更在金庸的《鹿鼎记》中成为重要情节。

三　聂隐娘与武侠文化

聂隐娘的故事较早见于唐传奇。晚唐官至成都节度副使的裴铏著有《传奇》三卷(存疑,又有一卷、六卷的不同说法),是唐代文言小说集的重要代表之一,被誉为"唐代传奇小说的正宗"。

从某种意义上说,"传奇"这种中国文学史上非常重要的文体称谓,就是来自裴铏的《传奇》。《聂隐娘》便是《传奇》中的一篇,后被宋人收入汉以降历代文言小说总集《太平广记》中,南宋罗烨《醉翁谈录》所录宋人话本中亦有《西山聂隐娘》的篇目。清初戏曲家尤侗曾将《聂隐娘》的故事改编为戏曲,取名《黑白卫》。到了晚清,版刻家任渭长绘制《三十三剑客图》,第九位便是聂隐娘。金庸曾经兼叙带评讲述"三十三剑客"的故事,后附在《侠客行》书末出版。1934 年,郑振铎编纂出版的《世界文库》第一册收录了《太平广记》中的《传奇》24 篇,包括《聂隐娘》。1980 年上海古籍出版社出版了周楞伽辑注的《裴铏传奇》,《聂隐娘》位列其中。此后王梦鸥、欧阳健、陈友冰、陈君谋、李剑国、李时人、王立等海峡两岸学者又对《传奇》做过校补考释或不同角度的专门研究。2012 年,上海古籍出版社将另一位唐人张读的传奇小说集《宣室志》与《裴铏传奇》合版,出版了《宣室志·裴铏传奇》。

笔者最早知道聂隐娘,是读本科时在王立先生的课上,他在不同场合多次提到聂隐娘。在《伟大的同情——侠文学主题史研究》(学林出版社1999年版)和《武侠文化通论》(人民出版社2005年版)等著作中,他对聂隐娘这一人物形象都有论及。我对侠文学、侠文化深感兴趣,因之多有关注。

"事了拂衣去,深藏身与名。"传奇《聂隐娘》篇幅不长,但却为我们呈现了一个光怪陆离、仙剑奇侠的精彩世界。聂隐娘无论是先前效力魏帅,还是后来转而侍刘,都是出于酬谢报恩,报答知遇之恩。刺客是侠的一种,这种酬恩知遇、临危受命的侠义行为模式,在侠文化形成早期占据主流。知恩图报,的确是一种可贵的品德,并且在相当长的时期内,侠为人们喜爱、推崇,在很大程度上因为他们能在信守承诺的基础上,"尚气任侠,急人之急"。他们能在危急关头使用超能力完成不可能的任务,用韩非子的话说就是"以武犯禁"。

侠文化的形成与发展有其自身的漫长过程,不同阶段呈现不同特点,聂隐娘的故事显然受到《史记》中历史与文学观念的影响。司马迁在《史记》中专为刺客立传,但几位刺客的侠义品格各有不同。曹沫、荆轲是为了国家慷慨就义,显然品格较高;专诸、豫让为追逐权力者效力,但依然带有某些正义性;聂政则完全是为了报答百金之恩而盲目行刺。然而,如果报恩作为侠的行为的第一推动力,当我们将侠的行为置于一定的社会、政治、伦理环境下,就不免对其正义性、道德性打上问号。正如聂隐娘的故事中,叙事者似乎隐去了善恶是非之辨。谁给了恩惠就为谁服务,甚至不惜改换主人,这在后世正邪对立的侠文化中是不可想象的。儒家思想渗入侠文化之后,"忠臣不事二主"的大侠亦恐诟病聂隐娘的行为。到了新武侠时代,金庸的"侠之大者,为国为民"则更是将武侠精神推向了一个高峰,此时因私人恩怨而打打杀杀的武侠桥段已经遭到摈弃。

陈平原在《千古文人侠客梦》中说,"唐传奇中聂隐娘、虬髯客的具体行为早被超越","但其基本素质却被一代代传下来,影响及于几乎所有的武侠小说"。侯孝贤则承续千年流转的昔日传奇,演绎了今人的《刺客聂隐娘》。

四 聂隐娘与刺客政治

侯孝贤的《刺客聂隐娘》对唐传奇《聂隐娘》的最大改动,是聂隐娘的主要刺杀对象由陈许节度使刘悟变成了魏博主帅田季安,而田季安还是聂隐娘的表兄。杀表兄既是"学成考验"母题的衍生情节,同时又使聂隐娘的行刺行为具有了救国的正义性——田季安武装割据,分裂国家。

然而,聂隐娘最终违背了师命,没有杀田季安。她的理由是"杀田季安,嗣子年幼,魏博必乱"。师父用颇有训诫的口吻说道:"剑道无亲,不与圣人同忧。汝今剑术已成,唯不能斩绝人伦之情。"师父认为聂隐娘没有经受得住实践的考验,不能顺利毕业。但聂隐娘的不杀却不仅仅是"不能斩绝人伦之情"的问题。聂隐娘结束了与世隔绝的十年封闭训练之后回归家园,重返人间,她的内心也渐渐苏醒。曾经的孤独杀手找回了本真的情感与尊严,她不想继续充当杀人机器,于是她最终的选择是跟随磨镜少年走向真实平凡的人生。

故事所发生的晚唐时代,曾经盛极一时的东方帝国走向没落,大唐气象正在被历史的烟尘消隐,我们看到各种碎裂的前兆和即将决堤的暗涌,距离落寞的谢幕已经不远了。就是在这样的背景下,聂隐娘孤独地走在身份迷失与寻找自我的崎岖道路上。主人公长时间的沉默不语、大量长镜头和广角的运用和蝉噪鸟鸣的画外音,都凸显着这份落寞与孤独。

——这是侯孝贤的聂隐娘。

裴铏的《聂隐娘》却不是这般样子。放下叙事模式研究的外在学术视角,走进人物形象的内在世界,我们不难发现,聂隐娘其实是一个任性无识、是非不明的"浪子型"刺客,徒有侠技而无侠气。如前文所述,她先是一时冲动没来由地嫁给了磨镜少年;而后被魏帅以金帛收买,夫妻双双成为其左右吏;更有违侠义精神的是,在为魏帅刺杀刘昌裔未遂后竟转而投刘,又相继消灭魏帅派来的精精儿、败走空空儿。我们不得不说,此时的刺客聂隐娘实际上是充当了政治博弈的工具。

统治集团内部各个派系与成员之间因争权夺利而展开殊死较量,他们因此不惜采用极端的手段攻击对方,刺客的出现是政治不正常的产物。司马迁所记载的刺客故事发生的春秋战国时代还没有完备的法制体系,刺客之所谓"客",即当时门客的一种,贵族收留、供养各种有才能的人辅佐其成事。唐朝则原本是中国古代法制走向成熟的历史时期,唐朝法制是中国古代法制的楷模与典范,是中华法系的代表作。然而,就在"安史之乱"发生后唐朝走向了藩镇割据时代,法制的境遇急转直下,法的威严遭到恣意冒犯,政治的角斗场竟成了刺客活跃的舞台。

春秋战国时代刺客的行为有的是侠义精神的显现,带有正义性;有的则出于个人利益,如报答恩主的知遇,进而很可能被赋予政治色彩。客观地说,聂隐娘的行为更倾向于后者。这种行为特征在近代更为突出,此时的行刺多被称为"暗杀"。清末民初,政治暗杀曾被革命党人作为一种重要的革命手段。蔡元培、宋教仁等都曾明确提出，革命只有两种方式，一是暴动，一是暗杀。革命党人组织过多个暗杀团，汪精卫、秋瑾、郑毓秀等都是当时的著名刺客。当然，革命党人也同时屡遭暗杀，梁启超因此撰文《暗杀之罪恶》表示愤慨。其实梁公也在《中国之武士道》一书中重述荆轲、聂政等人事迹，呼唤刺客精神。可见，行刺与暗杀在梁公这里是有分别的。由梁公所痛斥的暗杀，我又想到当下世界依然可见的恐怖主义手段，有的来自恐怖组织或恐怖分子，有的则还是来自政治集团。"风萧萧兮易水寒，壮士一去兮不复还"，如今慷慨悲歌的义士刺客真的已然隐没江湖，但愿极端恐怖行为也在人类良好社会秩序的建构中早日消逝。

尽管有观点认为刺客不是侠，所以不必以侠的标准苛求聂隐娘，但中国古代的刺客形象多具有侠的特征，因此将刺客归为特殊一类侠的论者也为数不少。如秋瑾自号"鉴湖女侠"并吟诵道："不惜千金买宝刀，貂裘换酒也堪豪。一腔热血勤珍重，洒去犹能化碧涛。"这无疑是侠气十足的。其实，后来聂隐娘的一系列行为已经渐渐显露了侠气，或者说聂隐娘经历了叛逆不羁的青春期渐渐走向个体生命的成熟——她不愿随刘进京，她千里哭柩，她对刘子关照牵挂，这些都有侠的本色、侠的品格和侠的性情。侯孝贤在影片中隐去了聂隐娘变节易主的"前传"，赋予其行为的正义性与深层人文关怀，可以说是重生的聂隐娘。

[本文初稿于2015年在《新华书目报》专栏连载，相关研究论文《散论传奇〈聂隐娘〉的文化意蕴》收入《第三届中国古代文学文化研究学术研讨会论文集》，2018年，丹东]

用镜头再现武林的规矩和仪轨

1996年的一天,38岁的香港导演王家卫戴着墨镜走出阿根廷的一座火车站,人群熙攘中他看见了报刊亭里面一本杂志封面上熟悉的人物,那是李小龙。王家卫说,从那时起,一个想法开始酝酿:拍一部表现这位世界级武术家师傅的电影。此时,他已凭借《东邪西毒》进入世界电影人的视野,那部电影入围威尼斯电影节,被称为华人侠义电影的另类高峰。对于武术与侠义,王家卫痴迷已久。17年后,我们终于看到了这部历尽周折与坎坷的电影——《一代宗师》。

功夫片对于中国观众来说再熟悉不过,李小龙、成龙、李连杰等人的功夫片曾经给中国电影带来了无数赞誉。他们主演或导演的电影有一个共同特点,就是镜头里我们看到的是写实的拳脚相接,打的就是"痛快"二字。尽管武侠片与功夫片还是稍有区别,但电影对于武术、功夫的变革性探索,李安、张艺谋等人在其武侠作品里早有尝试。李安的剑指向了人心——人心就是江湖;张艺谋的剑刺向了玄学——剑法的最高境界,手中无剑,心中也无剑!

王家卫拍电影,出了名的慢。常常是所有镜头都拍完了,电影还没有一点影子。这次的《一代宗师》更被戏称为"一代失踪"——筹备十年，拍摄三年，屡次推迟上映日期，最后他还是遗憾地说没有剪完。观影之前只觉得这是他的一贯作风，不足为奇，甚至我们会对他有一点善意的嘲笑。观影之后，我发自内心地认为王家卫这次是认真的。

电影一开篇，咏春拳、形意拳、八卦掌、八极拳等各派名家、高手纷纷亮相。而梁朝伟所饰演的一代宗师叶问，以独白的方式讲述几十年的国事家史，更渲染了影片厚重的写实基调。此时，我以为王家卫真的转型了，他这是向传统和主流电影叙事靠拢，甚至是向许多人印象里的电影大师迈进。可是——当然要可是——王家卫终究还是王家卫，当你眼睁睁地看着他精心把所有线索都铺垫好，期待高潮最终出现时，你会发现一个半小时过去了。然后，他用剩下的半小时时间再一次强调：这还是一部王家卫风格的电影——没有高潮，情节凌乱。

另一个感受，也是关于这部电影的一个很关键的问题，便是这并不是李小龙的师傅、一代武术宗师叶问的传记片。与其说一代宗师是梁朝伟所饰演的叶问，还不如说是章子怡所饰演的宫二。名为一代宗师，实则一批宗师，他要表现的是武林群像。而表现群像是要有缜密的情节构制的，《一代宗师》显然没有。是王家卫真的并不看重这些，还是后期剪辑的问题？怪不得王家卫总说如果不是档期问题他还要剪下去。

此前，关于影片的三位主演，媒体是有这样的报道：梁朝伟，王家卫盛赞为"鬼"，可以把人吸走，可以不用台词就把想要表达的意思表达出来；章子怡，决定此后再不拍功夫片，除了身体原因外，她说在王家卫的指导下她已经把功夫角色演绎到极致，无法再超越；张震，为真实再现武术大师风范苦练八极拳三年，获全国武术冠军。一个成了"鬼",一个断了后路,一个收获人生最大意外,怎么想都觉得这部电影不该就那么简单。如果主角单是梁朝伟所饰演的叶问,那么章子怡和张震又怎么有如此夸张的感触与收获?只是王家卫追求完美那么简单吗?十年的筹备,王家卫究竟都做了些什么?

其实,所谓一代宗师,既不单指叶问,也不是宫二,而是一代人、一个群体,这个群体通常被称为武林。在《一代宗师》里,王家卫既没有讲深不可测的人心江湖,也没有拍看不见摸不着的武术最高境界,而是以影像的方式向这个真实存在过的群体致敬。在王家卫眼里,功夫是那些渐行渐远的中国人的文化与智慧,他说:"武林有武林的规矩,他们有他们的仪轨,那些都是中国人的智慧。"在影片中,王家卫再现了咏春、形意、八卦、八极等中国武术门派的名家风采。他追寻着大师的踪迹,从香港一条武馆街到苍茫东北大地,从民国到二十世纪六七十年代,从精武会到中华武士会,从五虎下江南到北拳南传,从拯救民族危亡到坚守传统文化……这是对一个群体的寻踪之旅,而不是描写哪一个人的人生传奇。此时我们发现了另一个王家卫——不是导演王家卫,而是中国武术与传统文化的朝圣者王家卫。

一部电影何以酝酿17年、筹备10年、拍摄3年还宣称没有最后剪辑完成?原来,在这十几年的时间里,王家卫从香港一路北上,他的足迹遍布北京、天津、河北、山西、内蒙古、辽宁、吉林、黑龙江、上海、浙江、佛山、澳门、香港、台北等地,跨越南北与海峡,探寻中国武术各个源流。王家卫先后拜访了咏春、形意、八卦、八极、心意等几大门派一百余位武术家,他们中有叶问的弟子、"实践咏春"的始创者梁绍鸿,有国家级武术教练、中国当代著名武术家吴彬,有近代形意拳武术名家骆兴武的传人杨桐，有天津拦手门传人张文仲，有洪门第一个山头金春山最后一个山主王进发，北京八极拳研究会会长、八极拳名家王世泉，还有叶问的儿子叶准，等等。而影片上映之时，他们中的一些人作为中国武术的传承人和见证人，已经先后辞世，如杨桐、王进发等武林前辈。他们留在王家卫摄像机里的资料，已成绝版。

在电影艺术的手法表现上，王家卫坚持自己的风格——艺术的画面和经典的台词。如叶问与宫老前辈的对决，两人没有过多的身体接触，而只是以夺饼分胜负，当叶问碰到饼而收手时，两人的对话凸显中国武术的博大精深，"在你眼中，这块饼是个武林，对我来讲是一个世界，所谓大成若缺，有缺憾才能有进步"，"今日我把名声送给你，往后的路，你是一步一擂台。希望你像我一样，拼一口气，点一盏灯。要知道念念不忘，必有回响，有灯就有人"。随后那个饼自己落地碎掉。放大与打斗相关的局部细节，以小见大，是王家卫的拿手好戏。王家卫放弃传统功夫片拳脚相接的直观再现，而是追求武术的艺术美感和文化意境，这可以称为对传统功夫片所做的现代化转换。

直接展现动作细节，并不意味着演员可以摆花架子，恰恰相反，真正的功夫要的是那种精气神，不会功夫的人是很难装出来的。为了重现民国武林风貌，王家卫在影片最核心的武打技术方面，坚持不用替身、不用特技。也许在王家卫看来，只有这样演员才能真正走入人物的内心世界，才能还原那个年代武术家的精气神。三年的拍摄过程，也是几位主要演员拜师学艺的过程——他们的师傅都是当世武术名家。也正因如此，才有了张震的鲜花与泪水，才有了章子怡的决绝告白。在商业化、快节奏的现代社会，用这样原始的方法去塑造角色，是对电影艺术的尊重，也是对逐渐远去的武林的敬意。既然如此有诚意，我们就原谅他的一些小个性吧。

　　王家卫在发掘叶问生平事迹的过程中，蹑迹寻踪，看到了整个武林，并被这个武林世界所感动，最终他以这样一种方式向中国武林致敬。就如影片中所说："念念不忘，必有回响，有灯就有人。"作为电影人，王家卫对于中国武术与中国武林所做的这些，令人敬佩；而对于电影，片中也有一句台词，是叶问对宫二说的，"其实人生如戏，这几年，宫先生文戏武唱，可是唱得有板有眼，功架十足，可惜，就差个转身"，银幕下的我们真的不知王家卫何时转身，或许他根本没想过要转身。

　　[本文根据笔者的《追寻大师的踪迹》及《念念不忘，必有回响》两篇文章整理而成，前文发表在《三晋都市报》2013年1月15日，后文发表在《电影画刊》（上半月刊）2013年第2期]

1916 年，袁世凯死了

1916年，袁世凯死了。前大清帝国总理大臣死了，中华民国首任大总统死了，北洋政府第一位军阀统治者死了，龙椅还没坐热的"中华帝国"洪宪皇帝死了。他的死，在后世的诸多记载中读不到悲哀，他的死将他自己定格在一出闹剧中，他的死成了一个世纪以来人们茶余饭后的笑料和谈资。

小时候学历史，听老师讲到做着皇帝美梦的袁世凯在绝望中死去，觉得大快人心。现在想想，那样一位建立过足以名垂青史的功业的智者，真的糊涂到甘冒天下之大不韪，蠢到非要有个"皇帝"的名分不可吗？提起袁世凯，许多人都记得他的死和临死前的黄粱一梦，却忘了他竟是中国近代陆军之父，是中国现代警察制度的建立者，是中国新式教育体系的创建者，是一位杰出的改革家。这一切似乎主要就是因为：他想当皇帝。事实上，无论你觉得这个人的死有多可笑，在他背后，以君主制还是共和制这个问题为代表的一系列论争，对于那个徘徊在历史十字路口的国家来说，都是一个非常严肃且非常重大的问题。

作为中华民国的缔造者，孙中山在1914年5月至1916年5月先后三次发表讨袁的檄文和宣言，号召武装讨袁，以粉碎其皇帝梦。就在袁世凯准备登基改元的时候，曾经在君主立宪、开明专制、虚君共和等国体论中犹疑不定的启蒙者梁启超，彻底丢掉了对大总统的幻想，发表《异哉所谓国体问题者》，驳斥帝制论。不久以后，梁公更以一篇《辟复辟论》与他那力挺君主制的恩师康有为彻底决裂——"死灰复燃，人将溺之。诸公亦何仇于前清之胤，而必蘑之于无噍类而始为快也"[1]，言辞甚为激烈。反袁的不仅有文人，还有武将。1915年圣诞节那天，曾经多次劝谏袁世凯施行君主立宪的蔡锷联名唐继尧在云南起义，发起护国战争。随后，全国上下掀起反帝制斗争的浪潮。论者谈及这段历史常言"民主共和思想日渐深入人心，而且不可抗拒和逆转"[2]。笔者于此不免产生些许疑问，这里的"人心"是属于知识分子、时代精英，还是所有民众？当此时，中国的老百姓，对这些政治问题到底是怎样的认知？他们更熟悉"皇帝轮流做"的说辞还是"民主共和"的思想？至少，说袁世凯只是被大权在握一时冲昏头脑、当皇帝只是他的个人迷梦，大概是把问题看得太过简单了。

对于国人来说，袁世凯的死似乎为"洪宪事件"画上了颇为圆满的句号。的确，从1906年满清的统治者在仓皇间"宣示预备立宪""仿行宪政"，到1916年袁世凯的"君主立宪制"皇帝梦破灭，十年之间，宪政、变法、分权、民主、自由、权利等渐次成为权力的角逐者与时代的精英们所关注的话题。然而，在轰轰烈烈的博弈、战火与尘嚣之中，究竟有多少真正的觉醒，有多少政治的投机，又有多少是盲目地被时代裹挟呢？死了袁世凯，又有张勋，更不用说北洋军阀个个都是专制主义者。后来的历史分明告诉我们，皇帝梦依然有人在做，君主政治似乎也并不那么被所有人讨厌。当然，君主制与皇帝独裁并不是一回事。诸如，天皇的存在并没有妨碍东瀛弹丸之地的日本成为"西方"强国；作为世界上最早进入法治时代国家的君主，英国的女王伊丽莎白二世甚至在全世界拥有众多粉丝。即便在清末，也有许多人"试图从中国传统中寻找近代西方式的宪政制度"，"将西方宪政与中国传统进行对接"，然而辛亥革命没有也不会给他们实践的机会。[3]

历史的进步不在于有没有皇帝，而在于有没有法制。更进一步说，光有法制还不够，还要有法治，有法制保障下的民主和自由。诚如毛泽东所言："宪法，中国已有过了，曹锟不是颁布过宪法吗？但是民主自由在何处呢？"[4]毛泽东批判的是1923年的《中华民国宪法》。是年10月5日，直系军阀首领曹锟通过"猪仔国会"当上"贿选总统"，10日即颁布了《中华民国宪法》，人称"贿选宪法"。尽管那是民国北京政府唯一一部正式颁布的宪法，但其意义也仅仅至此，因为它并未对专制独裁政权起到任何限制作用。在从清末到民国的中华大地上，类似的事情反复上演，旧政权的垂死挣扎也好，新力量的大胆探索也罢，总之，人们在懵懂之中大概知道了应该争取一个怎样的未来，至于如何争取则需"摸着石头过河"了。

袁世凯已经死去100年，那些自当年始即被关注的话题似乎在一个世纪以来始终被人们讨论着。若袁公泉下有知，某一日忽闻吾辈已经觅得理想答案，也就死得心服口服了吧！

[原载《现代世界警察》2016年第7期]

【1】参见李华兴、吴嘉勋编：《梁启超选集》，上海人民出版社1984年版，第699—701页。

【2】曾宪义主编：《中国法制史》，北京大学出版社、高等教育出版社2000年版，第296页。

【3】参见李秀清：《所谓宪政——清末民初立宪理论论集》，上海人民出版社2012年版，第72页。

【4】毛泽东：《毛泽东选集》第三卷，人民出版社1991年版，第736页。

又一个罗宾汉，来自2010

在传奇英雄罗宾汉的故事中，英国诺丁汉郡的舍伍德森林是法外人罗宾汉的活动场所。理解这句话的含义必须先把两个词搞明白，一个是森林，一个是法外人。

森林在中世纪的英国不单指树木茂盛的地方，而是国王对英国大片乡村地区拥有法定统治权、管辖权的专用术语，也就是说舍伍德森林属于皇家领地。在皇家森林里，说脏话、赌博、杀鹿等行为是被禁止的。罗宾汉的故事诞生以后，森林有了第二层意思：理想化的自由之地。那时英国森林覆盖率很高，城镇之间往往隔着丛林。其间野生动物活动频繁，更有许多法外人躲身其中，以捕猎、打劫为生。法外人，除了不法之徒、逃犯外，还包括失去了法律保护的人，他们被排除在法律之外，没有家园和土地，任何人都有权对其进行侵犯、追杀。森林因其环境隐秘和资源丰富成了法外人得以自由生活的乐园，罗宾汉就是这样一群法外人的领袖。

那么，罗宾汉是怎么成为法外人的呢？2010年的美国电影《罗宾汉》给出了一个惊人的说法。在这部电影里，罗宾汉尽管没有像以往故事中那样与"狮心王"理查德进行伟大的森林会晤,但却与大宪章的签订发生了极为紧密的关系。从中世纪以来故事文本发展的角度说,罗宾汉通过这部电影从"法外"进入了"法内"。也正因此,影片中罗宾汉成了真正的"法外人"。这是该片与以往诸多版本的罗宾汉故事相比最重要的不同。

具体来说,影片中不仅罗宾汉成为与国王交涉自由和权利问题的代表,甚至大宪章的最初起草者就是罗宾汉的父亲,他说:"反抗,再反抗,直到羔羊变成雄狮。"这句话也成为罗宾汉的精神信仰。从历史真实情况看,传奇英雄罗宾汉与大宪章的签订显然并无直接关系。1215年6月15日至19日,愤怒的男爵们与骄横的约翰王在兰尼米德的草地上进行了为期五天的谈判,而后签订了《自由大宪章》。史实与影片相似的是,国王约翰在危机化解后向罗马教皇英诺森三世求援,教皇立即宣布大宪章无效。然而鉴于罗宾汉本来就不是历史上某一个确切的人物,影片让罗宾汉见证并参与大宪章的诞生也有其合理性,因为在文化的语义上"罗宾汉"与"大宪章"有着共同所指——权利与自由。诚然,从当年兰尼米德草地上那件事情本身看,大宪章更像是贵族与国王的交易,但它终究是中世纪人们以法律挑战王权的先声,是"王在法下"精神在实践中的肇始。

罗宾汉是逃犯,除了森林外他无处可去,而更深层的历史背景是国王的暴政与重税使得大量平民无以维系生计,森林成了争取自由与反抗压迫的象征。罗宾汉在影片中说:"鹿首先是上帝赐予的礼物,如果不能自由地打猎,人怎能拥有支配自己的权利?"诺曼征服以后,英国地方政权建设日益加强,商品经济迅速发展起来。此后直到 13 世纪 80 年代这一百年间,英国社会发生了巨大变化,自耕农阶层出现,罗宾汉的故事就是在这期间诞生的。以往许多的故事文本将罗宾汉归为没落骑士,这部影片将罗宾汉的出身确定为自耕农,有其历史考量。骑士属于贵族阶层,相比之下地位较低的自耕农对于广大受压迫的底层人民来说无疑更有号召力。

历史上,大宪章签订的第二年 10 月约翰国王就病逝了,不久大宪章被以亨利三世的名义恢复法律效力。此后大宪章又经过了不断地修订与完善,不断地质疑与废止,但它始终没有从人们的视野中消逝,时至今日仍有 9 个条款存在于英国法令全书之中,它对英国乃至世界产生着深远而广泛的影响。如果说大宪章真的与罗宾汉可能发生直接关系,那就是亨利三世亲政前后重新颁布的大宪章中附有专门明确森林问题的条款,被称为"森林宪章",成为广义上大宪章的一部分。"森林宪章"所要解决的就是人民与政府在森林问题上日益激化的矛盾,尽管王室依然谨慎地防范着臣民对森林的侵犯,但同时明令禁止森林官及地方官吏进行横征暴敛等侵害臣民的行为。将森林问题提到大宪章的高度,由此可想当时以罗宾汉为代表的绿林英雄们何其活跃。

罗宾汉首先被文艺作品提及,是在朗格兰于 1381 年前后所作寓言体诗《农夫皮尔斯的梦幻》中。事实上,人们对于罗宾汉的文学言说从未停止:从游吟诗人的演唱到《英国古诗遗》里的民谣,从司各特的历史小说《艾凡赫》到大仲马的传世名篇《侠盗罗宾汉》,从杰弗里·特雷斯笔下的左翼反叛者到 2010 年的大宪章事件参与者。诚如艾尔德森所言:"许多年前我曾说过：'每一代人都得到他们应得的罗宾汉。'……我认识到这句话应该加以修改，即每一代人肯定为自己创造所需要的罗宾汉。"罗宾汉的出身也一直在随着时代的发展而悄然变化：法外人、侠盗、绿林好汉、爱国者、民族英雄、左翼反叛者领袖、历史功臣。据不完全统计，目前世界各国有关罗宾汉的电影作品至少有三十多部。然而故事远没有结束——正像影片《罗宾汉》的结尾大屏幕上打出的一行字：传奇开始了……是的，这只是个开始。

[原载《现代世界警察》2016年第8期]

※ 相关课题成果《罗宾汉、〈大宪章〉与法律的文化解释》被学界评议为在外法史领域"开启了法律与文学的跨学科研究"（见于全国外法史研究会第二十八届年会《会议简报》第3期），论文收入《外国法制史研究》第18卷，法律出版社2016年版。

不朽的立法者拿破仑

很多人知道拿破仑，皆因为他是十九世纪法国伟大的军事家、政治家，法兰西第一帝国的缔造者。在最辉煌时期，除英国外的其余欧洲各国均向其俯首，可以说当时整个欧洲大陆都臣服于他的枪炮与权杖之下。他建立了庞大的拿破仑帝国体系，创造了一系列军事与政治的奇迹与辉煌。

然而，在拿破仑自己眼中，这些都不算什么，他至死都引以为傲的并不是世人以为足可彪炳史册的赫赫战功。滑铁卢一役迅速结束了拿破仑大帝的神话，一个叫拿破仑的退伍老兵被流放到圣赫勒拿岛。然而有一件事却可以一扫那座大西洋火山岛上四处弥散的落魄与辛酸，让这位曾经叱咤风云、气吞万里的中年汉子得到心灵的抚慰。战败了的拿破仑在圣赫勒拿岛上用一种难以抑制的激情说道："我的光荣不在于打赢了四十场战役，滑铁卢会摧毁这些胜利……但不会被任何东西摧毁的，会永远不朽的，是我的民法典。"[1]

是的，拿破仑更是一位伟大的立法者，他说"我的民法典"毫不为过，因为这部由拿破仑亲自主持编纂的 1804 年《法国民法典》又被称为《拿破仑法典》，至今在世界法律文明史上具有无可替代的特殊地位，具有划时代的意义。《拿破仑法典》在当时又被称为法国人的"圣经"。18世纪后半叶,正是哲学与神学打得一塌糊涂的年代,大革命更是狂风暴雨般地摧毁了一个旧世界,人们正在遭遇信仰危机。尽管康德于1781年出版的《纯粹理性批判》在人与神之间划了一条红线,在某种程度上缓解了部分人的信仰焦虑,但革命的火焰已经把人们炙烤得太久。《拿破仑法典》在宗教从政教合一的前台退隐到人们内心之后,成为了人们的行为指南。另外,更加难得的是,该法典语句流畅、格调优美,堪称文学杰作。

司汤达、雨果、拜伦等伟大的作家和诗人都曾表达出对拿破仑的无比崇敬,也绝不仅仅是因为拿破仑打了多少胜仗,更因为拿破仑在他的民法典中将文艺复兴以来形成的自由、平等、博爱的理念以法的形式固定下来,第一次以成文法典的形式确立了个人在社会生活的中心地位,强调法律代表的是人的理性或人性。司汤达在1840年给巴尔扎克的一封信中写到,他在创作《巴马修道院》时,每天早上都要读几页《民法典》,以便"把准音调"。雨果则在《悲惨世界》中用整整一章来回顾滑铁卢,缅怀拿破仑。他说:"失败把失败者变得更崇高,倒了的拿破仑·波拿巴比立着的拿破仑·波拿巴更高大。"拜伦当年听说拿破仑失败了,痛心地说:"我难过死了。"

1769年,拿破仑出生在科西嘉岛的一个律师家庭,拿破仑的父亲夏尔·波拿巴,年轻时在罗马学过法律,回来后在当地做过律师。拿破仑从小受到法律思想的熏陶,青年时代的拿破仑一度是孟德斯鸠和卢梭等启蒙思想家的信徒,深受他们的法制思想影响。拿破仑曾说:"世上只有利剑和思想两种力量。长远而论,利剑总是败给思想。"因此,当他用武器打出了一片天地之后,便立即着手实践他伟大的法律梦想。正如他在欧洲建立的帝国体系一样,拿破仑不仅编纂了一部民法典,而且打造了由六部法典组成的法兰西六法体系。这个体系除了1804年《法国民法典》外,还有1806年《法国民事诉讼法典》、1807年《法国商法典》、1808年《法国刑事诉讼法典》、1810年《法国刑法典》以及反复增补、修改的宪法。

在法国,拿破仑的法典编纂事业标志着旧时代的结束和新纪元的开始。而且法学界也不得不承认,是拿破仑个人作用使《拿破仑法典》的编纂成为可能。而以《拿破仑法典》为代表的"法国六法"的制定与颁布,不仅确立了法国的近代法律制度,而且也形成了影响深远的大陆法系法律制度的基本框架。可以毫不夸张地说,今天世界法系格局有半壁江山是来自拿破仑的奠基。

我相信拿破仑是不能以"战争狂人"简单论定的,至少他是个有思想的战争狂人。拿破仑挥剑征战所向披靡,但他征服欧洲的目的至少在很大程度上是为了推行他的思想,包括军事、政治和法律等诸多方面的思想。正如当年伟大的哲学家亚里士多德和他天才的军事家学生亚历山大共同完成了一次史诗性统一工程,拿破仑征服欧洲大陆也是源于他欧洲一体的思想。据费利克斯·马卡姆的《拿破仑传》,被流放到圣赫勒拿岛上的拿破仑至死不忘欧洲统一。他说:"欧洲自由地分裂成许多国家,但也可以统一后享受内部自由。成立欧罗巴合众国,欧洲和平就实现了。"[2] 不知拿破仑心中的欧罗巴和现在的欧盟是否有几分相似,但有趣的是,在当时就未被拿破仑"归化"的英吉利,前阵子终究还是脱欧了。

[原载《现代世界警察》2017年第10期]

【1】 转引自何勤华主编:《外国法制史》,法律出版社2011年版,第271页。
【2】 转引自张兴慧:《滑铁卢追忆拿破仑》,《中国青年报》2013年5月24日。

不想当律师的马克思

电影《青年马克思》于5月5日在国内上映了。这部电影由法国、德国、比利时联合拍摄，2017年在柏林国际电影节展映后引起了东西方世界的共同关注。影片截取1843年至1848年马克思的人生片段，通过他与恩格斯的相识相知，共同建立共产主义者同盟，合作撰写《共产党宣言》等重要事件，再现了马克思以及他的伙伴恩格斯作为青年行动派是如何发出改变世界的伟大声音的。

影片把视角放在《共产党宣言》出版前的欧洲，那是一个危机四伏的特殊时期。工业革命极大地推动了机器大生产，生产的飞速发展终于导致经济危机，工人阶级与资本家的矛盾空前激化，两大阶级阵营对峙，工人运动兴起，暴风骤雨即将到来。人类社会将向何处去成为诸多思想者积极探索的问题，从黑格尔、费尔巴哈、李嘉图到布朗基、维特利、蒲鲁东等，都有一大批拥趸。在这样的大背景下，电影的镜头又聚焦于许许多多关注人类命运的人们中的两个青年——马克思和恩格斯。两个人都背叛了他们自己深恶痛绝的资产阶级家庭，他们决定一起投身于改造世界的伟大计划。彷徨奔突中他们遇到了"正义者同盟"，帮助同盟起草宣言，并成功将"正义者同盟"改组为"共产主义者同盟"。随后两人合作起草了《共产党宣言》，向全世界吹响了无产阶级革命的号角。

片中，马克思与恩格斯相遇后一拍即合，两人曾举杯相庆。马克思说："为真正思考的头脑、为自由精神干杯！"没错，思考是为了自由。马克思从来是一个实干家、行动派，他的所有言论都是为了指导实践。影片里马克思还有一句台词说："迄今为止，所有哲学家做的都是解释，解释这个世界，然而这个世界需要的是改变！"[1]我以为这是马克思全部思想的最核心精神，影片抓住了这一点进行细致刻画，值得称道。

事实上，尽管共产主义运动经历了从蓬勃发展到由盛转衰和奋力前行的曲折历程，但毋庸置疑的是马克思的思想的的确确改变了世界的面貌。所以，应该说这部电影的主题词首先是"致敬"。影片的一大亮点，是对马克思、恩格斯凡俗生活的再现，把他们还原成"普通人"。他们的确是伟大的、卓越的、超凡的思想家，但他们也是普通人。影片里，当恩格斯的女友见到久闻大名的马克思时说："我想象中的你可能更高大一些。"马克思则调侃道："我也只是个普通人。"这句话说得妙极了！马克思首先是人，其次才是马克思、伟大的思想家、无产阶级革命的导师。

影片还在马克思、恩格斯的许多个人生活细节上下了功夫。比如马克思作为一个男人在妻子待产前的焦灼、在看到女儿出生时的欣喜、在家里揭不开锅时的落寞，以及恩格斯在奔走人类伟大事业的间隙对贫民窟女友的思念和父子之间不可避免的一次次争执。甚至就在伟大的《共产党宣言》行将动笔之前，马克思还打了退堂鼓，他说他已经厌倦了写那些"传单宣言小册子"，他想写点"正经书"，是恩格斯又把他拉了回来。影片对他们各自爱欲、苦闷纠结和诸多必须面对的现实问题的展示，我们可以称之为"祛魅"。在马克思主义在全世界传播的过程中，我们的主人公总会有被神化的倾向。祛魅的最大意义在于，它使我们可以更加清醒、冷静、客观、理性地审视偶像、对待信仰，无论是宗教的、哲学的、政治的，还是其他的。当一个人并不真的清楚他的信仰到底是什么的时候，他的信仰就不是真的信仰，而是迷信。

说到底，这是一种反思，影片为我们打开了一扇反思的窗户。所有的信仰，都需要这种反思精神。影片中，革命派马克思、恩格斯与无政府主义者、空想社会主义者都发生了不同程度的交锋，他们首先无疑是具有反思精神的。对手的反驳当然也应该令他们反思。比如当马克思驳斥"正义者同盟"精神领袖强调批判的意义时，维特利回击他说："批判会吞噬一切存在，当一切都不存在的时候，它会吞噬自己。"我觉得，这不仅值得电影中的马克思和恩格斯反思……

如上，这部电影总的来说有突破、有亮点，但也有问题。最大的问题我认为是文不对题，我想影片的名字应该叫《〈共产党宣言〉的诞生》更合适。因为，如果说拍的是"青年马克思"，则内容上就有点小气了。我以为马克思（以及恩格斯）的青年时代最大的一个问题是，一个资产阶级富家子弟如何背叛了自己的上流社会家庭，心甘情愿去过食不果腹的生活，并获得了改变世界的力量，成为人类史上伟大的思想家，他经历了什么？很遗憾，关于这一点，我们从影片中只看到了短短几年的流水账。说到这，我们不妨看看马克思的家庭和他的成长简史。

马克思1818年5月5日出生于德国西南部城市特里尔，并在这里度过了17年的时光。他的父亲老马是一位资深律师，学识渊博，精通多种语言，并以丰厚的薪酬成为特里尔首富。他的母亲罕丽达来自荷兰的一个西班牙裔名门望族，那个家族至今依然显赫。罕丽达的姐姐索菲亚，也就是马克思他大姨则嫁给了一位富有的荷兰商人莱昂·飞利浦。没错，当今世界上最大的电器公司的那个"飞利浦"，也就是说我们现在用的飞利浦电器都是马克思他大姨家的产品。

马克思在12岁上中学之前，一直在家里接受教育，而且是极为系统的知识训练和熏陶。他所就读的特里尔中学，是一所精英学校。即便如此，他的那些本就来自上流社会的同学也曾被马克思嘲笑为"乡下傻瓜"。1835年，17岁的马克思被父亲送入德国波恩大学法律系，显而易见，父亲希望他子承父业。然而，酗酒、斗殴、写诗、挥金如土，轻狂的岁月、躁动的青春，关禁闭、被迫转学，这些就是马克思的大学生活。转学到柏林大学后，马克思好像突然明白了很多道理，完成了从"不良少年"到"超级学霸"的华丽转身。23岁获得博士学位，24岁担任《莱茵报》主编，并接连完成了《黑格尔法哲学批判》《论犹太人问题》《1844年经济学哲学手稿》等名著。这样的经历与后来他主动选择四处奔波、穷困潦倒、被通缉、被抓捕、被驱逐的人生是不是形成了强烈的反差呢？

在马克思看来，当时的法律、道德、宗教"全都是资产阶级偏见，隐藏在这些偏见后面的全都是资产阶级利益"[2]。他要做的不是用这样的法律去实现资产阶级定义的公正，他要做的是为整个无产阶级乃至全人类探求公正。如果电影作品关注到这种极具戏剧性的大逆转，才可能带着观众真正走进伟大思想家的内心世界，洞悉那些影响人类历史进程的思想究竟从何而来。

尽管存在缺憾，但《青年马克思》依然是非常值得今天的中国青年观看的作品。不仅因为影片中所展现的马克思与恩格斯的青春气质依然可以和一百多年后的我们形成共鸣,更因为在今天的中国,我们非常需要了解真正的马克思以及他的"主义"——诸如我们大学公共课所学的《马克思主义哲学原理》其实是苏联对马克思思想的改造和庸俗化,离真正的马克思太远。1919年,一篇《我的马克思主义观》推动了马克思主义在中国的传播。近九十年后的今天,关于马克思,在社会主义中国依然需要重读。

[原载《检察风云》2018年第13期,发表时题为《他想为全人类探求公正》]

【1】 出自马克思《关于费尔巴哈的论纲》:"哲学家们只是以不同的方式解释世界,而问题在于改变世界。"见于《马克思恩格斯选集》第1卷,人民出版社1995年版,第57页。

【2】 马克思、恩格斯:《共产党宣言》,人民出版社2014年版,第38页。

被遮蔽的历史与缺席的政治构想

在中小学历史课上,我一度以为那个存在于十三四世纪的蒙古政权和元几乎是可以画等号的——这也许只是缘于我个人的无知和误解。这个印象在我少年时期的知识结构中存在了相当久的时间。现在看来,大概是这个问题过于复杂,复杂到世界史学界至今依然纷争不断,所以我们的中小学教材也"不能说太细"。尽管如此,当我读到杉山正明的《忽必烈的挑战》的时候,还是为之震惊。[1]当然,我不是历史研究者,作为普通读者,我们又该如何看待他那些颇为吸引眼球的观点?

杉山正明在《忽必烈的挑战》中有几个颇具颠覆性的观点:一是对于包括中国、中亚、俄罗斯等广大亚欧世界国家和地区来说,蒙古政权并未如我们长期以来所认定的那样——扮演了一个不光彩的野蛮破坏者角色。二是蒙古政权建立了人类最早的世界体系,开创了人类史上从未经历过的局面,在"近代"以前罕见地发轫了"近代精神","蒙古时代"标志着世界史的大转向。三是蒙古政权打造了一个规模空前的世界中心,这里有巨大的首都——他在《蒙古帝国兴亡史》中将其称为"汉式理想国都",这里有世界最早的海洋舰队,这里推崇自由经济和极端重商主义,这里有欧亚最大的经济力与产业力,这里到处体现着世界文化的大融合。四是蒙古的国家与经济体系并非因为元政权的结束或内部分裂而瓦解,其终究落幕的真正原因是太过早熟,他们的宏大构想远远超越了时代,超越了当时的技术和产业水平,因此无法长久维系。

杉山正明批驳了以法国汉学家谢和顺为代表的"野蛮说"观点持有者,这种观点在东西方史学界都极为普遍,甚至很多人深信不疑。中国现代著名史学家吕思勉先生在其《中国通史》"蒙古帝国的盛衰"一章中开篇第一句就说:"蒙古是野蛮的侵略民族所建立的最大帝国,它是适值幸运而成功的。"[2]此观点现在读来笔者亦觉得有失偏激,任何一个政权都不可能完全靠幸运夺得天下,更何况是"野蛮人"的世界性征服。

其实,当时的蒙古人也曾视其他被征服民族为野蛮人。蒙古大将伯颜在两次派出使节都半路被南宋军民杀死后怒不可遏,柏杨在《中国人史纲》中说"他发现他面对的是一个不可理喻而又狡猾凶恶的野蛮部落,任何力量都不能阻止他的军队前进"[3]。于是蒙古大军在毫无抵抗的情况下进入南宋都城临安。杉山正明描述的蒙军进城的情形是"纪律井然",没有传说中的烧杀劫掠,甚至为了防止市民在南宋政权内讧的暴乱中受到侵害,蒙军令各家各户在门上贴出家庭成员名单,禁止夜间外出,以维护社会治安。这种和平的政权交接在中国历史上是极为罕见的,而临安也就是杭州,在退出国都的角色后在有元一代继续繁荣乃至成为了世界史上空前的百万人口巨型城市——这的确太值得我们对蒙古人的城市综合治理水平进行重新评估了。

此外,杉山正明对一些曾经的常识性评价进一步解析,他用部分史料和逻辑推理论证了蒙古人在中亚伊朗等地进行"大屠杀"和"大破坏"都是站不住脚的。杉山正明通过研究得出了恰恰相反的结论：中亚不仅没有因为所谓的蒙古入侵导致衰落，反而在帖木儿王朝时期迎来了"文艺复兴"。甚至俄罗斯帝国能够崛起在很大程度上是受到了蒙古力量的帮助，后世统治者出于政治原因反将那段历史说成一个黑暗时代——"鞑靼的桎梏"。当然，杉山正明在其叙述中也在一定程度上保持着冷静客观。侵略是不争的事实，因此，他坚决反对对蒙古史的"极端美化"。

杉山正明在书中提出，忽必烈塑造了世界历史上最早具有近代意义的"世界体系"，蒙古帝国为这个世界体系提供了结构骨架和运转动力。其与长期以来的主流观点相对立——美国学者斯图亚特·戈登在其畅销书《极简亚洲千年史》中说："欧洲地区的人在好几百年的时间里，都把蒙古人看成上帝降下的灾难。"[4]这应是欧洲史学界的通说。或许以自我为现代世界体系中心的欧洲人不愿承认，他们曾经在一个多世纪里是被一个亚洲异族建立的政权裹挟着跟跄而行，进而他们才得到某种惯性的推动而引领了世界，但杉山正明的研究无疑要让他们关起门来偷偷地重新审视这段历史。

杉山正明这一吸引眼球的观点也不能说完全是他的创见，法国东方史学家勒内·格鲁塞在1939年出版的《草原帝国》一书中就已指出，草原人民对中亚的无数次争夺改写了人类历史的进程。该书从世界史的角度观察草原帝国，被学界认为是欧亚大陆史成为一门独立的系统的历史学科的标志；20世纪70年代蒙古帝国史学者约翰·安德鲁·波伊勒就已经提出了"蒙古世界帝国"这一概念；而蒙古对于欧洲乃至世界的重要性，在大卫·摩根1986年出版的《蒙古人》中亦有论及；东亚史学者林蔚则在20世纪90

年代明确提出将蒙古帝国视为世界史前现代与现代的分界点。比这些都要早的是，中国近代著名学者、历史学家、民俗学家、"古史辨"学派创始人顾颉刚先生于1920年代就在指出蒙古政权之"残暴"的同时"打通欧亚交通的大道"，其"功罪""很难判定"。[5]

威尔·杜兰特在《信仰的时代》中说："历史学家总是犯过分简单化的毛病，他们从众多的人和事件当中，匆忙地挑选易于处理的一小部分事实，却从来不能对错综复杂的实质和事件予以包容和理解。"[6]蒙古政权的历史已经足够复杂，由于史料、语言乃至意识形态等诸多难以翻越的藩篱，关于蒙古史现在已经探明的事实仍然只有一小部分。这个政权及其缔造的时代迅速瓦解和结束，所以它们自身的声音几乎随着他们的政权一起在历史的舞台上隐匿了。中国史家对元朝历史给予关注的同时，对大蒙古帝国的整个历史似乎力有未逮。在杉山正明看来，囿于自身立场和所掌握史料的限制，西方学者对蒙古政权历史的认知与评判带有很多误解和偏颇——西方学者主要以波斯文史料为研究依据，而东方学者则是汉文。当然，同样的原因，东方学者也难以做到足够的全面客观。那么长久以来，许多东西方史家描述的蒙古帝国形象似乎都并不可靠。

杉山正明从经济角度对蒙古帝国如何成为世界中心进行了解析，对于蒙古帝国世界体系迅速建立又旋即瓦解的原因，我想杉山正明似乎回避了很重要的一点，那就是政治和法律。当然，我知道《忽必烈的挑战》只是杉山正明蒙古史研究的冰山一角，不知他在其他著作中是否有所探讨。但是单就这部书的论述而言，我没有在其中看到蒙古大可汗统御他的欧亚帝国的政治和法律架构。杉山正明一再强调"忽必烈和他的策士们"有着一个怎样卓越的顶层设计，但他并没有为我们展现出那幅美丽的蓝图。这就不得不让人怀疑那是不是他的一种猜想，或许"忽必烈和他的策士们"真的有过怎样卓越的设计，或许并未有过，或许他们的设计落后于这个庞大帝国体系的发展速度才导致最后的分崩离析。

众所周知，一个国家要有自己的政体，具体化为政权组织形式。在现代国家，政体通常通过宪法的形式予以规定和明确。诚然，那个活跃在十三四世纪欧亚大陆及海洋上的蒙古帝国，准确地说是一个国家还是一个联合体至今仍有争议，即便如此我们也可以反观后来的大英帝国、苏维埃联盟、美利坚合众国乃至欧盟，无论是国家还是联合体，都有着一套法律体系来对其明确和约定。那么对于横跨欧亚大陆人类史罕见的蒙古帝国来说，最高大可汗与各汗国可汗是怎么划分权利义务的？成吉思汗时期规范的大蒙古法律与后来的元政权法律、中华法律、被征服欧亚各地法律是怎样的关系？我们对成吉思汗崛起时的《大扎撒》以及后来中国本土政权的《元典章》等法典相对熟悉，对于那些盘踞在中亚东欧等地的汗国的法律却知之甚少。我们耳熟能详的是成吉思汗的后代们进行过长期的内部权力斗争，尽管杉山正明认为那并不是蒙古帝国体系瓦解的真正原因。要求从草原部落走出来的蒙古人具有现代国家意识显然是脱离历史实际的。那么杉山正明明确提出的"忽必烈和他的策士们"超越时代的设计到底是什么呢？杉山正明只提到一句："以一二六〇年前后为界，蒙古帝国开始变身为一个一方面内部存在种种对立，另一方面大可汗的中央政权外有多个政治权力核心的、松散、多元复合的邦联国家。"除此之外语焉不详，他为什么回避了政治和法律的制度问题？

实际上，美国蒙古史学者梅天穆在其近著《世界历史上的蒙古征服》中指出:"关于蒙古式治理的始末,尚无较好的研究成果发表,主要是因为这是一个令人畏惧的题目。即便如此,我们已经相当了解它是如何运作的,以及它如何在整个帝国中看起来较为标准化。"[7]笔者大胆设问,蒙古政权迅速瓦解的重要原因之一会不会出在支撑这样一个庞大帝国的制度体系上?遗憾的是杉山正明没有在书中回答这个问题。

杉山正明文笔极好,思路清晰,但在这本书乃至他的《蒙古帝国兴亡史》《疾驰的草原征服者:辽西夏金元》等其他著作中都存在一个致命问题,就是史料并不充分。由于没有史料佐证,那么不好意思,我们不得不说他的某些结论极可能来自他一厢情愿的丰富想象。于是,这种脱离学术研究基本方法的想象又不由得让人联想到当年的东京学派。元灭之后,明清以降的汉族士人皆强调少数民族政权的汉化问题。到了民国时期恰恰是持"蒙古野蛮说"的吕思勉先生指出,南北朝之后北方民族的自觉性明显加强,拒绝被彻底汉化。而日本东京帝国大学一系,持大东亚历史观者,包括和田清、原田淑人、羽田亨等人,则强调的是游牧文明压倒农耕文明的一面。"大东亚"这个词难免让当代中国人想起一些不开心的往事。抗日战争时期,傅斯年和矢野仁一激辩"满洲和蒙古是不是中国",成为中日史学界对这一问题论战的巅峰。特别耐人寻味的是,据傅佛果《日本人眼中的成吉思汗》,当时日本还有一种流行说法,说成吉思汗是一位日本武士转世。[8]当然,我们更愿意相信杉山正明秉持了独立、客观、纯粹的学术精神。

对于元朝的历史定位,史学界历来有两种对立的看法。一种是文明中断说,即蒙元入主中原造成传统文明的中断;另一种是蒙元入主中原后很快被中原传统文明同化。近年来又有第三种看法颇为值得关注,即认为蒙元时代是一个承前启后的独特时期,这种看法其实可以追溯到二十世纪三四十年代蒙思明先生的有关论断。《新华文摘》曾转载云南大学林文勋、薛政超两位学者的文章——《富民与宋元社会的新发展》,文章中作者则从社会经济阶层划分的角度论证了元与前面的宋及后面的明清之间的承继关系。[9]

杉山正明在书中说"忽必烈帝国本身绝未成为中华王朝"。他在接受《东方早报·上海书评》采访时又说:"'元并非中国王朝'这一观念或许可说是对错各半。"[10]的确,在六个多世纪后的今天,尽管研究方法不断推陈出新,尽管文物史料有所增加,但厘清蒙古政权和元朝、中华三者的许多细节问题也并不容易。"当下乃为成事而拾掇的往昔,往昔尤为解惑而展开之当下。"[11]对这个问题的探讨,不仅可以使那段中国历史中一些似是而非的问题愈加清晰明朗,进而使我们更清醒地认识自己的来路以启迪当下,而且有利于我们对世界的历史和今天的世界有一个更加全面客观的认知。这不得不令人反思,在东西方史学界既成定论通说的背后是否遮蔽了某些真实的信息?无论杉山正明的论证是否成立,其意义在此毋庸否认。

[本文写于2018年2月]

【1】 杉山正明:《忽必烈的挑战:蒙古帝国与世界历史的大转向》,周俊宇译,社会科学文献出版社2017年版。

【2】 吕思勉:《中国通史》,中国画报出版社2012年版,第444页。

【3】 柏杨:《中国人史纲》,山西人民出版社2008年版,第522页。

【4】［美］斯图亚特·戈登：《极简亚洲千年史》，湖南文艺出版社 2017 年版，第 141 页。

【5】顾颉刚：《宋蒙三百年》，上海人民出版社 2015 年版，第 100—101 页。

【6】转引自［美］威尔·杜兰特、阿里尔·杜兰特：《历史的教训》，倪玉平、张闶译，中国方正出版社、四川人民出版社 2015 年版，第 3 页。

【7】［美］梅天穆：《世界历史上的蒙古征服》，马晓林、求芝蓉译，民主与建设出版社 2017 年版，第 205—206 页。

【8】转引自［美］梅天穆：《世界历史上的蒙古征服》，马晓林、求芝蓉译，民主与建设出版社 2017 年版，第 123 页。

【9】林文勋、薛政超：《富民与宋元社会的新发展》，《新华文摘》2018 年第 3 期。

【10】黄晓峰采写，刘琼译：《杉山正明谈蒙古帝国："元并非中国王朝"一说对错各半》，《东方早报·上海书评》2014 年 7 月 27 日。

【11】［美］威尔·杜兰特：《宗教改革》，转引自威尔·杜兰特、阿里尔·杜兰特：《历史的教训》，倪玉平、张闶译，中国方正出版社、四川人民出版社 2015 年版，第 4 页。

看一个国家如何与它的良知对话

杰弗里·图宾作为《纽约客》杂志的专职作家，被美国媒体称为报道美国司法"天赋最高的记者"。这与他的人生阅历有着极为密切的关系。在加入《纽约客》之前，他曾任《哈佛法律评论》编辑、独立检察官助理顾问、联邦助理检察官。准确地说，图宾先生是一位有着二十年媒体工作经历的前法律人。司法与写作对于他来说，是人生中最熟悉不过的两件事。在对美国联邦最高法院各位大法官及其助理们进行了第一手的访谈以及多年的关注与了解之后，他完成了这部出版后即为畅销书的著作：《誓言——奥巴马与最高法院》。[1]

《誓言》一开篇讲的就是"誓言"——2009年奥巴马首任美国总统就职宣誓的故事。有趣的是，鲜有人知，在那年那月，奥巴马宣誓了两次。原因是就职当天的宣誓因有词语不准确而被质疑其合法性，奥巴马在法律上是否已经成为总统存在争议。于是，第二天，宣誓重新举行。这戏剧性的一幕恰恰体现了法律在这个国家中的神圣尊严，而法律与权力的对峙自总统宣誓那一刻就开始了。事实上，和诸多美国前总统一样，奥巴马曾经和这个国家最权威的九位大法官一样，是个法律人。奥巴马28岁时以哈佛大学法学院学生身份当选《哈佛法律评论》主席，领导同人们编辑全国法学教授们提交的论文。但是，做了12年律师和12年宪法学教授的奥巴马最终放弃了诉讼而投身选举，他说："我们责任的边界在哪里？我们如何将权力转变为正义，将情感转变为爱？我在法律书中找到的答案并不总能令我满意——每当我看到一个布朗诉教育委员会案，我总能看到一打别的案件，在那里良知输给了私利或贪婪。"他似乎认为一个个案件自下而上地接近正义来得太慢，他觉得以政治的力量高屋建瓴地推进法治会更有效。因为他"相信只要问题仍被提出，那些将我们联系在一起的事物或许最终会在某个时刻胜出"，而能够帮助"那些联系在一起的事物"胜出的最有可能是行政权力。

2004年，奥巴马竞选联邦参议员，并作为州参议员在民主党大会上做基调发言。翌年，奥巴马成为当时美国唯一的非裔联邦参议员。4年后，47岁的奥巴马当选美国第一位黑人总统。法律人的教育和职业背景让奥巴马更容易与大法官们形成深层的思想共鸣。这也是为何他在2009年1月29日进行入主白宫的上任演讲时，牵手退休女工莉莉·莱德贝特，并告诉美国人民："我签署了上任后的第一个法案《莉莉·莱德贝特公平薪酬恢复法》"，"它坚持了美国建国的基本原则：我们生而平等，并且应当享有追求属于自己的幸福的机会"。身为国家元首和政府首脑的奥巴马显然并未忽视法律对于推动这个国家进步的强大作用。

站在奥巴马对面的九人——联邦最高法院的大法官们，首先当然是法律实务工作者、法律的实践家，同时他们又是杰出的法律学者、法学家。一名优秀的大法官所作的法律判断不应受制于党派纷争，更无可能摄于行政与权力的牵制，而应是源于法学家所应有的一种精神、一种观念，这种精神和观念我们称为法学观或法学世界观。因此，当身为共和党一员的首席大法官罗伯茨在医疗保险案中把决定性一票投给奥巴马的时候，尽管有共和党人对他进行痛批，但这绝不会破坏他们在保守派阵营内的关系。因为共和党人知道，首席大法官可以有自己的法学世界观。推行医疗保险改革，是奥巴马参加2008年美国总统选举的一个重大问题。这个问题困扰了他第一个任期的整个四年，直到2012年大选前的那个夏天才尘埃落定。最终起决定作用的罗伯茨违背了自己所在保守派阵营的意志，支持了奥巴马。其间体现的法律、政治、信仰、文化等诸多问题耐人寻味。在联邦最高法院，有时学术立场可以跨越党派纷争，有时个人信仰可以跳出政治苑围，有时职业使命可以影响一切决定。

《誓言》不仅讲述了这个国家最权威、最值得尊重的几位法律人是如何掌管司法大权的，同时告诉我们这些国家精英在个人生活中最真实的样子。他们中，有喜欢在判决书中展现文学天赋的罗伯茨，有嗜好国际旅行的肯尼迪，有频繁宣读异议的最高法院史上首位女性大法官金斯伯格，有最富人格魅力的最高法院史上第二位女性大法官奥康纳，有好斗但乐于做捧哏的"猎人"斯卡利亚……读《誓言》，钦佩大法官们的职业精神与操守，更感叹他们处理法与情之间关系的能力和那威严法袍之下的真诚情怀。如奥康纳，她在退休后以证人身份出现在参议院老龄问题特别委员会，几个月前患上阿尔茨海默病的丈夫刚刚"移情别恋"；由于她对反对意见的坚持，时任首席大法官伦奎斯特错失事业中几个最珍贵的目标，可两人的友谊保持了半个多世纪。再如，金斯伯格和斯卡利亚在诸多问题上意见相左，但两个家庭的友谊从未受到职业上各自立场的影响，他们共同度过了一个个平安夜。

作者在解析最高法院与白宫关系的过程中，通过一系列案件展示最高法院内部运作奥秘和司法真相，同时以史传文学的叙述方式将奥巴马包括罗伯茨在内的最高法院诸位大法官一一推至幕前，其间又引出马歇尔诉马歇尔案、莫里茨案、联合公民案、医疗保险案，以及禁枪、堕胎权、同性恋婚姻等美国司法史上经典案例和司法论争问题，涉及当代美国社会生活各个层面的真实状况，当然也包括贿选、虐囚、性丑闻等阴暗的一面。总体而言，《誓言》对二百多年来特别是近半个世纪来美国最高法院的发展历程进行了精彩回顾，这既展示了白宫与最高法院之间在这个国家政权肇始之初就开始的长久博弈，又让我们对联邦最高法院这个近乎与世隔绝的神秘机构得以窥见和探微，而无论是博弈还是神秘，其核心指向都将是在这个国家中最大限度地实现正义。

诚然，任何一种政治体制和司法原则都有其产生的历史背景与文化渊源，我们不可能盲目照搬某些特定模式与制度，更何况无论怎样美国最高法院的运行都无法完全摆脱政党纷争的影响。但这种对法律的信仰与对正义执着追求的精神值得我们致敬和学习。正如奥巴马所说："法律记录了一场长期的对话，一个国家与它的良知之间的对话。"

[原载《现代世界警察》2014 年第 12 期]

【1】［美］杰弗里·图宾：《誓言——奥巴马与最高法院》，于霄译，上海三联书店 2013 年版。

那个能诞生伟大法官与律师的时代

时至今日，我们当然也不能说美国就是一个完全实现了法治的国家。然而，这个国家在两百多年的时间里，以深刻的批判精神和创新精神探索建立符合本国国情的法律制度，值得我们借鉴。

众所周知，美国联邦最高法院大法官是终身制的，判例又是美国法的主要形式，所以当一位大法官回顾他的职业生涯，我们听到的可能就是这个国家的断代法律史。威廉·哈布斯·伦奎斯特，美国联邦最高法院第16任首席大法官，甚至将这样的回忆一直溯推到19世纪初，美国政府迁都华盛顿时期的马歇尔法院。伦奎斯特去世近十年后的今天，在地球另一面的中国出版的这本《伦奎斯特谈最高法院》中，这位大法官所谈论的当然不仅是他一个人的回忆，更可称是代表了几代法律人对一个国家在过去两个世纪里不断走向法治的回顾与反思。[1]

在历史演进的纵向脉络上，伦奎斯特从1801年美国宪法之父托马斯·杰斐逊在首席大法官约翰·马歇尔的引领下宣誓就任美利坚合众国第三任总统说起，穿越弥漫南北战争硝烟的坦尼法院，进入19世纪中叶产业革命推动美国工业扩张的米勒和菲尔德大法官时期，而后美国经济社会在19世纪末20世纪初由自由竞争走向垄断，伦奎斯特笔下出现的是著名大法官佩卡姆、霍姆斯和布兰代斯，以及稍晚时候罗斯福时代的联邦大法官群像，20世纪中期世界民主力量不断增长推动1950年代之后的美国法取得较大进步，这一时期的文森法院和沃伦法院则是伦奎斯特参与历史的阶段。

在司法领域的横向结构上，伦奎斯特在每一历史时期都拿出与时代密切相关的案例进行阐释，而正是时代与社会的发展逐步推动了这个国家的顶级法律人和他们所掌舵的最高法院填补、完善和丰富着美国法律诸多领域的建构。最为人们所津津乐道的例子当然是伦奎斯特开篇首章即详细谈论的马伯里诉麦迪逊案，该案确立了联邦最高法院的司法审查权，在世界上首创了违宪审查制度。再如，与20世纪中期民主力量发展形成有趣呼应的，1953年上任的首席大法官沃伦出人意料地调整个人司法理念，引领最高法院在个人自由和少数群体权利保护方面实现急剧扩张，1950年代之后美国司法的民主倾向和科学性逐步加强显然与此密切相关。

由于以继受英国法为基础，美国法以判例为主要形式，但同时又结合本国特点重视制定法，因此在这样的法制发展过程中我们可以看到非常丰富而又特别生动的历史文本。这样的历史由一位做了54年法律工作，其间在最高法院当了33年大法官且19年为首席的伦奎斯特讲来，更加真实可感、意蕴悠长。伦奎斯特在回忆中不仅对案件裁判、言辞辩论、调卷令等最高法院司法实况和内部运作模式进行了通俗讲解，而且对总统提名大法官中的政治博弈、最高法院与总统及国会的三权对垒，以及大法官审理和裁判案件背后鲜为人知但却不能忽视的散佚信息多有提及。我们可以在书中读到，大法官认为总统命令违宪而向执行总统命令的将军怒发逮捕令，并在缺席审判的情况下将判决副本寄给总统，这位大法官是 35 岁即就任首席的坦尼，而那位总统叫亚伯拉罕·林肯；我们还能看到美国历史上除了华盛顿外再无第二位总统可以与之比肩的富兰克林·德拉诺·罗斯福如何在雄心勃勃的新政中强势改组最高法院而受挫；还有朝鲜战争是怎样影响了著名的钢铁公司占领案的判决，以及该案引发的关于一个法治社会政府权力边界的思考。

这样的历史回顾对于我们来说，最重要的是汲取其司法演进路径中不断靠近法治的探索精神，以及前文所述的"深刻的批判精神和创新精神"。诸如从德雷德·斯科特案到迈纳斯维尔学区诉戈比蒂斯案，再到布朗诉教育委员会及其相伴案件，从霍顿诉哈迪案到七年后的洛克纳诉纽约州案，再到三年后的穆勒苏俄勒冈州案，以及再后来的邦廷诉俄勒冈州案、哈默诉达根哈特案、考佩奇诉堪萨斯州案等一系列案件，最高法院向人们展示了平等、自由与民主是怎样在曾经举步维艰甚至历史倒回中取得进步的。当伦奎斯特颇为动情地缅怀那个能诞生令世人敬畏的伟大法官与律师的时代时，我们不免慨叹其背影之弥远。

[原载《南方都市报》2014 年 11 月 16 日]

【1】［美］威廉·哈布斯·伦奎斯特：《伦奎斯特谈最高法院》，于霄译，上海三联书店 2014 年版。

为礼正名，还礼于礼

中国的人情消费，应该是从礼尚往来衍生出来的。何为礼尚往来？现代汉语词典的解释是：在礼节上讲究有来有往。那么，我们再来看这个"礼"字。甲骨文中就已经有了"礼"的形态，为祭祀器皿上放着两块玉；从小篆和楷书繁体看，左边示部，为祭台；右边上曲下豆，还是祭祀器具。所以放在一起就是祭神之意，向上苍祈福，同时引申为礼节、仪式。后来词义又扩大为以礼相待、礼貌、礼物。可以看到，这些意思从前都是正能量的、积极向上的，那怎么到如今就变了味道呢？

礼在先秦时代备受推崇，周礼被当时的人们认为是天地人全部规律和秩序的统一。在几千年的传统社会里，礼始终备受儒家和主流价值体系推崇。《论语》中有子曰："不学礼，无以立。"《礼记·表记》载："无辞不相接也，无礼不相见也，欲民之毋相亵也。"没有礼，是轻慢和不庄重的。在特别尊崇儒教的汉代，礼学家们把战国至秦汉年间儒家学者解释说明经书《仪礼》的文章编订成集，而《仪礼》是儒家十三经之一，内容记载着周代的各种礼仪，其中以记载士大夫的礼仪为主。总体而言，整个封建社会的法制都是沿着德主刑辅、礼法合一的方向发展的。

孔子作为儒家学派的创始人，不仅推崇礼，而且他自己也送礼、收礼。孔子周游列国，无论到了哪个诸侯国都会提前预备一些礼物，用于人际交往；而反过来他的路费盘缠基本是由各诸侯国的国君、大夫们赞助的。他去洛阳考察，鲁国国君曾派车派人一路随行。据《孔子家语·致思》记载，鲁国大夫季孙氏曾一次性送给孔子师徒小米1000锺，合现在的90吨。孟子也一样，接受馈赠的计划外收入非常多。比如，《孟子·告子下》中说，孟子在老家邹国办学，季任派人送红包以示庆贺；他到齐国办事，储子派人专程到他的驻地平陆给孟子送钱。当然，无论是圣人还是亚圣人，都是人，他们做学问、搞研究的确也需要经费，或者只是礼尚往来，无关利益，都是可以理解的。只要他们不因收了礼而损害人格、出卖尊严，依然无损于圣者形象。[1]

民间的礼尚往来，属于朴素的社会风俗范畴，邻里亲友之间互相问候、体恤，本也无可厚非，或者说的确是件好事，也有很多积极的作用。中国古代礼法合一，老百姓懂礼才能守法，尚礼不仅是个人有修养的表现，而且有利于社会和谐安定。问题就出在"收人钱财，替人消灾""吃人家嘴短，拿人家手短"这些带有附加意味的礼上，直至有些人为了钱卖掉了自己的人格尊严。早在春秋时期著名的收礼事例就有羊舌鲋索贿，在诸侯战争中他以武力要挟跟弱国要钱；还有伯嚭受贿，成就了卧薪尝胆的越王勾践却毁了自己的国家。东汉跋扈将军梁冀利用自己大将军职权广受贿赂，前来送礼行贿者不绝于门。到了魏晋时期，豪奢之风渐起。西晋直接被史学家们称为被奢靡腐蚀的帝国、中国历史上最早的拜金时代。王公贵族穷奢极欲，互相攀比，收受礼物也成为炫富的竞赛。当时富豪贪官石崇行贿受贿数额无法估计，他与国舅王恺斗富砸珊瑚的故事广为流传。此后的历朝历代，贪贿都是社会痼疾，"有钱能使鬼推磨"成了民间谚语。直到封建社会终结之后，国民政府在很大程度上也是因为贪腐这个致命的问题失去了人民的支持。

1949年3月22日晚，中共领导人毛泽东在西柏坡的最后一夜，难以入眠。因为他要带着他的伙伴们"进京赶考"，天亮就出发。据李银桥在《我给毛主席当卫士》中回忆，第二天早上周恩来前来看望毛泽东时问："没有休息好吧？应该多休息一会儿才好，长途行军坐车是很累的。"毛泽东笑道："今天是进京的日子，不睡觉也高兴。今天是进京'赶考'嘛，进京'赶考'去，精神不好怎么行呀？"周恩来笑着说："我们应当都能考试及格，不要退回来。"毛泽东把进京执政当作"进京赶考"，旨在提醒全党要始终坚持"两个务必"，始终保持本色。

不知毛周两位中共领袖是否想到，考验真的很快就来了，而且问题似乎比预想的还要棘手。

1952年2月，外媒发表的一篇报道中说："毛泽东和他的伙伴们不得不面对这样一个现实：他们一起出生入死的战友，正面临着一场法律的考验。"这场考验指的就是新中国反腐第一案——刘青山、张子善案该怎样处理。所称"第一"，皆因此案是中共执政初期涉及干部职位最高、金额最大的一起腐败案。被捕前，15岁入党、16岁参加革命的刘青山任石家庄市委第一副书记，19岁入党并参加革命的张子善任天津地委书记。两人利令智昏，以权谋私，勾结奸商，贪污受贿，仅直接用于生活挥霍的赃款就合计3.77亿元。说这是个棘手的问题，不仅因为二人曾是革命功臣，还因为当时新中国还没有建成完善的法律体系，审判、处罚二人的法律依据、量刑标准都无从问津。最终，经过河北省委、华北局直至党中央、毛泽东本人十分慎重的调查研究和反复讨论，两人被判死刑立即执行，没收全部财产。[2]

　　尽管在今天看来该案的政治意义也远远大于司法意义，尽管缺乏现代司法程序，但在当时的法治环境下，其已基本遵循了法治精神，而案件暴露的问题则正是推动有关立法、司法进步的原动力。在党纪、国法尚不完善的当年，该案惩治贪腐的力度和影响已经非常之大，而刘张两人的腐化蜕变最初就是从生活中的小礼小节开始的。在商品经济高速发展的今天，对这一问题的态度更是关涉一党一国兴衰存亡的大事。本义为祭神仪式的礼，充满敬畏、庄重之感；当下送礼之礼，沾染了太多的恶俗气味。先人将无礼视为"相袭"，非君子所为；今人有礼竟成了真正的"相袭"，小人随处可见。在这个讲复兴、谈梦想的时代，希望通过上行下效的一番努力，国人能够为礼正名，还礼于礼，重拾礼仪之邦的儒雅与气度。

[原载《检察日报》2014 年 11 月 25 日]

【1】详见李开周：《君子爱财：历史名人的经济生活》，上海三联书店 2011 年版。

【2】详见蔡斐：《二十世纪影响中国司法的 20 大案》，中国法制出版社 2013 年版。

重现人类正义天平的校准历程

从镌刻人类最古老法典的古巴比伦黑色岩柱，到 21 世纪初录制播出亚利桑那州陪审员议论实况的美国电视节目；从对动物、尸体和女巫的纠问，到现代化战争所凸显的国家利益与法律的博弈；从古希腊先哲苏格拉底之死，到世界体育明星辛普森杀妻案……卡德里在《审判为什么不公正》这部逾 35 万字的著作中，为我们展开的是一部漫长而又曲折的人类审判史的精彩画卷。[1]

本书对西方历史上的神明裁判、纠问式审判、陪审团审判、巫术审判、非人类以及尸体审判、审判秀、战争罪审判等各类审判进行了全面回顾，通过对发生在古希腊、古罗马、英吉利海峡两岸、欧洲大陆、苏联以及北美大地上的各种审判事件的描述，再现了人类在神意和宗教、文化和习俗、私欲和偏见、权利和政治等等错综复杂的因素之间经由司法审判接近正义的辗转进程。透过西方审判制度几千年的发展脉络，我们看到人类是怎样步履蹒跚地从法治的蒙昧中走向文明，同时也省思在司法审判中校准正义的天平是一个多么艰难的过程。

"法律源于神意，是历史上全人类都曾相信的少数事情之一。"所以，在科技尚不发达的古早时代，人们相信神明的裁判绝对正确。卡德里指出问题的关键是"俗世中由谁代表神明拥有审判权"。事实上,在审判权面前争相不下的神职人员与君主都无法真正"通神",于是纠问式审判出现了。但是,这种侦查与审判不分的司法制度允许拷打逼供、完全不公开进行,充满野蛮的反人性味道,因此在君主与神职人员的权力较量中,纠问式审判逐渐被以"公开性"为鲜明特征的陪审团审判所取代。卡德里认为陪审团制度的公开性为控诉人提供了一个发泄愤怒的渠道,人们因"内心的惩罚欲望"而互相攻讦,"恰恰是陪审团制度点燃了猎巫的热情",巫术审判大量出现。在过去三个多世纪中地球上已经有超过四分之一的国家采用某种形式的陪审团制度,但是当"司法的希望被寄托于随机选择的人类智慧上",其自身就难免存在诸多不合逻辑的地方。因此,卡德里认为20世纪以来,陪审团审判越来越趋近于一种极具表演性质的司法戏剧。至于审判昆虫、动物、尸体和动物的诉讼程序,卡德里的观点是"反映了人类希望建立一个神奇的、和谐的宇宙",而莫斯科审判秀以及纽伦堡审判、前南国际刑事法庭、美国战争法相关审判问题则充满了司法之外的政治色彩。

正如作者所言:"从雅典的大理石法庭绕到盎格鲁-撒克逊人的神明裁判之所,经过宗教裁判所的酷刑房,到达17世纪90年代塞勒姆和20世纪30年代莫斯科的司法剧场。这一路上,正义与复仇,秘密与公开,迷信与理性不断纠缠。"读过这本书不难发现,法律其实也可以是非常有趣的。人类不断在法庭这个剧场里上演各种荒诞剧目:水审、火审、面包奶酪审,审昆虫、审家畜、审尸体和女巫,公开秀、秘密审、不审之审……之所以读来有趣,除"剧目"本身的"荒诞"外,更得益于作者的研究与写作方式。

卡德里在书中对大量真实案例的生动讲述和对诸多相关文艺

作品的引论，不得不让我想到"法律与文学"这一滥觞于美国的法学理论概念。这本书对"法律与文学"视域下文学中的法律、作为文学的法律和通过文学的法律等问题都有着深层次的关涉。卡德里在一开篇就对古希腊悲剧诗人埃斯库罗斯的《俄瑞斯忒亚》的正义观念进行详细分析，随后，史诗《贝奥武甫》、冰岛故事《被焚烧的亚拉萨迦》、刘易斯·卡罗尔的《爱丽斯漫游仙境》、现代欧洲历史上第一部审判戏剧《恩汀吉尔·尤登斯皮尔》、陀思妥耶夫斯基的《卡拉马佐夫兄弟》、莎士比亚的《麦克白》、猎巫戏剧《炼狱》、荷马史诗《伊利亚特》、狄更斯的《荒凉山庄》，以及《梦幻街奇缘》《平步青云》《南方公园》《十二怒汉》等文艺作品大量被提及、阐释，这些都属"文学中的法律"范畴。文艺反照现实，作者借助文艺作品讲述审判历史不仅补充了论证，而且易于被读者接受。说到"通过文学的法律"，作者对这本书的写作就是最好的例证。《审判为什么不公正》这本书具有较高的学术含量，但在表达方式上，少有晦涩理论，多为生动讲述。如在讲到美国田纳西州斯科普斯案时，作者这样写道："巨大的枫树所形成的树荫挡住了田纳西州的暑热，达罗穿着背带裤和家纺的土布衬衫，浑身冒着汗，他庞大的身躯前倾，询问先知约拿曾经被一条鲸鱼吞掉是否属实。"毫无疑问，这是优美的文学语言，这样的语言可以使读者像阅读文学作品一样去品味其思想与精神。希腊人的说服艺术、影响至今的西塞罗修辞学原则、诡辩家威廉·豪的法庭演说、律师达罗和法官阿盖尔的法庭语言分析等则是"作为文学的法律"所涵盖的内容，当然也是司法审判这个课题下的重要组成部分。

美国学者波斯纳认为"没有单独的哪种进路""能永久地捕获法律的复杂性"[2]，他主张打破现有各个学科之间人为设立的界限，努力用新颖的研究方法、研究资料进行跨学科的边缘性研究。在剑桥大学学习过历史与法律，身为律师同时又是一位优秀的记者和作家的卡德里，以丰富的史料、翔实的案例、生动的叙述写成的这部带有跨学科色彩的审判史著作，不仅读起来意味盎然，而且与传统的法制史理论教材形成呼应，对于法律学人来说这是西方法制史的一部注释书。作为普通读者，在作者为我们揭开审判的神秘面纱之后，则得以目睹法庭背后的秘密，如斯大林是怎样导演审判秀的，美国在关塔那摩究竟对世人封锁了什么。透过审判这一关涉人的生命自由与存亡的命题，《审判为什么不公正》还让我们看到了人类几千年来的人性演进的轨迹——从古希腊悲剧主人公俄瑞斯忒斯面对复仇与母爱的艰难抉择，到越南战争中美军士兵的罪恶与救赎，这已经不仅仅是法律问题。

尽管一路走来步履艰难，审判常常看起来并不公正，但是我们不得不承认，审判使人类用文明的方式规训人性之恶与保护人之尊严成为可能。正如作者在本书结尾时所说："刑事审判其实展现了人类尊严的含义，显示一种文明尊敬地对待最卑劣的敌人——假定他们是无罪的，让他们能够平等地对抗，给予他们辩护人为其辩护。"

[原载《青年时报》2014年6月29日］

【1】［英］萨达卡特·卡德里：《审判为什么不公正》，杨雄译，新星出版社2014年版。

【2】［美］理查德·A. 波斯纳：《法律与文学》，苏力译，中国政法大学出版社2002年版，"《波斯纳文丛》总译序"第8页。

生的思考：《哥尔琴法典》《十二表法》与《法经》

长久以来，学习东西方不同的文明，脑子里总有一个挥之不去的问题。那就是为什么在早期西方文明中人们关心的问题极为细微，细微到生活中人与人交往的各种琐事，而我们华夏的先民与哲人却把目光停留在了宇宙天地？孰优孰劣恐怕无法一言以定论，然而对这种反差进行一番比较，或可发现些许深长之意味。

文明的主题似乎太大了，一篇短文实在无从下笔，我们就从三部法典说起吧——《哥尔琴法典》《十二表法》和《法经》。

1863年至1884年间，一部《哥尔琴法典》在近四千年前古希腊文明诞生之地克里特岛被发现。其内容相当完备，涉及家庭婚姻、养子、奴隶、担保、财产、赠予、抵押、诉讼等70条法律规定。[1]这部法典是公元前5世纪由古希腊的阿提卡地区立法者创制的。几乎在同一时期，也就是公元前450年，在平民的强烈要求下，改组后的罗马共和国十人委员会在法律十表的基础上新增两表，正式颁布《十二表法》。这是罗马第一部成文法，共105条，涉及土地占有、债务、家庭、继承和诉讼等诸多方面的法规，非常详细具体。

此时的东方法律界发生了什么呢？战国初期，魏国的李悝著成《法经》。其原文早已散失，但在其他文献中可了解其大致内容。如《晋书·刑法志》指出，《法经》由《盗》《贼》《囚》《捕》《杂律》《具律》六篇组成，且开宗名义道："王者之政，莫急于盗贼。"[2]需要说明的是，这里的"盗""贼"并不是现代汉语意义上的盗贼。"盗"是指危害统治者财产的行为，"贼"是指危害统治者政权和人身安全的行为。显然，《法经》是"王政"的产物，其锋芒所指乃广大劳动人民。《法经》并非个案，稍晚一点的"商鞅变法"具有更加鲜明的统治阶级意识形态色彩，因其广为人知在此不赘述。这一点，与《哥尔琴法典》和《十二表法》有着相当大的区别。

古希腊是"民主制度的故乡"，《哥尔琴法典》从内容上也不难看出它在一定程度上反映了民众的现实需求，而它也只是当时众多古希腊城邦成文法典的一个代表。《十二表法》本就是在平民的反复斗争中诞生的，其制定最早发端于平民保民官特兰梯留在民众大会上的提议，此后的一系列法案更使平民具有了担任执政官和其他高级官职的权利，平民会议则成了具有完全立法权的机构。由此不难看出，无论是古希腊还是古罗马，民众包括时代精英关注的都是非常具体的人与人之间的财产、人身关系等私权和利益，乃至一定程度上的民主和自由，表现出鲜明的契约精神，这些都是"人"的问题。

那么，公元前5世纪前后，春秋战国时代的先人们在所谓上层建筑领域关注的是什么呢？这个问题其实很好回答。公元前5世纪其实是中国的"第一个大黄金时代"，柏杨先生在《中国人史纲》中称这个世纪"思想学术界呈现出百花怒放的奇观"，世袭贵族千余年对知识的垄断瓦解了，平民阶级，包括奴隶，都可以获得各种知识和技能，于是"中华人的思想学术，进入空前的辉煌时代"。[3]看看诸子，我们就会发现，他们所关注的恰恰是与"人"的问题相对的"天"的问题，以及"王""圣"之道，是形上之思和宏大叙事。老子说："道可道，非常道。名可名，非常名。"庄子说："天地与我并生，万物与我合一。"孔子说："喜怒哀乐之未发，谓之中，发而皆中节，谓之和。致中和，天地位焉，万物育焉。"孟子说："君子之守，修其身而天下平。"荀子说："天行有常，不为尧存，不为桀亡。应之以治则吉，应之以乱则凶。"墨子说，要"兼爱""非攻"，"义人在上，天下必治"。李悝和商鞅的主张更是王圣之道的一种具体阐释，即君主如何治理国家。

概括起来说，尽管都是关乎"生的思考"，但在这个问题上，东西方文化的明显区别就是：一个抬头看天，一个低头走路。"天"，既包括头顶的浩茫宇宙、万物的运行法则，也包括高高在上的圣和王如何统御世界；"路"，则是迈开腿就要遇到的问题，关乎人如何才能更好地生存。之所以出现这样的差别，用马克思唯物主义理论简单分析，无非是生产力决定生产关系、经济基础决定上层建筑。然而有些问题一旦具体化又似乎不那么简单。诸如，单从法律文本上看，《十二表法》对平民权利的肯定，显然比李悝和商鞅维护统治者利益的法律更具有积极和进步意义，可问题是当时的罗马尚处奴隶社会，而战国时的魏国已经进入了封建时代，更不用说后来统一天下的秦帝国了。

诚然，同样的问题又有不一样的观察角度。如果闭上法律之眼，仅从哲学角度看，是我们关于"天""圣""王"的想法高了一点点，还是他们关于"人"的思考实际了一点点呢？更为重要的是，两种文化所泛起的涟漪似乎依然震荡着今天的时代……

[原载《现代世界警察》2016 年第 5 期]

【1】参见何勤华主编：《外国法制史》，法律出版社 2011 年版，第 47 页。

【2】参见何勤华：《中国法学史》（第一卷·修订本），法律出版社 2006 年版，第 67 页。

【3】柏杨：《中国人史纲》（上），山西人民出版社 2008 年版，第 130—132 页。

死的哲学：苏格拉底、公孙鞅与李斯

死的哲学，在这里不是说哲学是死的，而是指关于死亡的哲学。这个词是从林来梵老师那里借来的，他在《文人法学》一书中谈到苏格拉底之死时用了这个词。[1]苏格拉底之死绝对是人类历史上的一件大事，两千多年来一直为人们所津津乐道，哲学家、法学家、艺术家、文学家和政治家都在不断复述苏氏饮鸩的逸事。

早年我学习文艺理论时，第一次在西方文艺思想史的课堂上听到老师讲苏格拉底临终那句遗言时，我感到无比震撼——"分手的时候到了，我去死，你们去活，谁的去路好，唯有神知道。"世上竟有这样高傲的人，死得这样自信，死得如此潇洒，死得那般绝尘！死得甚至不得不让人怀疑他的身上是不是真的带着某种神性。正如法国画家达维德在他作品《苏格拉底之死》中给苏翁的头顶上打下一道暖色的光芒，仿佛那光的尽头正是通往天国的大门。后来学习法律时，我又一次次撞见这段熟悉的故事，我感慨于法律与文学竟有如此奇妙的交集，同时也知道了这个人的死非同小可。

人类历史上有苏格拉底这般造诣的先哲虽不是灿若繁星，却也为数不少，可为什么偏偏他的死不断拷问着人们的灵魂、让后世反复揣摩？实证法，契约论，民主的诘问，生命的信仰，等等，苏格拉底的死带有太多太浓的象征意味，关乎的又都是人类生存发展的核心问题，而对于这些问题的讨论必定始终伴随着社会前进的步伐。难怪林来梵老师将之称为"死的哲学"！

说到这里，我还是忍不住想把那段故事再讲一遍，尽管它不知已经被讲了多少遍，甚至有些细节已经成为讲述者的演绎。好吧，那就简单点说吧。古希腊是自然神崇拜的社会，而苏格拉底在当时是一位"异见者"，他用"人类理性"向诸神宣战，因此被权力话语指控犯有亵渎神灵和蛊惑青年两大罪行，雅典的陪审法庭判处其死刑。行刑前，柏拉图、克力同等苏格拉底的追随者提出助其越狱，而且论证了事实上的可行性，但苏格拉底严词拒绝。其实早在判决之前，只要苏格拉底离开雅典，就可以不承担任何责任和后果，而这在当时是被允许的、合法的。追随者说，你既然认为你的学说是正确的，我们也相信你是对的，那么他们判你死刑就是错的、不公正的，所以越狱就是正当的。苏格拉底则反问：如果每一个被判有罪的人都以法律不公正为由而不遵守法律，那我们的国家何以为国家？于是他赶走了哭哭啼啼的妻子，慷慨饮鸩。

苏格拉底的学生柏拉图、色诺芬等人分别记录了他死前的一些细节，他临刑前还在神采奕奕地论道讲学，最后他说："分手的时候到了，我去死，你们去活，谁的去路好，唯有神知道。"[2]两千多年悄然流逝，时间证明苏格拉底赢了，他用死亡成就了永生，他的去路应该是好的。然而，耐人寻味的是，这个渎神者最后说的竟然是"谁的去路好，唯有神知道"，他的"神"是什么？这只是一个嘲讽的玩笑还是在他心里真的另有其"神"？

上文提到来梵老师的《文人法学》，他在书中那篇《苏格拉底与李斯之死》一文里还提到了李斯，同样死于自己所信奉的法律的一位东方法家，甚至李斯就是大秦帝国之法律的主要制定者。其实在李斯之前，在大秦帝国还是秦诸侯国的时候，就有一位殉道的前辈，他叫公孙鞅，又名商鞅，也是死于自己的律法。商鞅变法的故事在中国广为流传，记得我上小学的时候课本上就有，尽管是以肯定的态度讲到他，但他的死还是给我幼小的心灵蒙上了一层阴影——变法者个人的结局太过惨烈和恐怖。这也是公孙鞅、李斯之死，与苏格拉底之死的明显不同，一个车裂、五马分尸，一个腰斩、夷三族。雅典的司法保全了哲人的斯文与体面，秦国的掌权人却没有给他们的立法者在生命的最后时刻留下一点温存。即便如此，李斯在被押往刑场的路上还对一同赴死的儿子说："吾欲与若复牵黄犬俱出上蔡东门，逐狡兔，岂可得乎！"[3]语气中虽流露着遗憾和无奈，却也称得上镇定从容。

公孙鞅似乎没有李斯那样走得从容。据《史记》，他死前留下的话是："嗟乎，为法之敝一至此哉！"[4]亡命路上，旅店老板因他拿不出身份证而拒绝接待他，并说这是"商君之法"的要求。是的，商君就是他自己，他的法令规定留宿身份不明的人是要被定罪的。他不仅因自己的变法而遭杀身之祸，而且被自己的法堵住了逃命的路。可是他真的会说那句"嗟乎，为法之敝一至此哉"吗？那样一位决绝的变法者，怎会如此用一个"弊"字评价自己用生命换来的赫赫功绩？我想不会，那多半是太史公马迁的杜撰，而他在那篇《商君列传》中对公孙鞅的批评极为尖刻。司马迁还用占全篇三分之一的文字讲一个叫赵良的人如何"教训"和"点拨"公孙鞅，劝他交权隐退，公孙鞅不听，终于被杀。赵良何许人也，不得而知，可是公孙鞅不会辞职却是符合逻辑的。弱小的秦国经过他十几年的变法整饬成为战国七雄中最强者，他怎会

285

轻易离开他引以为傲的事业？

苏格拉底的雅典，崇尚辩论，辩论是雅典公民大会的重要程序，尽管他的死与他过于"自由化"的异见表达以及"穷人之短"式的问答法招致的忌恨密切相关。而公孙鞅与李斯作为法的制定者都曾做过同样的一件事情——焚书，这是扼杀言论自由的最极端做法。因此，在两种截然相反的政治环境里，苏格拉底有时间、有条件、也有心情在就死前反思自己的人生和学说，阐述他的"死的哲学"，而公孙鞅和李斯却只有在匆忙甚至慌乱中任人宰割、被人代言，他们的死尽管悲壮、惨烈，却无法上升为"哲学"，后世对他们的褒贬评价莫衷一是。现在，可以回答前文关于苏格拉底的"神"的问题了，他的"神"就是理性，它来自自由之思考与言说，它存在于人类灵魂皈依的彼岸。

[原载《现代世界警察》2016年第6期]

【1】林来梵：《文人法学》，清华大学出版社2013年版。

【2】[古希腊] 柏拉图：《游叙弗伦 苏格拉底的申辩 克力同》，商务印书馆1983年版，第80页。

【3】（汉）司马迁：《史记·李斯列传》，（宋）裴骃集解，（唐）司马贞索隐，张守节正义，中华书局1982年版，第2562页。

【4】（汉）司马迁：《史记·商君列传》，（宋）裴骃集解，（唐）司马贞索隐，张守节正义，中华书局1982年版，第2236—2237页。

后 记

这个夏天沈城遭遇罕见高温天气,恰似我忙于整理这部书稿的热情。这本书是我近年来在工作和学习之余所撰小文章的合集。其中有读书看电影时的点滴感悟,有针对一些理论和现实问题的思考。因为写的时候大多是做笔记的状态,有感而发,想到哪写到哪,所以有的可算评论,有的只是杂谈,那就统称随笔好了。挑选这些文章结集,是因为它们有着一个共同的特点,就是都围绕着"自由·正义·诗性"这个主题,所以也可以称之为主题文化随笔集。

E. B. 怀特说"随笔作者是有些自我放纵的人",我深有同感。在读一本书或者思考一个问题的时候,我总是忍不住把视线向周边推移,好奇心驱使我把问题滚得越来越大。为了读懂一本书,常常找来与之相关的几本、十几本书做参考,于是在不知不觉中跨过了学科界限。我知道,在严肃的学术领域,学科间的藩篱是不能随便翻越的,每个学科都有自己的学术规范,你跨过去一不小心就会贻笑大方。但我之所以敢把这些东西拿出来,是因为我给自己找了几个开脱的借口:一是我并非真正意义上的学者,我不在学术研究领域工作;二是在我的个人履历中本来就有改换专业的经历，从中文到法律；三是从问题研究本身出发，多一个视角未尝不是好事；四是毕竟我在学习中，也许这些文字不乏缺点甚至错误，但不断学习总不会错的。

说到专业，比起科班出身的专家学人，其实我学习法律的时间比较晚。我是 2011 年才开始以 33 岁的"高龄"真正接受系统的法律教育，至今不足 8 年。然而，这近 8 年来的收获是无法简单用时间来推算的。当时，法律课上讲到的许多人物都是从前在中文系读书时的老熟人，比如苏格拉底、柏拉图；许多法律书籍也常常提到文学经典，比如莎士比亚的戏剧、加缪的小说。这个发现令我兴奋不已，有如他乡遇故知。于是我更加有意识地去关注法律和文学的关系以及这一范畴的问题。在这个过程中，又有了从法律史到历史学、从法理学到哲学、从法律方法到逻辑学、从宪法行政法到政治学的视野之不断阔大。这个时候我深深感到知识是越学越多的，就是所谓知道的越多越知道自己不知道。但这种状态无疑会帮助自己看问题越来越通达，更重要的是保持头脑不断思考的激情是可以给人带来快乐的。

我的法理学授课老师刘杨先生曾经提出，法律人应该"行有制，思无涯"，我很受益。不单法律人，这应该是现代社会里每个人的立身之本。文明的法度告诉你行为的有限性，理性的光芒赋予思考的无限性，人生因此拥有更大的价值和意义，人类才有可能接近澄明之境。同时，我以为，如果说"行有制"来自"法意"，那么"思无涯"则是为抵达"诗性"，所以"行有制，思无涯"其实是对跋涉在法意与诗性之间那一群人的境遇的一种概括，我愿意且荣幸能够加入其中。

从文学到法学，从法意到诗性，这就是这本书的来路。感谢文学，感谢法律，让我看到了更加广阔的世界。

后 记

身在学术圈外，的确少了许多规范限制，但有时我也的确感到孤独。资源匮乏，不得门径，身边罕有可以交流的同好，间或冒失地蹭进专业之门也总觉自己有点另类。好在，读书和思考既可以让人孤独，又可以让人远离孤独。更幸运的是，在我冒失地乱闯乱撞中，结识了很多师友，他们给了我巨大的帮助和鼓励，如和蔼可亲的法学前辈何勤华老师，如多次提点我的张锐智老师，如一见如故的何志辉兄，以及不厌其烦向我约稿、催稿的《现代世界警察》的编辑刘璐和冯苗苗老师，《检察风云》的编辑黄灵老师，正义网法律博客胡兮兮等一众编辑朋友。还要感谢我在文学研究领域的老师王立教授以及诗人李轻松大姐、评论家胡海迪兄，是你们让我保持着文学的初心。最后感谢不断鞭策我把这些文章收集起来进行整理的孔宁兄和本书系策划人庞从容老师。说到底，我只是个喜欢读书和思考的求学者。承蒙你们的厚爱，不胜感激，我将一一铭记在心。

每一份相识都是一段故事，还有更多我想感谢的人，在此不一一提及名讳，来日烹茶相叙。对于本书的读者来讲，我不过是记录了自己的点滴感悟而后与你们分享，哪怕这些文章对你们有一点点启发，我都已感到荣幸之至。若有不当之处，更愿意倾听您的批评和指正。

2018 年夏于沈阳